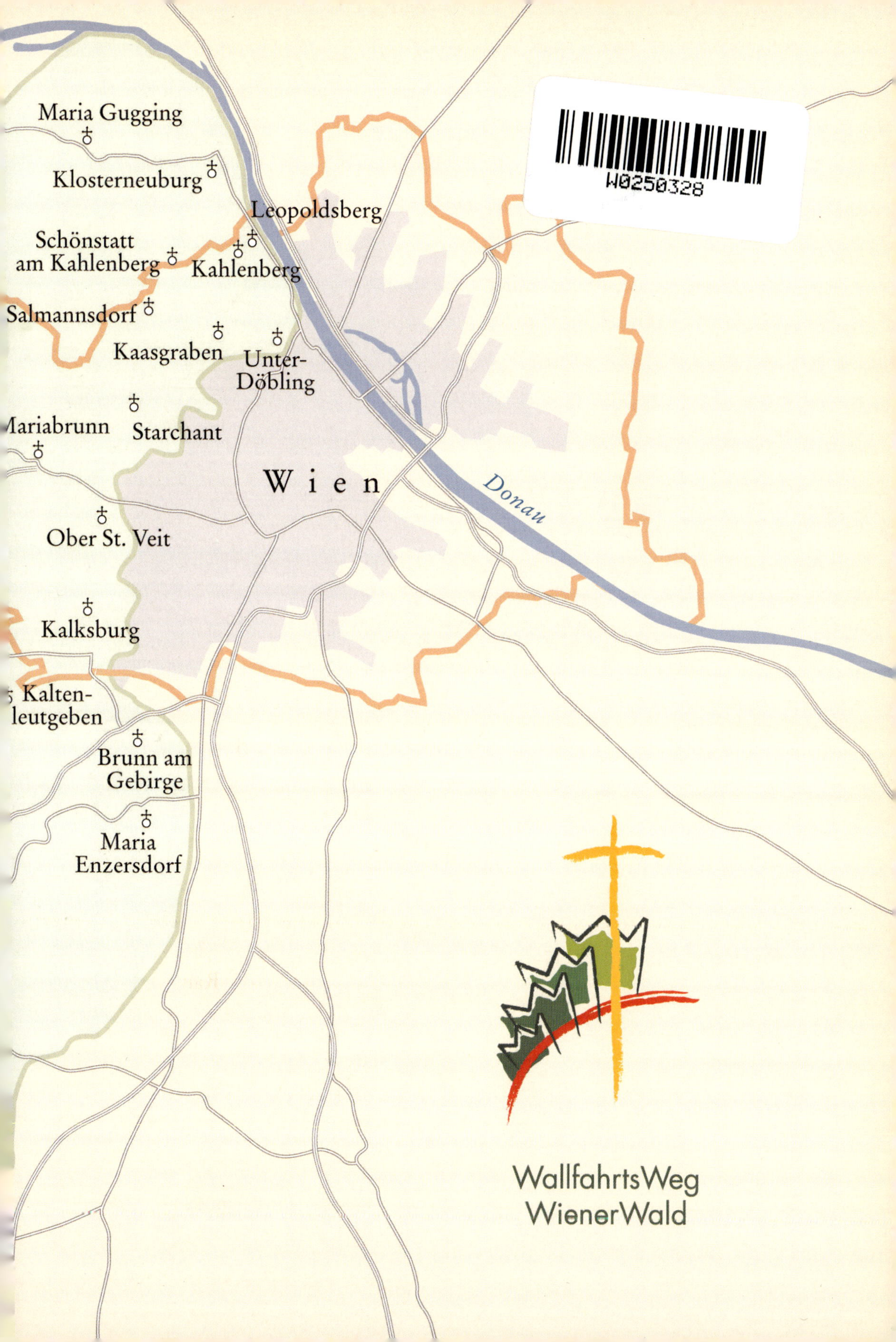

WallfahrtsWeg
WienerWald

Otto Kurt Knoll

Pilgerwege durch den Wienerwald

Amalthea

Otto Kurt Knoll

Pilgerwege

durch den Wienerwald

WallfahrtsWeg
WienerWald

Mit Druckerlaubnis des Erzbischöflichen Ordinariates Wien
vom 26. Jänner 2009, Zl. K 92/09,
Generalvikar Mag. Franz Schuster

Bildnachweis:
Andachtsbildchen: Sammlung Schön/Dommuseum Wien
Seite 197, 206: Franz Josef Rupprecht
Seite 151: Erwin Sattler
Alle anderen Abbildungen: Peter Szabo

Routenberechnung: Tamara Aschauer
Signet WallfahrtsWeg WienerWald: Heinz Ebner
Karte am Vor- und Nachsatz: APA-Picturedesk/Rainer Waxmann

Besuchen Sie uns im Internet unter
www.amalthea.at

© 2009 by Amalthea Signum Verlag, Wien
Alle Rechte vorbehalten
Schutzumschlaggestaltung: Kurt Hamtil, verlagsbüro wien
Umschlagabbildungen: © Peter Szabo
Herstellung: studio e, Josef Embacher
Gesetzt aus der 12/14,5 pt Berkeley Book
Gedruckt in der EU

ISBN 978-3-85002-677-2

Inhalt

VOS AUTEM DIXI AMICOS

KARDINAL DR. CHRISTOPH SCHÖNBORN
Erzbischof von Wien

Zum Geleit!

Wien, im Jänner 2009

Wallfahren gehört als wesentliches Element zu fast allen Religionen. Wir Christen finden in der Bibel die bekannte Stelle, als Jesus mit seinen Eltern Maria und Josef selbst eine solche Wallfahrt nach Jerusalem unternommen hat. Aber für Jesus war der Tempel nicht nur beeindruckend und das Zentrum seines jüdischen Glaubens, er entdeckte ihn als sein Zuhause. Gott war sein Vater. Und schon König David bekannte: »Herr, der Tempel ist erfüllt von deiner Hoheit und Macht; an diesem Haus hängt mein Herz.« (Ps 26,8)

Pilgern ist immer ein Aufbrechen und Suchen, es ist auch ein Fragen, welchen Stellenwert Gott und der Glaube in meinem Leben haben. Wallfahren ist für alle, ob Priester oder Laien, eine heilsame Form zur Festigung des eigenen Glaubens und der Neuevangelisation.

Die alten und neuen Wallfahrtswege in Europa folgen jenen Traditionen, die oft schon seit vielen Jahrhunderten in vielen Ländern bekannt waren, aber heute oft vielfach vergessen sind. Seit einigen Jahren sind Pilgerreisen wieder sehr im Aufschwung. Manche Wallfahrtswege wie nach Santiago de Compostella sind jedes Jahr von mehr als hunderttausend Pilgern geradezu überlaufen, sodass manche schon von einem Trampelpfad sprechen. Deshalb tut es gut, auch die kleineren und weniger bekannten Wege vor der eigenen Haustüre neu zu entdecken und zu gehen.

In der Erzdiözese Wien haben wir im Heiligen Jahr 2000 und danach die »Maria Gugginger Pilgerwege« und den »Weinviertler Pilgerweg« neu geschaffen, die sich steigender Beliebtheit erfreuen und zu einer besonderen Belebung des Wallfahrtgedankens in unseren Vikariaten beitragen.

Wer weiß aber schon, dass vor der Haustüre der Bundeshauptstadt in den angrenzenden Wienerwaldgebieten eine große Anzahl von berühmten, aber auch kaum bekannten Wallfahrtskirchen und -kapellen existiert?

Dem Autor, einem Kenner des Wallfahrtswesens in Österreich, ist es gelungen, erstmals ein Standardwerk über die Wallfahrtsorte des Wienerwaldes zu verfassen und auch einen von ihm neu kreierten Pilgerweg »WallfahrtsWeg WienerWald« vorzustellen. Inspiriert durch eine der größten Andachtsbildchensammlungen, die »Sammlung Schön«, ist in ihm die Idee gereift, den neuen Trend des Pilgerns auch für die vor der eigenen Haustüre bekannten Wallfahrtsorte zu erkunden und die kaum mehr bekannten Gnadenkirchen wieder zu entdecken.

Der Autor führt den Leser im wörtlichen Sinne, mit genauer Streckenführung und verschiedenen Varianten des Beschreitens. Beginnend beim Grab des Hl. Leopold in Klosterneuburg, dem Landespatron Österreichs, führt der Weg über die letzten Ausläufer der Alpen am rechten Donauufer bis in das südlich gelegene Triestingtal und findet seinen Abschluss im größten Wallfahrtsort der Erzdiözese Wien, in Maria Gugging. Als Metropolit der Wiener Kirchenprovinz freut es mich besonders, dass der WallfahrtsWeg ein diözesan-übergreifender Pilgerweg ist, der 29 Wallfahrtsstätten auf dem Gebiet der Erzdiözese Wien und drei auf dem der Diözese St. Pölten aufweist. Ich hoffe sehr, dass mit Beginn des Marienmonats Mai 2009 viele Wallfahrer und Wallfahrerinnen den »WallfahrtsWeg WienerWald« neu entdecken und begehen werden.

Meine Empfehlung ist daher, diesen Glaubens- und Wallfahrtsweg durch den Wienerwald mit der Familie, mit Freunden oder auch allein zu beschreiten. Neben wunderbaren Eindrücken aus der herrlichen Landschaft kehrt jeder Pilger ganz sicher auch mit bereichernden Glaubenserfahrungen zurück.

Wenn die Natur das Abbild der Schöpfung Gottes ist, müssen wir Gott dem Schöpfer für seine Schöpfung durch Gebet und Werk danken, betont Papst Benedikt XVI. zum Thema Schöpfungsverantwortung immer wieder. Die zahlreichen Gnadenstätten unseres Landes sind daher immer auch Ausdruck des Dankes und Lobpreis für die großartigen Werke von Gottes Schöpfung.

Allen Pilgerinnen und Pilgern wünsche ich bleibende Eindrücke von der Schönheit des Wienerwaldes und reichen Segen beim Besuch der Gnadenorte. Gerne begleite ich Sie mit meinen Gebeten und Segenswünschen auf dem »WallfahrtsWeg WienerWald«,

Ihr

+ Christoph Kard. Schönborn

Vorwort

Dr. Erwin Pröll
Landeshauptmann

St. Pölten, im Jänner 2009

Unser heutiges Leben ist allzu oft durch Stress und Hektik geprägt. Handys oder E-Mails ersetzen viel zu häufig das persönliche Gespräch, die Egoismen nehmen zu, und kaum jemand hat mehr wirklich Zeit für seine Mitmenschen. Immer öfter geht es sogar soweit, dass die Menschen nicht einmal mehr genügend Zeit für ihre engsten Verwandten bzw. ihre Familie, geschweige denn für sich selbst haben.

Als eigentlich logische Konsequenz daraus hat das Wandern bzw. das Pilgern in der jüngeren Vergangenheit auch in unserem Land wieder an Stellenwert gewonnen. Dies zeigt etwa die Eröffnung des 44 Kilometer langen Teilstücks des »Jakobsweges« in Melk im Jahr 2005. Auch die Maßnahmen, die zuletzt im Zusammenhang mit der »Via Sacra« getroffen wurden, führen den steigenden Stellenwert des Pilgerns auch in Niederösterreich vor Augen.

Mit dem vorliegenden Buch von Otto Kurt Knoll erfährt das Thema Pilgern in Niederösterreich eine weitere Aufwertung, zumal damit erstmals die Wallfahrtsorte im Wienerwald übersichtlich in einem Buch zusammengefasst und beschrieben sind. Ich danke dem Autor sowie allen am Zustandekommen dieses Buches beteiligten Personen sehr herzlich für deren diesbezügliches Engagement und hoffe, dass dieses Druckwerk zahlreiche Menschen anregen wird, sich das eine oder andere Mal auf eine Pilgerreise zu begeben und so zu sich selbst zurückzufinden und den Blick für das wirklich Wesentliche im Leben wieder zu schärfen. In diesem Sinne wünsche ich allen Leserinnen und Lesern des Buches »Pilgerwege durch den Wienerwald« eine »gute Wanderschaft«.

Ihr Erwin Pröll

Einleitung

Der Wienerwald gewinnt in den letzten Jahren bei immer mehr Menschen vermehrt an Zuspruch und wird gegenwärtig von den unterschiedlichsten Interessensvertretungen entdeckt. Vertreter aus Wirtschaft, Tourismus und Kultur haben für ihre Zwecke die Wienerwaldregion als ein zukunftverheißendes Potential erkannt und suchen mit Kreativität und Engagement neue Entwicklungsmöglichkeiten. Der Verfasser verfolgt seit längerem diese Entwicklung, nicht zuletzt deshalb, weil er seit seiner Geburt den Wohnsitz in dieser Landschaft hat und im Dorf- und Stadterneuerungsprogramm des Bundeslandes Niederösterreich eine Weiterentwicklungsmöglichkeit für seine Heimatregion sieht.

In diesem Zusammenhang sei auch an aktuelle Prognosen von Trendforschern und Fachexperten gedacht, denen zufolge Wallfahrten im Trend liegen und im Tourismus besser verankert werden sollten; die eigentliche Intention des Pilgerns wird dabei leider meist nur unzureichend erwähnt. Wallfahrtsstätten sind für die Menschen Orte, wohin sie sich begeben, um die besondere Nähe Gottes verspüren zu können. Das ist das Charakteristikum der christlichen Gnadenorte! Um die theologischen Aspekte des Pilgerns kennenzulernen, sei auf die im Buchhandel oder in den Bibliotheken erhältliche Literatur verwiesen. Gegenstand des vorliegenden Buches ist es einzig, die Wallfahrt vor dem Hintergrund der Geschichte der jeweiligen Gnadenorte in den Mittelpunkt zu stellen.

Der Wienerwald ist eine mit christlichen Gnadenstätten gesegnete Region, was in seiner Gesamtheit so noch nie dargestellt worden ist. Es sei festgehalten, dass bisher Wallfahrtskirchen des Wienerwaldes einzeln oder im Verbund – unter anderem in Form der »Via Sacra« – bei Pilgern bekannt sind, jedoch nicht als eine in sich geschlossene Wallfahrtsregion Wienerwald. Analog zu den vor kurzem ergriffenen und oben erwähnten Initiativen seitens des Tourismus, der Wirtschaft und der Kultur stellt der »WallfahrtsWeg WienerWald« einen neu eingeschlagenen Weg im Wallfahrtsleben dar. Um das »Vakuum« des Verständnisses für den Wienerwald als Wallfahrtsregion aufzufüllen, soll mit diesem Buch der Reichtum an Wallfahrtsstätten für Pilger, Kultur- und Kunstinteressierte und Ausflügler von Jung bis Alt erstmals umfassend dargestellt und damit zur verstärkten Wahrnehmung der Region beigetragen werden. Der Verfasser schätzt die – oft Jahrhunderte alten – Wallfahrtstraditionen, hofft einen Beitrag für das aktuelle Pilgerwesen zu leisten und sieht hoffnungsvoll künftigen neu entstehenden Wallfahrtsformen entgegen.

»Zu einem Wallfahrtsort gehören ein Gnadenbild, ein gütiger Wallfahrtspriester und ein Wallfahrerwirtshaus«, charakterisiert Pater Amadeus Hörschläger, der Bischofsvikar des Vikariates »Unter dem Wienerwald«, einen Wallfahrtsort. Und zwar in dieser Reihenfolge. Ähnlich skizziert es Pater Eugen Krismer, der frühere leitende Wallfahrtsseelsorger von Maria Gugging: »Viel wichtiger als ein Manager zu sein, hat ein Wallfahrtsseelsorger in erster Linie ein spiritueller und gütiger Priester zu sein. Die Pilger suchen einen ruhigen Priester, der gerne als guter Beichtseelsorger zur Verfügung steht. Wallfahrtspriester, die sich persönlich durch unscheinbares Auftreten zurücknehmen, lassen automatisch die Wallfahrtsstätte in vollem Umfang als Gnadenort erfahrbar machen.« Welche Priester als Wallfahrtsseelsorger eingesetzt werden, obliegt letztendlich der Entscheidung des Diözesanbischofs; für die Existenz eines Wallfahrerwirtshauses sind unter anderem Gespür für den Gnadenort und wirtschaftliches Geschick Voraussetzung. Von den drei Punkten, die Bischofsvikar Hörschläger angeführt hat, kann und soll nur das Hauptkriterium, das Gnadenbild, im Mittelpunkt des Buches stehen.

Das vorliegende Buch »Pilgerwege durch den Wienerwald« und der »WallfahrtsWeg WienerWald« sind darauf ausgerichtet den Wienerwald als Wallfahrtsregion in seiner Gesamtheit neu kennen und schätzen zu lernen.

Otto Kurt Knoll

Der Wienerwald

Der Wienerwald ist das Gebiet, in dem sich beinahe die gesamte Landschaft Österreichs kleindimensioniert auf einem Platz finden lässt.
Welches Gebiet umfasst der Wienerwald? Nach touristischen, wirtschaftlichen, historischen oder geologisch-geographischen Aspekten betrachtet, werden unterschiedliche Standpunkte vertreten. Den ersten zwei Kriterien folgend sind bei einigen wenigen Interessensgruppierungen einerseits ein paar Orte und Städte dem Wienerwald zugeordnet, die beim Lokalaugenschein nicht im geringsten mit diesem assoziiert werden können, andererseits fehlen manche, die einwandfrei in der Region liegen. Nach historischen Kriterien sind Gebiete – vor allem in Wien – dem Wienerwald zugeordnet, die auf Grund der Siedlungsentwicklung heute nicht mehr diesem zuzuzählen sind. Erkundigungsfahrten führten zu dem Entschluss, den Wienerwald für dieses Buch in geologisch-geographischer Sichtweise zu fassen. Der Wienerwald als »Grüne Lunge« ist ein Grüngürtel, der die Bundeshauptstadt teilweise umgibt und flächenmäßig zu einem geringen Anteil Wien, zum Großteil aber dem Bundesland Niederösterreich zuzurechnen ist. Um eine ziemlich exakte Begriffsbestimmung des Wienerwaldes nach der Landschaftsform vorzunehmen, hat jeweils ein Fachmann der Bundesländer Niederösterreich und Wien für dieses Buch eine Beschreibung verfasst.

Der Landesgeologe des Bundeslandes Niederösterreich, Harald Steininger, hat das Gebiet des Wienerwaldes wie folgt definiert: »*Die Bezeichnung ›Wienerwald‹ ist grundsätzlich eine geografische, sie beschreibt eine Landschaft. Dieser Begriff wird ganz selbstverständlich verwendet, hinterfragt man aber die Details der Abgrenzung des Wienerwaldes, wird schnell klar, dass eben nicht alles klar ist. Für den Geologen sind zur Beurteilung einer Landschaft grundsätzlich der Untergrund und die Landschaftsformen von maßgeblicher Bedeutung. Wenn es auch nicht primäres Anliegen einer geologischen Stellungnahme ist, die Historie zu hinterleuchten, kommt man daran jedoch nicht ganz vorbei. Die allgemeinste, von der Geschichte gezeichnete Bedeutung des Wienerwaldes ist: ›eine hügelige, überwiegend bewaldete Landschaft in der Nähe von Wien‹. Diese Definition ist unscharf genug, erlaubt jedoch einige klare Linien entlang geologischer Strukturen zu ziehen; andere Grenzbereiche bedürfen einer eingehenderen geologischen und morphologischen Betrachtung oder sind geologisch nur schwer fassbar. Die Ostgrenze ist geologisch sehr scharf markiert: An der Thermenlinie endet das bewaldete Berg- und Hügelland der östlichsten Alpen und damit der Wienerwald, die Ebene des Wiener Beckens zählt nicht mehr dazu. Die Thermenlinie ist ein geologisches Bruchsystem, an dem das östlich gelegene Wiener Becken abgesenkt wird. Diese Absenkung erfolgt auch heute noch mit einer Geschwindigkeit von etwa 1 mm pro Jahr; dies ist durch Präzisionsmessungen über längere Zeiträume nachgewiesen.*

Wenn auch der Wienerwald in der Geschichte von einzelnen Personen manchmal bis zum Piestingtal oder gar bis zum Schneeberg ausgedehnt wurde, so folgt in der traditionellen Betrachtung die Südgrenze den Flussläufen von Triesting und Gölsen. Die Triesting folgt keinen markanten geologischen Strukturen oder Grenzen, sie verläuft schräg durch die Kalkalpen. Der Gölsenfluss wiederum verläuft mit einer Abweichung von wenigen hundert Metern entlang der Grenze zwischen der Flyschzone (›Sandsteinzone‹) und den Kalkalpen.

Die Westgrenze wird unterschiedlich gehandhabt: Zumeist wird die Traisen als Westgrenze des Wienerwaldes betrachtet, wenn auch die Einwohner dieser Gegend sich selbst kaum als Bewohner des Wienerwaldes betrachten. Andere lassen den Wienerwald im Westen an Klammhöhe und Laabenbach und Großer Tulln enden.« – Soweit die Ausführungen des Landesgeologen.

Die östliche Grenze des Wienerwaldes in Wien liegt laut Alexander Mrkvicka vom Forstamt der Stadt Wien geologisch gesehen dort, wo die Schichten des Flysch-Wienerwaldes in das Wiener Becken abfallen. Diese Linie folgt von Süden nach Norden in etwa der Linie Bergkirche Rodaun – Kalksburger Kirche – Pfarrkirche Ober St. Veit – Pfarrkirche Mariabrunn – Pfarrkirche Starchant – Pfarrkirche Dornbach – Kirche am Schafberg –

Schwarzföhrenwald mit Felsenmassiv in der Kalksteinzone

Pfarrkirche Weinhaus – Pfarrkirche Neustift am Walde – Pfarrkirche Krim – Pfarrkirche Kaasgraben – Kirche Kahlenbergerdorf.

Die klimatische und geologische Vielfalt im Wienerwald spiegelt sich in Fauna und Flora wider. Es gibt Gegenden, die unter Wasserknappheit leiden, andere wiederum verzeichnen großen Wasserreichtum. Auch das Klima reicht von kalten schneereichen »Berg- und Talgebieten« bis hin zu jenen Orten, die durch die Nähe zur Pannonischen Tiefebene heiße Sommer verzeichnen. Mit 893 Metern Seehöhe ist der Schöpfl die höchste Erhebung des Wienerwaldes. Der Peilstein mit 716 Metern Seehöhe zählt als steilwandiger Kalkberg zu den bundesweit herausforderndsten Klettergärten. Es ist nicht abwegig, die Behauptung aufzustellen, im Wienerwald seien fast alle Landschaftsformen Österreichs in kleineren Ausmaßen vertreten. Informationen von Verantwortlichen des Biosphärenparks Wienerwald zufolge ist der Wienerwald das größte zusammenhängende Laubwaldgebiet Europas. Demzufolge seien hier mehr als 20 Waldtypen vorzufinden. Unter anderem existieren kleine Wälder mit Flaumeichen-, Eschen- oder Tannenbestand oder Mischwälder. In der Sandsteinzone dominieren die Buchenwälder und auf den Kalkklippen der Schwarzföhrenwald. Über 17 verschiedene Wiesentypen von Trockenrasen, über Magerwiesen bis hin zu kleinen Flachmoorwiesen sind für den Wienerwald genauso charakteristisch wie die Weingärten und die unterschiedlichen Quell-, Bäche- und Flussgebiete. Die Pflanzenvielfalt erstreckt sich von Blumen wie Orchideen, Schneeglöckchen, Wiesenglockenblumen und Kräutern wie Tausendguldenkraut, Johanniskraut und Königskerze bis zu alten Obstsorten wie Asperl (Mispel), Adlesbeere (Elsbeere), Aschitzen (Speierling), Holzbirne, Nagowitzbirne, »Faulenzer«-Apfel (Goldrenette von Blenheim), Kritzendorfer Ribisel sowie Marille und Weingartenpfirsich. Der Weinbau hat in den Gebieten, die im Umfeld der Donau und der Thermenregion liegen, alte Tradition. Von den Weißweinen seien stellvertretend Zierfandler, Grüner Veltliner oder der Gemischte Satz genannt. Bei den Rotweinen stellvertretend Zweigelt, Blauer Portugieser (»Vöslauer«) oder St. Laurent (»österreichischer Blauburgunder«). Die früher in den Weinbaugebieten des Wienerwaldes ausgesetzte Weißweinrebe Sylvaner ist leider nur mehr selten anzutreffen und wird hoffentlich, wie auch andere alte lokale Rebsorten, wieder Zuspruch finden.

An den Feucht- und Wasserstellen sind beispielsweise Erbsenmuscheln, Feuersalamander, Steinkrebse und Bachforellen anzutreffen. Ist unter den Fischen die Bachforelle der typische Vertreter des Wienerwaldes, so ist es im Wald das Reh. Beim Wild reicht die Spannweite von Ziesel, Rebhuhn, Feldhase über

Rotbuchenwald mit Waldweg in der Sandsteinzone

Wildschwein, Hirsch bis hin zu verschiedenen Greif- und Singvögeln. Die Bauern sind für die Aufrechterhaltung des Bestandes an Wald, Wiesen und Weingärten von entscheidender Bedeutung. In den letzten Jahren ist für einen neu eingeschlagenen Weg in der Landwirtschaft das Weiderind zu einem Markenzeichen des Wienerwaldes geworden.

Als Wirtschaftsstandort nächst der Bundeshauptstadt finden hier zahlreiche Menschen in Handel, Gewerbe und Industrie einen Arbeitsplatz. Die historische Bedeutung des Wienerwaldes findet auch in den zahlreich vorhandenen kunsthistorisch bedeutenden Bauobjekten und kulturellen Einrichtungen ihren Ausdruck. Im 19. Jahrhundert bis in die Zwischenkriegszeit pflegte die Wiener Bevölkerung auf Sommerfrische in die Dörfer des Wienerwaldes zu fahren. Nach dem Zweiten Weltkrieg siedelten sich immer mehr Wiener in Wienerwaldorten an, was auch einen gesellschaftlichen Wandel des Dorflebens mit sich brachte. Ungefähr ab 1970 nahm die Ausflugs- und Urlaubszahl kontinuierlich ab, jedoch ist in den letzten Jahren wieder ein Ansteigen zu verzeichnen. Die Menschen von heute schätzen zunehmend den Wienerwald als Naherholungs-, Kultur-, sanfte Tourismus- und Wallfahrtsregion. So unterschiedlich Fauna und

Flora sind, so unterschiedlich sind auch die lokalen Ausdrucksformen in Volkskultur und Gesellschaft.

Im Jahr 1870 hätte ein Gesetz den Verkauf des Wienerwaldes ermöglicht, damit Geld für die leeren Staatskassen lukriert wird. Josef Schöffel war jener Mann, der den publizistischen Kampf für die Rettung der »Grünen Lunge« aufnahm und trotz vieler Anfeindungen letztendlich erreichte, dass der Wienerwald erhalten blieb. In dem Standardwerk über den Wienerwald von Anton Schachinger aus dem Jahr 1934 »Der Wienerwald« wird Josef Schöffel *»Er, der Retter des Wienerwaldes in den gefahrenbringenden Jahren 1870–1872«* bezeichnet. Mit ungefähr 80 000 Hektar ist der Grüngürtel dank Schöffels seinerzeitigem Verdienst und den Initiativen der Bundesländer Wien und Niederösterreich ein beliebtes Siedlungs- und Erholungsgebiet im Einklang mit der Natur. Im Jahr 2002 feierte man im Hinblick auf die Schenkungsurkunde Kaiser Heinrichs II. vom November 1002 »1000 Jahre Wienerwald«. Gleichfalls im Jahr 2002 wurde die Wienerwald-Deklaration entsprechend den aktuellen Rahmenbedingungen mit den Unterschriften der Landeshauptleute von Wien, Niederösterreich und Burgenland in einer Neufassung angepasst. Die Wienerwald-Deklaration ist ein Katalog von Schutz- und Entwicklungszielen, die den Wienerwald künftigen Generationen als Natur-, Erholungs-, Wirtschafts- und Lebensraum sichern sollen. Die Anstrengungen der Bundesländer Niederösterreich und Wien ab dem Jahr 2003 um einen Biosphärenpark Wienerwald haben den gewünschten Erfolg erzielt. Die UNESCO hat im Jahr 2005 den Wienerwald in das weltweite Netz der Biosphärenparks aufgenommen. Das Ziel des Biosphärenparks ist es, im Einklang mit dem Naturschutz die Region zu einer Lebensregion für verantwortungsvolles Wirtschaften und Handeln zu entwickeln.

Weingarten, Mann in historischer Weinhauertracht aus Maria Gugging

WallfahrtsWeg WienerWald

WallfahrtsWeg
WienerWald

Signet

Nachdem ich die Glasmonstranz für den Papstbesuch 2007 gestalten hatte dürfen, freue ich mich sehr, dass ich nun eingeladen wurde, das Signet für den »WallfahrtsWeg WienerWald« zu entwerfen. Dem Wunsch von Otto Kurt Knoll zu entsprechen, die nach seiner Idee in Form eines Weges verbundenen Wallfahrtskirchen des Wienerwaldes nun mit einem zeitgemäß gestalteten Signet zu kennzeichnen, war eine neue Herausforderung für mich. Für jedes Gotteshaus wurde eine ebensolche Signet-Tafel in qualitativ hochwertiger Ausführung angefertigt und jeweils sichtbar angebracht.

Das Signet in den drei Farben Gelb, Rot und Grün besteht aus einem dynamischen Teil und einem statischen. Der dynamische ist gekennzeichnet von zwei sich überlagernden roten Linien, die in einer Kurvenform die vier grünen W-Blöcke unterstreichen. Rot als die Farbe des Fleisches, der Materie, verdeutlicht, dass es körperlicher Anstrengung bedarf, um das Ziel zu erreichen. Der Inhalt besteht aus den grünen, in Platzierung und Größe ansteigenden Blöcken, deren Konturen viermal den Buchstaben W erkennen lassen; zugleich symbolisieren die Formen durch die Farbe und die spitzen Zacken Baumgruppen und Baumwipfel.

Das Ziel – durch die starke senkrechte Betonung – ist ein goldgelbes, hohes Kreuz. Es ist Orientierung und Begleitung zugleich, indem es die Linien des Weges durchschneidet. Es macht gleichsam den Weg zum Ziel – Wallfahrt.

Heinz Ebner

Allgemeines zur Route

Die für die Wallfahrt notwendige Planung sollte im Vorfeld die aktuellen Gegebenheiten an der Wallfahrtsstätte, die Einkehr- und Unterkunftsmöglichkeiten, beachtenswerte Umstände sowie die erforderliche Ausrüstung miteinbeziehen. Eine auf Sicherheit und Ordnung gut bedachte Organisation kann eine freuderfüllte Durchführung gewährleisten und dem spirituellen Erlebnis Raum geben!

Bei den Kapiteln über die Gnadenorte wird jeweils eine Wegstrecke angegeben, wie man zu Fuß, mit den öffentlichen Verkehrsmitteln oder per PKW von einem Wallfahrtsort zum anderen gelangt.

Zu Fuß

Die Beschreibungen, wie man von einem Punkt der Route zu Fuß zum nächsten gelangt, dienen nur zur Orientierung. Es ist unbedingt erforderlich eine aktuelle Wanderkarte mitzuführen, weil Wanderwege verlegt oder aufgelassen werden oder neue hinzukommen können. In guten Wanderkarten sind außerdem auch die Farbmarkierungen der Wanderwege ersichtlich.

Mit dem Fahrrad

Da es einen Unterschied macht, ob man mit einem Straßenfahrrad oder einem Mountainbike unterwegs ist, und zudem immer wieder neue Radrouten angelegt werden, wird empfohlen, mit den anerkannten Radfahrervereinigungen bzw. auch mit den betreffenden Gemeinden in Kontakt zu treten, um die aktuellen

Fuß-Wallfahrt

Gegebenheiten zu erfragen. Es sind auch die einschlägigen Benützungsvorschriften zu beachten.

Rad-Wallfahrt

Mit dem Ross

Eine Wallfahrt durch den Wienerwald als Reiter oder mit dem Pferdegespann zu unternehmen, wozu mit diesem Buch erstmals der Impuls gegeben wird, ist von verschiedenen Komponenten abhängig. Die erste Fragestellung ist, ob man dank der bei den offiziell anerkannten Reit- und Fahrvereinigungen abgelegten Prüfungen über die notwendige persönliche Qualifikation verfügt und Erfahrung aufweisen kann. Zweitens ist bei den zuständigen offiziell anerkannten einschlägigen Organisationen unbedingt abzuklären, welche Wege für Reiter und Gespanne zur Verfügung stehen. Um mit dem Ross die Strecke zurücklegen zu dürfen, ist nämlich das Einverständnis von verschiedenen Einrichtungen, wie zum Beispiel der Grundbesitzer, stringent erforderlich. Das gute Miteinander von Beginn an ist die Basis für eine prosperierende Entwicklung der Wallfahrt mit dem Ross. Der Grund für diese Variante ist im Hinblick auf den historischen Stellenwert des Pferdes im bäuerlichen Leben und eine damit verbundene zeitgemäße Weiterentwicklung zu sehen. Die Entstehung einiger Gnadenorte des Wienerwaldes steht zudem im Zusammenhang mit Rossen. In geschichtlicher Hinsicht ist die Rasse der Noriker, deren Schutzpatron der heilige Severin von Noricum ist, das

Noriker, auch Norische Rosse genannt

Wallfahrt mit den Rossen

typische Arbeits-, Fahr- und Reitpferd u. a. des Wienerwaldes. Es ist zudem die einzige Pferderasse, die auf dem Gebiet des heutigen Österreich ihren Ursprung hat. Die Wertschätzung dieser ältesten altösterreichischen Pferderasse nimmt in den letzten Jahren wieder zu. In Stössing im Wienerwald ist derzeit auch der weltweit größte Noriker-Hof angesiedelt.

Öffentliche Verkehrsmittel

Bei den Erklärungen, wie man mit den öffentlichen Verkehrsmitteln die Wallfahrtsstätten erreicht, wird bewusst auf die Angabe von Liniennummern verzichtet, weil sich diese ändern können. Es ist zu hoffen, dass der Ausbau des öffentlichen Verkehrsnetzes in manchen Gegenden noch weiter voranschreitet.

PKW und Autobusse

Die Wegbeschreibungen sind prinzipiell für die Fahrt mit dem PKW gedacht. Manche Strecken sind auch für Reisebusse befahrbar, jedoch nicht alle. Daher sollten sich Chauffeure von Reisebussen die Routen selbst anschauen.

KLOSTERNEUBURG

Die bevölkerungsreichste Stadt des Wienerwaldes ist die drittgrößte Stadt im Bundesland Niederösterreich. Sie spannt den Bogen von alter Kultur bis hin zur zeitgenössischen Kunst und gilt als eine bedeutende Stadt des Weinbaus. Als Begräbnisstätte des österreichischen Landespatrons ist die in der Erzdiözese Wien gelegene Stadt Wallfahrtsort.

Bücher über Bücher sind über Klosterneuburg geschrieben worden und noch lange nicht ist alles über die Babenbergerstadt erforscht und festgehalten. Nur streng der Intention des Buches folgend, den Fokus auf die Wallfahrt zum heiligen Leopold zu legen, kann der Versuchung, mehr über Geschichte und Kultur mitteilen zu wollen, widerstanden werden.

Der Babenberger Leopold III., Markgraf von Österreich, gründete in der weit vor die Römerzeit reichenden Ansiedlung 1114 das Stift Klosterneuburg und berief 1133 die Augustiner Chorherren. Die Chorherren prägen seit ihrer Ankunft das religiöse, kulturelle und wirtschaftliche Leben der Stadt. Das Stift Klosterneuburg ist zurzeit größter Weinproduzent Österreichs.

Die beiden Westtürme der Stiftsbasilika Mariä Geburt, davor Bauten des äußeren Klosterbezirkes

Kaiser Karl VI. wollte in Klosterneuburg nach dem Vorbild des spanischen Escorial am Grab des österreichischen Landespatrons den österreichischen Escorial errichten. Der plötzliche Tod des Kaisers 1740 setzte diesem Vorhaben ein Ende. Seine Tochter, Kaiserin Maria Theresia, konnte der Idee des Vaters – die Verbindung von Kirche und Staat – in dieser Form nichts abgewinnen. Die imposant wirkende Stiftsanlage mit den beiden Kuppeln – die höchste Stelle der großen Kuppel ziert die Kaiserkrone des Heiligen Römischen Reiches Deutscher Nation, die der kleineren der österreichische Erzherzogshut – ist »lediglich« die Verwirklichung eines Viertels des Originalplans.

Die urkundliche Erwähnung 1042 als »Niuunbruch« zählte noch Korneuburg zu Klosterneuburg hinzu, bei der Trennung der beiden erhielt Klosterneuburg 1298 das Stadtrecht. Die heutige Stadt ist im 19. Jahrhundert aus der bereits von den Römern besiedelten »Oberen Stadt«, der im 8. Jahrhundert entstandenen Kirchsiedlung um St. Martin und aus der im 13. Jahrhundert angelegten »Unteren Stadt« zusammengewachsen. Den heute nur mehr in geographischer, früher auch in sozialer Hinsicht bestehenden Unterschied der Stadthälften spiegelt unter anderem das Vorhandensein mehrerer größerer Plätze wider. Wenn Gäste in die von Weinbergen und der Donau geprägte Wienerwaldstadt kommen, wird den Stadtbewohnern bei der Frage »Wo befindet sich bitte der Hauptplatz?« dieser Umstand bewusst. In der »Oberen Stadt« liegt der Rathausplatz mit dem Stiftsplatz und in der »Unteren Stadt« der Stadtplatz mit dem Niedermarkt. Der Weinbau, verbunden mit den Heurigen, ist seit eh und je ein Charakteristikum der Stadt. Den lokalen Weinhauern gelingt es Spitzenweine hervorzubringen, und hie und da kommt der Liebhaber von Weinen alter Rebsorten auch auf seine Rechnung. Die von den Chorherren 1860 in Klosterneuburg gegründete erste österreichische Wein- und Obstbauschule ist heute in Wissenschaft und Forschung international bekannt. Mit der Errichtung des Essl-Museums hat die größte österreichische Privatsammlung moderner und zeitgenössischer Kunst in Klosterneuburg Einzug gehalten.

Stiftsbasilika Mariä Geburt Kloster- und Pfarrkirche

Markgraf Leopold III. legte am 12. Juni 1114 den Grundstein der Kirche und konnte, kurz vor seinem Tod, am 29. September 1136 die Einweihung der Kirche »Mariä Geburt« erleben. Die Form der romanischen Basilika blieb bis heute trotz der gesamten dreiphasigen Barockisierung des Innenraumes im 17. und in der ersten Hälfte des 18. Jahrhunderts erhalten. In der zweiten Hälfte des 19. Jahrhunderts wurden die beiden Türme der Stiftskirche im neugotischen Stil gebaut. An der Außenseite der Kirche ist die romanische Saalkirche deutlich sichtbar. 800 Jahre nach ihrer Einweihung wurde die Stifts- und Pfarrkirche 1936 zur »Basilika minor« erhoben. Oberhalb des barocken Hochaltares ist auf einem von Johann Georg Schmidt angefertigten Altarbild die Geburt Mariens dargestellt. Am 8. September, dem Fest Mariä Geburt, wird das Patroziniumsfest gefeiert.

1871/1872 stellte man als Gegenstück zur barocken Kanzel den Leopoldi-Altar mit einer Bronzestatue des Hl. Leopold in der Kirche auf. Der oberhalb der Statue befindliche, in lateinischer Sprache verfasste Schriftzug stellt kurz und bündig Leopold als Patron Österreichs vor. In der Basilika finden die Festgottesdienste zu Ehren des österreichischen Landespatrons statt, zumal die kleine Leopoldskapelle die großen Wallfahrerscharen bei weitem nicht fassen kann.

*Leopoldskapelle
Wallfahrtskapelle zum Grab des Heiligen Leopold*

Unmittelbar neben der Stiftsbasilika und direkt vom Kreuzgang aus erreichbar befindet sich die Leopoldskapelle. Der frühere romanische Kapitelsaal aus dem 12. Jahrhundert wurde von 1677 bis 1680 erweitert und barockisiert. Für Touristen und Kunstliebhaber gleichsam ist hier das 1833 aufgestellte, weltweit bedeutendste Emailkunstwerk der Romanik, der nach ca. zehnjähriger Arbeit 1181 fertiggestellte Verduner Altar, Anziehungspunkt. Bei dieser Gelegenheit werden die Besucher auch die gotischen Glasmalereien des Leopoldsaals, des ehemaligen Kapitelsaals, mit ihrer herrlichen Farbpracht betrachten. Diese waren aus Resten der Fenster aus dem Kreuzgang zusammengesetzt worden. Vielleicht wirft der eine oder andere noch einen Blick auf die barocken Deckenfresken, bevor die – meist geführte – Erkundigungstour zum nächsten Ziel strebt.

Wir schreiben das Jahr 1136. Markgraf Leopold III. stirbt am 15. November, vermutlich auf der Jagd, eines plötzlichen Todes und wird im Kapitelsaal des Stiftes Klosterneuburg beigesetzt. Leopold aus dem Geschlecht der Babenberger zeichnete sich während seiner Zeit als Markgraf von Österreich durch praktizierenden Glauben, Liebe zu seiner Familie und zum Volk, soziales Wirken und konsequente Friedenspolitik aus. Diese konsequente Friedenspolitik während seines Wirkens in Klosterneuburg war für die Entwicklung Osterreichs ein wichtiges Element zur Ausbildung der Landeshoheit und des Landesfürstentums. Er war es auch, der im Jahrzehnte andauernden Streit zwischen Kaiser und Papst, dem Investiturstreit, friedensstiftend vermittelte. Nach dem Tod seines Schwagers, des Salierkaisers Heinrich V., wurde er als Thronkandidat aufgestellt. Seiner Friedensliebe getreu, verzichtete er auf die ihm angebotene Kaiserkrone, weil er heftige Konflikte zwischen seinen Söhnen für die Zeit nach seinem Tod vorausahnte.

Als Gründer bestiftete Leopold III. die Klöster mit Rücksicht auf deren damalige soziale Aufgaben reich. Zu seiner Zeit lagen in Österreich die gesamte Krankenpflege, die soziale Fürsorge und die Bildung in den Händen der Klöster und Stifte. Der bei seinem Volk äußerst beliebte »milde Markgraf« sorgte dafür, dass das damalige Österreich wie eine Insel der Seligen in Frieden und Wohlstand lebte. Er ist bis heute der letzte Regent, der vom Papst wegen seiner kirchlichen Gesinnung im privaten und öffentlichen Leben den Beinamen »filius sancti Petri« (Sohn des hl. Petrus) erhielt. In der Heiligsprechungsbulle Papst Innozenz VIII. wird Leopold mit folgenden Worten beschrieben: *»Während andere Länder unter Mord und Blutvergießen litten, hat er die ihm anvertraute Mark Österreich in gottgefälligem Frieden erhalten.«*

Das früheste Zeugnis einer Verehrung des Markgrafen verfasste ein Chorherr um 1170 für die Klosterneuburger Annalen. Die Witwe Agnes errichtete nach 1194 gemäß dem letzten Willen ihres verstorbenen Ehemanns Albert von Pfarrstätten eine Stiftung für dessen Seelenheil am Kapitelsaal, dass das Grab Leopolds immer beleuchtet werde. Dass Störefrieden der Bannfluch angedroht wurde, deutet darauf hin, dass der Babenberger Leopold III. damals schon eine kultische Verehrung genoss. Aus dem 12. und 13. Jahrhundert gibt es keine schriftlichen Aufzeichnungen, doch dürfte die Wallfahrt zum Grab Leopolds üblich geworden sein. 1323 hat man ein Verzeichnis mit den dem Markgrafen zugeschriebenen Gebetserhörungen angelegt. Eine am 15. September 1326 an der päpstlichen Kurie in Avignon ausgestellte Ablassurkunde gewährt allen, die am Grab des Markgrafen den Gottesdienst mitfeiern oder still beten, einen Ablass von 40 Tagen. Im Zusammenhang mit diesem Beweis einer Pilgertätigkeit nach Klosterneuburg dürfte auch die Errichtung eines neuen Altares am Grab Leopolds 1338 stehen. Herzog Albrecht II., dessen Ehe mit Johanna von Pfirt 15 Jahre lang kinderlos blieb, wallfahrte nach der Geburt seines ersten Kindes Rudolf 1339 regelmäßig nach Klosterneuburg – in der Folge wurden ihm noch 5 Kinder geboren. Fast jedes Jahr am 15. November kam die Herzogin allein oder mit ihrem Gatten, um am Grab des kinderreichen Vorfahren für den Kindersegen zu danken. Herzog Rudolf IV., der Sohn Albrechts II., unternahm 1358 den ersten Anlauf zum Heiligsprechungsprozess Leopolds III. Im 15. Jahrhundert werden dem milden Markgrafen zahlreiche Gebetserhörungen zugeschrieben, was natürlich einen zweiten Anlauf für einen Heiligsprechungsprozess 1465 begünstigte. Am 6. Jänner 1485 wurde Markgraf Leopold III. von Papst Innozenz VIII. in die Schar der Heiligen aufgenommen. Der Kapitelsaal verlor endgültig seine Funktion und wurde als Leopoldskapelle das Zentrum des nunmehr offiziell anerkannten Wallfahrtsortes Klosterneuburg. Kaiser Maximilian I. stiftete einen Silberschrein für die Gebeine des hl. Leopold. Weil der Kaiser an der feierlichen Erhebung der Gebeine (»Translatio Leopoldi«) persönlich teilnehmen wollte, mussten die Chorherren lange auf diesen Tag warten. Nichtsdestotrotz setzten sie in der Zwischenzeit die pilgerpastoralen notwendigen Schritte. Meines Erachtens war die feierliche Translatio in gewisser Hinsicht ein Hinweis auf die viel später vorgenommene Erhebung Leopolds zum Landespatron von Österreich. Die prunkvolle Feier am 15. Februar 1506, an der Maximilian I. auch tatsächlich teilnahm, kann als die erste offizielle Hofwallfahrt nach Klosterneuburg angesehen werden. Der Feier stand der Salzburger Erzbischof Leonhard von Keutschach unter Assistenz des Passauer und Gurker Bischofs im Beisein von vielen Geistlichen, darunter 27 infulierten Prälaten, vor. Kaiser Maximilian I. aus dem Hause Habsburg nahm in den Gewändern eines Erzherzogs von Österreich teil, um zu dokumentieren, dass er der Nachfolger des aus dem Hause Babenberg stammenden Heiligen war. Dieser prunkvoll angelegten Wallfahrt folgten unendlich viele Menschen, darunter der vornehmste erbländische Adel. Von nun an nahm die Wallfahrt nach Klosterneuburg einen enormen Aufschwung. Im 16. Jahrhundert wurde im Zuge der Reformation das Stift Klosterneuburg protestantisch. Die Wallfahrt erlebte ihren Niedergang, aber die Verehrung des hl. Leopold erlosch nicht, zumal die protestantischen Stände das Landesbewusstsein in Bezug zum heiliggesprochenen Markgrafen pflegten. In der Gegenreformation wurde die Leopoldi-Wallfahrt bewusst eingesetzt, die Stiftung eines neuen Leopoldischreines durch Kaiser Ferdinand I. sollte zweckdienlich sein. Der Wiener Bischof Johann Caspar Neubeck (Bischof von 1574 bis 1594) pflegte als großer Förderer der Wallfahrt am Leopoldifest in der Stiftskirche zu predigen. Als Gegenstück zur ungarischen Stephanskrone und zur böhmischen Wenzelskrone schuf Erzherzog Maximilian III., Statthalter von Tirol, als neue heilige Landeskrone den österreichischen Erzherzogshut. Diese dem Tiroler Herzogshut ähnliche Krone wurde am 15. November 1616 in einer feierlichen Zeremonie in der Stiftskirche den Chorherren von Klosterneuburg übergeben. Kaiser Leopold I. pilgerte fast jedes Jahr am 15. November nach Klosterneuburg und erklärte 1663 den hl. Leopold zum Landespatron von Österreich. Der Kaiser, selbst ein großer Musiker, komponierte die Kirchenmusik für die Hofwallfahrt. Die Leopoldiwallfahrten erfreuten sich beim einfachen Volk als eine Art barocker österreichischer »Staatsmystik« immer größer werdender Beliebtheit. 1677 bis 1680 wurde die Leopoldikapelle barock umgebaut und mit Deckenfresken, die dem heiligen Leopold zugeschriebene Wunder darstellen, versehen. Ähnlich wie in der Reformation erlebte unter Kaiser Joseph II. die Wallfahrt nach Klosterneuburg einen Niedergang, die Verehrung des Landespatrons wurde aber aus staatspolitischen Gründen geduldet. Das erstarkende Vereinswesen ab der Mitte des 19. Jahrhunderts führte zum Aufschwung der Klosterneuburger Pilgerfahrt. Die vom Jesuiten P. Heinrich Abel 1904 ins Leben gerufene Männerwallfahrt ist bis heute fester Bestandteil der Leopoldifeiern Anfang November. Anlässlich des 800. Todestages des österreichischen Landespatrons wurde 1936 ein der Romanik nachempfundener Reliquienschrein angefertigt, der als Aufsatz über dem Verduner Altar angebracht wurde. Darin befinden sich seither die Reliquien des heiligen Leopold mit Ausnahme der Schädelreliquie. Dies ist die heutige Form des Grabes des österreichischen Landespatrons. Die Schädelreliquie, die mit einer Nachbildung des österrei-

Reliquienschrein des hl. Leopold in der Leopoldskapelle

chischen Erzherzogshuts eingefasst ist, befindet sich in der Schatzkammer. Sie wird am Leopolditag in der Stiftskirche bzw. in der Leopoldskapelle zur Verehrung ausgesetzt und bei feierlichen Leopoldigottesdiensten vorangetragen.

Schädelreliquie des hl. Leopold

Die Nationalsozialisten brachten auch hierorts Schrecken in die Geschichte des Wallfahrtswesens.

Nach dem Zweiten Weltkrieg setzten die Pfarr-, Frauen- und Männerwallfahrten und die neu dazugekommenen Kinder- und Jugendwallfahrten ein. Von diesen hat sich in groß angelegter Form institutionell die Männerwallfahrt erhalten. Seit 1979 findet in einer vergleichbaren Form zu Leopoldi die Ministrantenwallfahrt statt. Die am und rund um den 15. November stattfindenden Pfarrwallfahrten werden im Zuge der großen Feierlichkeiten öffentlich kaum wahrgenommen, stehen aber in einer alten Tradition. Unbeachtet der großen öffentlichen Wahrnehmung des Leopoldifestes kommen laut dem Augustiner Chorherrn und Stiftspfarrer von Klosterneuburg, Walter Simek, das ganze Jahr immer wieder Wallfahrtsgruppen von Pfarren und Vereinigungen zum Grab des hl. Leopold. Der 15. Februar, das Fest der Erhebung der Gebeine des hl. Leopold, als der bekannte »Kleine Leopolditag« ist im Vergleich zum 15. November wenig bekannt.

Vielmehr findet wie eh und je der 15. November, das Hochfest des hl. Leopold, und die Tage davor und danach, nicht nur in religiöser Hinsicht, sondern auch durch Fasslrutschen, Leopoldimarkt und Weinverkostung großen Zuspruch. Die Schüler hören im Unterricht von der Schleierlegende als Gründungslegende des Stiftes Klosterneuburg und dass der hl. Leopold Landespatron der Bundesländer Wien, Niederösterreich und Oberösterreich ist. Die niederösterreichische Landesregierung mit dem Landeshauptmann an der Spitze feiert traditioneller- und löblicherweise das Pontifikalamt am 15. November in Klosterneuburg mit. Seit dem Jahr 2006 hat sich als gute Neuentwicklung das

Brauchtum eingestellt, dass anschließend an das Pontifikalamt nach einer kurzen Andacht auf dem Stiftsplatz mit der Schädelreliquie des Landespatrons der Leopoldisegen erteilt wird. In den Worten des Landeshauptmanns zum Landesfeiertag im Rundfunk wird die Bedeutung des Lebens des niederösterreichischen Landespatrons für die Geschicke des Landes von heute vermittelt. Der milde Markgraf lebt nach wie vor in der Erinnerung zumindest der erwähnten Bundesländer; naheliegenderweise in Niederösterreich am stärksten. Ich erinnere mich an die obligatorischen Fragen von Journalisten an Passanten in Klosterneuburg am Leopolditag: »Wer ist der heilige Leopold?« Manch vordergründig einfach klingende Antwort hat mich rückblickend betrachtet von ihrer Aussagekraft beeindruckt. Das Leben des heiliggesprochenen Markgrafen ist zweifelsohne in der historischen Betrachtung zu würdigen, vor allem aber in der spirituellen Dimension für heute zu deuten.

Der Klosterneuburger Chorherr Floridus Röhrig zeichnet als Doyen der Geschichtsforschung des heiligen Markgrafen eine optimistische Entwicklung für das Pilgerwesen: »*Gerade unter der Jugend erfährt heute die Idee der geistlichen Wanderung eine neue Belebung. Freilich stehen dabei wieder andere Gedanken im Vordergrund. Dem Menschen der Gegenwart, insbesondere dem jungen Menschen, geht es bei der Wallfahrt zuvorderst um geistige Einkehr und Selbstfindung, um die Eroberung neuer Dimensionen des Glaubens. Dafür sind heilige Orte als Stätten der besonderen Gottesnähe vor allen anderen geeignet, noch dazu, wenn die Beschwerlichkeiten des Weges als eine Form der persönlichen Buße darauf vorbereiten.*«

Für den Christen ist vielmehr die Reflexion der Lebensgeschichte eines Heiligen in Bezug auf die gegenwärtige Zeit interessant. Im Konkreten: Was sagt uns Leopold heute in Österreich für das christliche Leben und daraus resultierend für Ehe und Familie, für Politik, für kirchliches Leben, für sozial gerechtes Handeln, für den Umgang mit den Mitmenschen, für den Frieden in der Welt und für eine hoffnungsvolle Zukunft? Wenn Leopold verstärkt »als bodenständiges Programm« und wieder mehr als Landespatron von Österreich angesagt ist, können wir effizienter zukunftsweisende Wege für unsere Heimat Österreich und für die Verantwortung in der Welt einschlagen.

Bei aller Wertschätzung von Kunst und Kultur ist das primäre Ziel in der Leopoldskapelle das Grab des heiligen Leopold, heute in Gestalt des Reliquienschreins oberhalb des Verduner Altares. Der seit 1136 durch das Gebet abertausender Wallfahrer »durchwirkte« sakrale Raum ist für die Gegenwart und die Zukunft des Landes Österreich wegweisender Gnadenort.

Gebet

In Wahrheit ist es würdig und recht, dir, Vater im Himmel, zu danken und am Fest (bei der Verehrung) des heiligen Leopold das Werk deiner Gnade zu preisen. Denn in ihm und seinem heiligen Handeln in Güte und Milde schenkst du der Kirche ein Zeichen deiner Barmherzigkeit und Liebe. Durch das Zeugnis seines Glaubens verleihst du uns immer neu die Kraft, auch in den weltlichen Sorgen das Ewige nicht aus den Augen zu verlieren. Durch seine Fürsprache und sein heiliges Leben als frommer Herrscher Österreichs und sorgender Vater seiner Familie gibst du uns Hoffnung und Zuversicht auf immerwährenden Frieden.

Der Text ist der Präfation (= Teil des Hochgebetes der Hl. Messe) zum Gedächtnis der Erhebung der Gebeine des hl. Leopold am 15. Februar entnommen.

Klosterneuburg, Stift ⇨ Leopoldsberg, Kirche

Variante PKW:

Um zum Leopoldsberg zu gelangen, fährt man über den Rathausplatz. Von dort wählt man die Leopoldsstraße. Man passiert die Bezirkshauptmannschaft und die Weinbauschule. Dann biegt man rechts in die Wiener Straße ein. Nach etwa 1,5 km gelangt man zu einem Kreisverkehr, bei dem man die erste Ausfahrt (Weidlinger Straße) wählt. Nach kurzer Zeit kommt man zu einer Ampel, bei der man links in den Kollersteig abbiegt. Wenn man sich bei der Sachsengasse rechts hält, gelangt man zur Grabmandlgasse. Bei dieser biegt man rechts ein. Der Weg führt auf der Höhenstraße weiter. Diese steigt stets an und führt durch den Wald. Wenn man sich links hält, bleibt man auf der Höhenstraße Richtung Leopoldsberg. Nach etwa 7 km oder guten 10 Minuten Fahrtzeit erreicht man einen Parkplatz. Von dort sind die letzten Meter zu Fuß zu bewältigen. Für den Weg, der zur Kirche am Leopoldsberg hinaufführt, benötigt man zirka 5 Minuten.

Variante öffentliche Verkehrsmittel:

Natürlich ist es auch möglich, von der Stiftskirche in Klosterneuburg zur Kirche am Leopoldsberg mit öffentlichen Verkehrsmitteln zu gelangen. Dafür muss man von der Stiftskirche je nach Belieben über den Rathausplatz oder über die steilen Stiegen zur Hundskehle. Dieser folgt man hinunter bis zum Bahnhof Klosterneuburg-Kierling. Von dort steigt man in den Bus Richtung Heiligenstadt-Bahnhof ein. Bei der Heiligenstädter Straße (rund 15 min Fahrtzeit) muss man in den Bus Richtung Leopoldsberg umsteigen. Nach weiteren 30 Minuten hat man die Haltestelle Leopoldsberg erreicht. Von dieser schlägt man den 5minütigen Gehweg zur Kirche am Leopoldsberg ein.

Variante Fußmarsch:

Von der Stiftsbasilika in Klosterneuburg bis zur Kirche am Leopoldsberg werden rund 230 Höhenmeter überwunden. Die Wegstrecke beträgt knapp 4 km, wofür man 90 min (inklusive kurzen Pausen) einplanen kann. Vom Rathausplatz wählt man zunächst die Leopoldstraße. Kurz darauf biegt man leicht rechts in die Agnesstraße ein. Gelangt man zur Ampel, geht man geradeaus weiter in den Kollersteig. Man kommt bei der Pfarrkirche St. Leopold im Sachsenviertel vorbei. Anfangs ist der Weg noch ziemlich eben, beginnt aber dann zu steigen. Nach einem kurzen, recht ebenen Stück folgt am Ende des Kollersteiges eine beträchtliche Steigung. Nun sieht man schon Wegweiser und eine weiß-gelb-weiße Markierung, die einen auf den Leopoldsberg führt.

LEOPOLDSBERG

WallfahrtsWeg
WienerWald

Diesen traumhaften Ausblickspunkt über Wien, im 19. Wiener Gemeindebezirk und in der Erzdiözese Wien gelegen, haben schon viele Wanderer vom Kahlenbergerdorf aus über den steil ansteigenden Nasenweg erklommen. Der Leopoldsberg wird oft als letzter Ausläufer der Alpen bezeichnet. Was das rechte Donauufer betrifft, ist er das bestimmt, wenn auch die letzten Ausläufer mit den Staatzer Klippen sowie den Leiser und Falkensteiner Bergen im Weinviertel vorzufinden sind. Obwohl die Geschichte uns anderes vermittelt, ist dieser bereits in urgeschichtlicher Zeit besiedelte Berg in der Schleierlegende der Ausgangspunkt für die Gründung des Stiftes Klosterneuburg durch den 1136 verstorbenen Markgrafen Leopold III. Urkundlich wird 1248 eine Burg auf dem Leopoldsberg, der damals Kahlenberg hieß, erwähnt. Johanna von Pfirt, die Mutter Herzog Rudolf IV. des Stifters, hat vor 1351 im Hauptturm der Burg (an Stelle der heutigen Kirche) eine Georgskapelle gestiftet, die vor 1521 profaniert und 1577 gemeinsam mit dem Hauptturm gesprengt wurde. Die heute nördlich der Kirche befindliche hakenförmige Burg geht teilweise auf das 13. und 15. Jahrhundert zurück, die ehemalige Wehrmauer als südliche Platzbegrenzung stammt aus dem 13. Jahrhundert. Der Namenswechsel von Kahlenberg auf die heutige Bezeichnung Leopoldsberg erfolgte unter Kaiser Leopold I.

Kirche St. Leopold
Wallfahrtskirche zur Maria, Hilfe der Christen

Der barocke Kirchenbau mit Kuppel und Zweiturmfassade wurde 1679 erbaut, in der Folge 1683 von den Türken schwer beschädigt und 1718–1730 zur heutigen Form ausgebaut. Im Zuge der josephinischen Kirchenreform wurde die Kirche 1784 profaniert und unter Kaiser Franz II. 1798 wieder als Kirche eingeweiht. 1945 beschädigte eine Fliegerbombe die Kirche schwer. Sofort setzte der Wiederaufbau nach der ursprünglichen Form ein. Der klassizistische Hochaltar mit dem 1795 angefertigten Altarbild des Kirchenpatrons, des hl. Leopold, und die barocken Seitenaltäre prägen das Kircheninnere. Bemerkenswert und sich der örtlichen Geschichte einfügend ist die sogenannte Türkenglocke aus 1753.

Papst Innozenz XI. entsandte 1683 den Kapuzinerpriester P. Marco d'Aviano nach Wien ins Entsatzheer gegen die Türken. Seine Aufgabe war es, die gekrönten Herrscher und die Soldaten geistlich zu begleiten. Ob der Kapuzinerpater die heilige Messe am 12. September 1683 vor der entscheidenden Schlacht auf dem heutigen Kahlenberg oder auf dem heutigen Leopoldsberg gefeiert hat, ist nicht nur ein Thema der Historiker, sondern auch jenes der Anhänger der jeweiligen »Denkrichtung«. Entscheidend ist, dass die Schlacht gewonnen wurde und der Erhalt des christlichen Abendlandes sichergestellt war. P. Marco d'Aviano verfasste am 27. Dezember 1692 einen Brief an Kaiser Leopold I. und bat darin den Regenten die Leopoldikapelle von Grund auf herzustellen. Der Berg solle von Kahlenberg in Mariahilfberg umbenannt werden, und in der künftig als Mariahilfkirche geweihten Kirche möge als Hochaltarbild ein Mariahilfbild aufgestellt werden. In einer festlichen Prozession solle, so der Kapuziner weiter, von der kai-

Kirche St. Leopold

serlichen Residenz ausgehend das Mariahilfbild in den Stephansdom geleitet und dort ein feierliches Gelöbnis geleistet werden. Der Kaiser entsprach dem Wunsch weitgehend, kam aber der Bitte der Änderung des Kirchenpatroziniums und des Bergnamens nicht nach. Berg und Kirche sind weiterhin nach dem Landespatron von Österreich benannt. Von Leopold I. ist eine im Stephansdom in lateinischer Sprache abgelegte Gelöbnisformel schriftlich erhalten: »*Ferner verspreche ich, dass ich zum ewigen Gedächtnisse der so grossen Wohltat die Capelle des Hl. Leopold auf dem Callenberg, von wo aus zuerst der besondere Schutz Deiner Hilfe in der Vertreibung der Feinde sich kundbar erwies, herzustellen und in derselben der heiligen Jungfrau einen Altar unter dem Titel Maria Hilfe der Christen widmen werde.*« In der Kirche auf dem Leopoldsberg fand das vom Kaiser gestiftete Gnadenbild »Maria Hilfe der Christen«, im Volksmund auch »Maria Türkenhilf« genannt, Aufstellung. Es handelt sich dabei um eine Kopie des über dem Hochaltar im Innsbrucker Dom verehrten Originals. Bald schon stellten sich Wallfahrtsprozessionen auf dem Leopoldsberg ein, denen als prominenteste Pilgerin gelegentlich auch Kaiserin Maria Theresia zuzuzählen war. Ihr Sohn und Nachfolger auf dem Thron, Joseph II., verbot die Wallfahrt auf den Leopoldsberg, ließ das Gnadenbild entfernen und die Kirche schließen. Das Gnadenbild fand in der Kapelle des Allgemeinen Krankenhauses in Wien einen Platz. Rektor Josef Hamminger war von 1980 bis 1999 Seelsorger der Kirche auf dem Leopoldsberg. Laut Auskunft von Rektor Hamminger bemühte er sich lange vergebens bei der Stadt Wien, das Gnadenbild wieder zurückzubekommen. Im Mai 1987 bat der Seelsorger auf dem Leopoldsberg den damaligen Wiener Erzbischof Hans Hermann Kardinal Groer um Unterstützung. Kardinal Groer nahm mit dem seinerzeitigen Wiener Bürgermeister Helmut Zilk Kontakt auf und teilte Hamminger mit, er solle sich direkt an den Bürgermeister wenden. Am 27. November 1987 schrieb Zilk an Hamminger, dass das Bild gerade restauriert und danach auf den Leopoldsberg

Gnadenbild Maria, Hilfe der Christen

zurückgebracht werde. Am 11. April 1988 erfolgte die Rückerstattung des Gnadenbildes und am 14. April 1988 wurde es an jener Stelle aufgehängt, von wo es unter Kaiser Joseph II. abgenommen worden war. Das Gnadenbild aus dem 17. Jahrhundert mit seinem Strahlenkranz befindet sich an einer Seitenwand nächst des Hochaltares.

Schon bald nachdem das Gnadenbild wieder am angestammten Ort aufgehängt worden war, genau seit dem 12. April 1989, hatte sich eine von der Pfarrkirche Kahlenbergerdorf zur Kirche auf den Leopoldsberg geführte Monatswallfahrt zur »Maria Hilfe der Christen« etabliert. Der Wiener Erzbischof Christoph Kardinal Schönborn feierte am 30. März 2003 bei der ersten Wanderung »Lebendiger Rosenkranz«, die um die Bundeshauptstadt Wien führt, die Heilige Messe in der Kirche auf dem Leopoldsberg und erteilte anschließend im Freien den sakramentalen Segen der Stadt und ihren Bewohnern. 2007 fand die Familienwallfahrt der Erzdiözese Wien auf den Leopoldsberg statt. Das Bild »Maria Hilfe der Christen« ist in kurzer Zeit wieder, auch von einzeln kommenden Pilgern, zum Wallfahrtsziel geworden.

Gebet

Gott, unser Vater,
du hast uns zu Gliedern am geheimnisvollen Leib
deines Sohnes gemacht.
Du willst, dass wir die Not und Last
der Menschen teilen.
Du weißt, dass der helfenden Hände zu wenige sind.
Darum bitten wir dich:
Rufe hingabebereite Menschen in die Nachfolge
deines Sohnes,
unseres Herrn Jesus Christus,
und begleite sie auf ihrem Weg.
Öffne allen Gläubigen das Herz für
das Wirken des Heiligen Geistes
und erneuere in uns die Freude an unserer Berufung.
Das gewähre uns auf die Fürsprache Mariens,
der Helferin der Christen.
Amen.

Das Gebet ist für die Wallfahrt der Don-Bosco-Familie Österreichs auf den Sonntagberg verfasst worden.

Leopoldsberg, Kirche ⇨ Kahlenberg, Kirche

Variante PKW:

Vom Parkplatz wählt man wieder die Höhenstraße, der man nach links Richtung Kahlenberg folgt. Nach 2 km kann man das Auto schon wieder parken. Zur Kirche geht man vom Parkplatz aus auf ebenem Weg noch zirka fünf Minuten.

Variante öffentliche Verkehrsmittel:

Mit dem Bus fährt man von der Haltestelle Leopoldsberg zur Haltestelle Kahlenberg (5 Minuten). Dann folgen noch 5 Minuten Fußweg zur Kirche am Kahlenberg.

Variante Fußmarsch:

Vom Leopoldsberg kann man dem Stadtwanderweg 1 folgen und gelangt direkt auf den Kahlenberg. Der Wanderweg führt zunächst neben der Höhenstraße. Bald erreicht man die ehemalige Josefinenhütte, die heute »Hütte am Weg« heißt. Von hier steigt der Weg, der nun etwas mehr im Wald führt, an.

Für dieses knapp 2 km lange Wegstück, bei dem die zu überwindende Höhe lediglich 60 m beträgt, braucht man nur 30 Minuten.

KAHLENBERG

Der im 19. Wiener Gemeindebezirk in der Erzdiözese Wien liegende Berg ist bei Wienern und Wienbesuchern gleichsam beliebtes Ausflugsziel, Ausblickspunkt über die Bundeshauptstadt und Ort von großer historischer Bedeutung. Die entscheidende Schlacht für die Befreiung Wiens und letztendlich Europas von den Türken 1683 hat von hier aus ihren Anfang genommen. Ob der geistliche Begleiter des Entsatzheeres, P. Marco d'Aviano, vor der Schlacht am 12. September 1683 auf dem Leopoldsberg oder Kahlenberg die heilige Messe gefeiert hat, wird hier eindeutig zu Gunsten des Kahlenberges dokumentiert. 300 Jahre später, im September 1983, kam Papst Johannes Paul II. hierher als Pilger, um der Befreiung Wiens zu gedenken und Gott zu danken.

Der in früheren Zeiten reiche Bestand an Eichenbäumen war ein Paradies für Wildschweine. Demzufolge hieß dieser Ausläufer der Ostalpen bis zur Namensänderung im 17. Jahrhundert durch Kaiser Leopold I. »Sauberg« oder »Schweinsberg«. 1629–1639 ließ hier Kaiser Ferdinand II. eine aus Zellenhäuschen bestehende Kamaldulenser-Eremitage mit einer Kirche zu Ehren des heiligen Joseph errichten. Kaiser Joseph II. löste 1783 den Orden auf und ließ die Anlage durch den Religionsfonds versteigern. 1784 war für die neue Ansiedlung die Bezeichnung »Josefsdorf« gebräuchlich, und im Laufe der Zeit entstand eine Villenkolonie. Mehr als ein »sehr kleines Dorf« kann man die Ansiedlung heute aber nicht bezeichnen. Ein stummer Zeuge des ehemaligen Dorflebens ist der 1783 eingeweihte kleine Waldfriedhof, der heute nur noch als Begräbnisstätte für die an der Kahlenbergkirche wirkenden Resurrektionisten dient. Als Ausnahme zur Regel fand auf diesem bereits in der zweiten Hälfte des 19. Jahrhunderts gesperrten Biedermeierfriedhof der 1992 verstorbene legendäre österreichische Caritas-Präsident Prälat Leopold Ungar seine letze irdische Ruhestätte.

Das 1872 eröffnete Kahlenberghotel erlebte eine abwechslungsreiche Bau- und Funktionsgeschichte; Teile des 1935 von Erich Boltenstern erbauten Restaurants sind im heutigen Baukomplex noch vorhanden. Im Jahr 2007 wurde nach einer groß angelegten Um- und Neubauphase ein Hotel, ein Restaurant und eine Universität der Wirtschaftskammer Wien für den Tourismusbereich eröffnet. Gleichsam als zweites Wahrzeichen des Berges gilt neben der Kirche der 1955 erbaute und weithin sichtbare Sender Kahlenberg.

Kirche St. Joseph

Kirche St. Joseph auf dem Kahlenberg

1629 wurde der Grundstein für die schlichte, den Baugewohnheiten des streng beschaulichen Ordens der Kamaldulenser folgende Saalkirche gelegt. Im Zuge der Türkenbelagerung von 1683 und durch die Napoleonischen Kriege 1809 ist die Kirche stark unter Mitleidenschaft gezogen worden und musste immer wieder hergestellt werden. Im Zentrum der 1852 wieder geweihten Kirche steht der Hochaltar mit der Thematik der Kreuzigung Christi. Die an die Sakristei anschließende Sobieskikapelle mit Wandmalereien aus 1929/1930 hat die Befreiung aus der Türkennot 1683 und das diesbezügliche Verdienst des polnischen Königs Jan Sobieski und seines Heeres zum Gegenstand. Die Kirche ist geschichtlich bedingt Ziel von Wallfahrern, insbesondere aus Polen.

Wallfahrtskirche zur Madonna vom Kahlenberg Gnadenbild Mariä Namen

Der selige Papst Pius X. schenkte 1907 eine Kopie des in der römischen Kirche Nuome di Maria am Forum Trajanum befindlichen Bildes Mariä Namen der Kirche auf dem Kahlenberg. Das bald von Pilgern unter dem Titel »Madonna von Kahlenberg« verehrte Gnadenbild hat einen engen Zusammenhang mit der Geschichte des Kahlenberges. Papst Innozenz XI. dehnte das Fest Mariä Namen zum Andenken an die Befreiung Wiens von der Türkengefahr 1683 auf die ganze Kirche aus. Das im Zuge des Festes der Kreuzerhöhung am 14. September 1907 auf dem Hochaltar aufgestellte Bild findet besonders an den Festen Mariä Geburt (8. September) und Mariä Namen (12. September) verstärkten Zuspruch von Pilgern.

Gnadenbild Mariä Namen, genannt »Madonna vom Kahlenberg«

Gebet

Du, der Du nimmer glaubst an sie,
kalt vor dem Bilde stehst
und nimmer beugen willst Dein Knie –
Sie hilft dir doch, –
wenn du nicht flehst,
so fleht dein Jammer, fleht dein Leid –
das sieht sie, die gebenedeit,
die Mutter Sanct Maria.

Dieses Gebet wurde von Geza Graf Zichy verfasst und ist auf einem Andachtsbildchen mit dem Gnadenbild Mariä Namen vom Kahlenberg aus dem 2. Viertel des 20. Jahrhunderts abgedruckt.

Wallfahrtskirche zum Gnadenbild der Schwarzen Madonna von Tschenstochau

Die Kopie des polnischen Nationalheiligtums wurde angeblich 1683 von König Jan Sobieski nach Wien mitgebracht. Inwieweit dem Umstand Rechnung getragen werden kann, dass der Kapuzinerpater vor der entscheidenden Schlacht um

Wien am 12. September 1683 vor diesem Gnadenbild die heilige Messe gefeiert hat, können wir mit »aus dem Reich der Märchen« am ehesten umschreiben. Der zuständige Dechant des Wiener Stadtdekanats 19, P. Roman Krekora, der zudem ein polnischer Resurrektionist ist, reagierte mit einem schallenden Lachen auf diese Legende und meinte: »*Das habe ich noch nie gehört! Das Gnadenbild bedeutet uns Polen sehr viel, aber Sobieski hat es niemals gestiftet. Das Bild ist eine Kopie aus dem 20. Jahrhundert.*« Der Aussage des Dechants kann viel abgewonnen werden. In dem vom Bundesdenkmalamt 1996 herausgegebenen topographischen Denkmälerinventar wird im betreffenden Dehio-Handbuch festgehalten: »in nördl. Türnische Kopie der Madonna von Czenstochau, 1906«. Seit 1906 ist zudem die polnische Kongregation der Resurrektionisten für die Seelsorge an der Kirche zuständig. Tatsache ist – und das scheint mir viel wichtiger zu sein als eine gut erfundene Legende –, dass dieses Gnadenbild vor dem Fall des Eisernen Vorhangs für viele geflüchtete Polen Heimat und Zuversicht bedeutete. Nach dem Fall des Kommunismus hat es sich für die nach Wien reisenden Polen zur Selbstverständlichkeit entwickelt, eine Wallfahrt zur Madonna von Tschenstochau auf dem Kahlenberg zu unternehmen. Für jene, denen es nicht möglich ist zur Schwarzen Madonna von Jasna Góra in Tschenstochau nach Polen zu fahren, ist das Gnadenbild ein wertvoller »Ersatzpilgerort« in Österreich.

Gnadenbild der Schwarzen Madonna von Tschenstochau

Gebet

Mutter von Tschenstochau, Mutter der Kirche!
Vereint mit den Scharen der Engeln und den heiligen Patronen unserer Länder, wenden wir uns mit vertrauensvollem Gebet an Dich, unsere Mutter und Königin.
Seit Jahrhunderten ist Jasna Góra in Tschenstochau als berühmte Gnadenstätte und Ort Deiner unerschöpflichen Barmherzigkeit bekannt.
Schaue in unsere Herzen hinein, die mit Huld und Verehrung ganz von der Liebe zu Dir erfüllt sind!

Wir bitten Dich: Wecke in uns das feste Streben nach Heiligkeit, mache unseren Glauben unerschütterlich und missionarisch durch den Hl. Geist, entfalte in uns die tiefe und wirksame Liebe zur Kirche, erflehe uns bei Gott die ersehnte Gnade!
O Mutter mit dem verwundeten Antlitz! Nimm mich, meine Familie und alle Freunde ganz in Deine mütterlichen Arme und Obhut auf!
Voll Zuversicht vertraue ich auf Deine unbegrenzte Fürsprache durch unsern Herrn Jesus Christus, Deinen Sohn, der mit Dir lebt und herrscht in der Einheit des Hl. Geistes, Gott von Ewigkeit zu Ewigkeit.
Amen.

Dieses Gebet ist nach dem Text eines Andachtsbildchens aus Tschenstochau für die lokalen Verhältnisse adaptiert worden.

Kahlenberg, Kirche ⇨ Schönstatt am Kahlenberg, Kapelle

Variante PKW:

Auch diese Fahrt ist sehr kurz. Vom Parkplatz fährt man links die Höhenstraße zurück und biegt nach nicht einmal fünf Minuten nach rechts nach Schönstatt am Kahlenberg ein. Nach wenigen Metern erreicht man den Parkplatz. Von dort sind es nur mehr wenige Meter zu Fuß zur Kapelle von Schönstatt.

Variante öffentliche Verkehrsmittel:

Mit dem Bus fährt man von der Haltestelle Kahlenberg bis zur Haltestelle Sulzwiese. Dafür benötigt man zirka fünf Minuten. Von der Haltestelle wendet man sich nach rechts und folgt dem Weg, von dem aus man schon die Kapelle von Schönstatt erkennen kann.

Variante Fußmarsch:

In 15 Minuten hat man das nur rund 1 km entfernte nächste Ziel erreicht. Man folgt dafür dem Stadtwanderweg 1 weiter. Es ist ein gemütlicher Gehweg, der entlang der Höhenstraße leicht bergab führt. Nach einer knappen Viertelstunde sieht man schon das Schild, das nach rechts den Weg nach Schönstatt weist.

SCHÖNSTATT AM KAHLENBERG

WallfahrtsWeg
WienerWald

Die Sulzwiese an der Grenze zwischen den Bundesländern Niederösterreich und Wien, auf dem Kahlenberg in der Erzdiözese Wien gelegen, diente im Zweiten Weltkrieg als Fernmeldeeinrichtung und 1945 als Militärsender der USA. Auch der von der amerikanischen Besatzungsmacht für die Zivilbevölkerung eingerichtete Sender »Rot-Weiß-Rot« wurde für kurze Zeit von hier gesendet. Anschließend übernahm die Caritas die Anlagen und baute sie für ihre Zwecke aus. Der legendäre österreichische Caritas-Präsident Prälat Leopold Ungar lebte gerne in einem der Häuser, sein Shetland-Pony war ein begehrter Spielkamerad der Kinder. 1982 übernahm die katholische Schönstatt-Bewegung von der Caritas die Anlage und führte sie schrittweise ihren Aufgaben zu. Obwohl offiziell die Flurbezeichnung Sulzwiese gilt, hat sich ab dem Wirken der katholischen Bewegung immer mehr die Bezeichnung »Schönstatt am Kahlenberg« im Bekanntheitsgrad durchgesetzt. Selbst im Postverkehr wird an die neue Ortsbezeichnung zugestellt, und es ist nur mehr eine Frage der Zeit, bis der Siedlungsname offiziell anerkannt wird.

Wallfahrtskapelle zur Dreimal wunderbaren Mutter, Königin und Siegerin von Schönstatt

Die aus Laien, gottgeweihten Schwestern und Priestern bestehende katholische Erneuerungsbewegung versteht sich in Österreich vor allem als Familienbewegung. Zeit für Ehegespräche, spirituelles Familienleben, das Spielen der Kinder und Wallfahrt – das sind die Themen, für die das Schönstatt-Zentrum am Kahlenberg den Menschen zur Verfügung stehen will. Die Leitung des Zentrums vor Ort liegt in den Händen der Schönstätter Marienschwestern. Für die weltweit vorhandenen Schönstatt-Zentren ist einerseits eine Bildungsstätte und andererseits das Schönstatt-Heiligtum als Gnadenkapelle charakteristisch. Da die kleinen Kapellen auf der ganzen Erde in Form und Ausmaß dem Original

Kapelle der Dreimal Wunderbaren Mutter, Königin und Siegerin von Schönstatt

in Deutschland gleich sind, war hier für die Bauplatzwahl ausschlaggebend, dass bei größeren Festen viele Menschen mitfeiern können. Ein Teil der Gebäude, wie die Kapelle, steht auf dem Gebiet der Stadtgemeinde Klosterneuburg in Niederösterreich, die Mehrzahl der Gebäude auf dem Gebiet des 19. Wiener Gemeindebezirkes. Aus seelsorglichen Gründen ist jetzt die Kapelle nicht mehr Teil der niederösterreichischen Pfarre Weidling, sondern wie das ganze Schönstatt-Zentrum Teil der Wiener Pfarre Grinzing.

Wie kam es zur Errichtung am Kahlenberg? 1976 haben junge Männer im nahen Wald des heutigen Schönstatt-Zentrums ein Bild der »Dreimal wunderbaren Mutter, Königin und Siegerin von Schönstatt« an einem Baum aufgehängt. Im Jahr 1978 folgte ein Bildstock, und bald pilgerten verschiedene Gruppen aus der Schönstatt-Bewegung hierher. Mit der Zeit wurden mit den Wallfahrten auch Familienfeste verbunden, und die Sehnsucht nach einem Heiligtum wuchs. Der früh verstorbene Schönstatt-Priester Kristof war einer der Ersten, der mit einer Wallfahrtsgruppe von Erstkommunionskindern hierher kam. Auf dem Areal des Schönstatt-Zentrums wurde am 31. Oktober 1982 durch den Wiener Erzbischof-Koadjutor Franz Jachym eine originalgetreue Nachbildung der Gnadenkapelle von Schönstatt/Deutschland eingeweiht. Das Gnadenbild ist seit 1987 mit einer Krone versehen, die Papst Johannes Paul II. bei seinem Wien-Besuch 1983 in der Apostolischen Nuntiatur segnete. Als großer Festtag wird der Gründungstag der Gemeinschaft am 18. Oktober 1914 gefeiert. Der Großteil der Wallfahrer sind einzelne Pilger, die zudem meist in einem vor dem Gnadenaltar aufgestellten Krug ihre Anliegen deponieren. Laut Berichten der Schönstätter Marien-Schwester Ingrid-Maria kommen Einzelpilger in der Folge oft mit einer Gruppe wieder. Regelmäßige Wallfahrten von Wiener Pfarren, Ordensgemeinschaften und die der

Donauschwaben werden verzeichnet. Immer mehr Einzelpilger schätzen das persönliche Gespräch mit einer der Schönstätter Marienschwestern. Zurückgehend auf eine Anregung aus dem Jahr 1999 hat sich hier eine neue Form der Votivgabe entwickelt. Menschen zeigen ihren sichtbaren Dank durch das Pflanzen von Rosenstöcken vor dem Heiligtum. Auf die Frage, welche Wallfahrtsgnaden hier geschenkt werden, antwortet Schwester Ingrid-Maria: »*1. Die Gnade der seelischen Beheimatung (beim barmherzigen Vatergott) 2. Die Gnade der inneren Wandlung (die Gottesmutter wirkt als Erzieherin) 3. Die Gnade der apostolischen Fruchtbarkeit.*«

Gnadenbild der Dreimal Wunderbaren Mutter, Königin und Siegerin von Schönstatt

Gebet

O meine Gebieterin, o meine Mutter!
Dir bringe ich mich ganz dar,
und um dir meine Hingabe zu bezeigen,
weihe ich dir heute meine Augen, meine Ohren, meinen Mund,
mein Herz, mich selber ganz und gar.
Weil ich also dir gehöre, o gute Mutter,
bewahre mich, beschütze mich als dein Gut und Eigentum.

Dieses Gebet hat die Schönstatt-Bewegung als Weihegebet übernommen.

Schönstatt am Kahlenberg, Kapelle ⇨ Unter-Döbling, Karmelitenkirche

Variante PKW:

Für die Wegstrecke von 8 km sollte man mit dem Auto etwa 15 Minuten einplanen. Vom Parkplatz in Schönstatt am Kahlenberg biegt man nach rechts auf die Höhenstraße in Richtung der Straße Am Kahlenberg ein. Die Strecke führt weiter auf der Cobenzlgasse. Bei der Feilergasse biegt man rechts ab. Nach hundert Metern biegt man links in die Himmelstraße ein. Sobald man wieder die Cobenzlgasse erreicht hat, hält man sich rechts. Nach 5 km gelangt man zur Grinzinger Allee, in die man rechts einbiegt. Bei der Iglaseegasse biegt man links ein, genauso wie bei der Silbergasse, in der man unmittelbar vor der Karmelitenkirche parken kann.

Variante öffentliche Verkehrsmittel:

Ist man mit den öffentlichen Verkehrsmitteln unterwegs, sollte man mit einer Fahrtzeit von 35 Minuten rechnen. Man steigt bei der Haltestelle Sulzwiese in den Bus und fährt bis zur Armbrustergasse. Von dort ist es noch ein Fußmarsch von 15 Minuten bis zur Karmelitenkirche. Man folgt dafür der Grinzinger Straße in Richtung Hohe Warte. Bereits nach wenigen Metern biegt man links in die Straße Hohe Warte ein. Sobald man zur Silbergasse kommt, biegt man rechts in diese ein. Nun muss man nur mehr einmal links abbiegen, um auf der Silbergasse zu bleiben.

Variante Fußmarsch:

Zu Fuß benötigt man für die zirka 5 km lange Strecke ungefähr 1 h 45.
Links von der Kapelle in Schönstatt führt ein befahrbarer Weg leicht bergauf in Richtung Jägerwiese. Diesem folgt man. Am Ende des befahrbaren Weges biegt man nach links ab und kommt bald zur Kreuzeiche. Hier stoßen mehrere Wanderwege aufeinander. Man wählt den rot markierten Weg mit der Nummer 444, der geradeaus weiterführt. Sobald man zur Höhenstraße kommt, teilt sich der Weg. Man wählt nicht den entlang der Höhenstraße nach Cobenzl, sondern den rechten Weg in die Stadt. Es geht nun stets bergab. Folgt man dem Wanderweg 444, gelangt man zur Straßergasse, wo der Wanderweg endet. Von hier geht man die Straße weiter bis zur Grinzinger Allee, in die man rechts einbiegt. Man folgt ihr bis zur Hungerbergstraße, bei der man links abbiegt. Knapp danach geht es nach rechts in die Zentralfriedhofgasse. Bei der ersten Möglichkeit biegt man nach links in die Paradisgasse ein. Am Eck Paradisgasse/Silbergasse befindet sich das Karmelitenkloster.

UNTER-DÖBLING

WallfahrtsWeg
WienerWald

Der Bezirksteil des 19. Wiener Gemeindebezirkes in der Erzdiözese Wien wurde im Mittelalter gegründet und wegen seiner Lage beim Krottenbach ursprünglich »Krottendorf« genannt. 1114 wird der Ortsname Döbling erstmals urkundlich erwähnt. Der Krottenbach bildet eine wesentliche Grenze zwischen Ober-Döbling und Unter-Döbling und diese Unterscheidung ist ab dem ausgehenden 16. Jahrhundert auch schriftlich überliefert. 1892 ist aus Unter-Döbling, Ober-Döbling und anderen Orten der Wiener Gemeindebezirk Döbling gebildet worden. An die frühere Bedeutung des Weinbaus in Unter-Döbling erinnern einige erhalten gebliebene Winzerhäuser. Zwei Sehenswürdigkeiten bestechen in Unter-Döbling. Die ehemalige Insektenpulverfabrik Zacherl ist 1892/1893 in persisch-maurischen Formen erbaut worden. Sie gilt auf Grund ihrer Gestaltung als Unikat eines Industriebaues in Wien. Der zweite zentrale Bau ist die Karmelitenkirche in der Silbergasse. Im Zuge der Einteilung der Wallfahrtsorte nach Ortsbezeichnungen war eine Zuordnung im konkreten Fall nicht leicht, zumal in der Literatur meist von »Karmelitenkirche in der Silbergasse« oder »Karmelitenkirche Döbling« zu lesen ist. Dem Leiter des Döblinger Bezirksmuseums Kurt Apfel ist die korrekte Zuordnung zu verdanken.

Klosterkirche der Karmeliten zur Heiligen Familie Wallfahrtskirche zur Maria mit dem geneigten Haupt

Die Ordensgemeinschaft der Unbeschuhten Karmeliten gründete 1622 in Wien ihre erste Niederlassung. Den Wiener Karmel verschonte die josephinische Kirchenreform. 1838 hat der Kaiser das Kloster im heutigen 2. Wiener Gemeindebezirk provisorisch für acht Jahre aufgehoben, um eine Erneuerung des Ordens zu forcieren. 1897 vereinbarte die Regierung mit den Karmeliten, dass letztere auf Kirche und Kloster in der Leopoldstadt verzichten und dafür eine finanzielle Abgeltung bekommen. Der Ordensgemeinschaft wurde gestattet, ein neues Kloster mit Kirche in einem Wiener Vorort zu bauen. Als die Karmeliten mit ihrem Bauvorhaben in Unter-Döbling begannen, war die Silbergasse noch ein Hohlweg. Die späthistoristische Sichtziegel-Basilika in neoromanischen Formen erbaute Richard Jordan in den Jahren 1898–1900. In gleicher äußerer Form zur Kirche erfolgte 1898/1899 der Bau des Klostergebäudes der Karmeliten. Die Wandmalereien aus der Bauzeit mit Wandgemälden des Nazarener-Malers Josef Kastner des Jüngeren prägen die Innenausstattung. Das 7,5 hohe Riesenkruzifix aus Erlenholz schnitzte Josef Pfaffenbichler. Das für Gröden in Südtirol bestimmte Holzkunstwerk wurde aber nach dem Ersten Weltkrieg im Seiteneingangsbereich der Kirche aufgestellt. Der Seitenaltar der hl. Theresia von Avila im Stil der Beuroner Malerschule, der nach einem Entwurf von Othmar Jordan errichtete Seitenaltar Christkönig, die Seitenkapelle der hl. Thérèse von Lisieux und der neoromanische Hochaltar aus weißem Marmor zählen zu den Kunstwerken des Kircheninneren. Das riesige Gemälde über dem Hochaltar von Josef Kastner des Jüngeren beinhaltet zentral das Kirchenpatrozinium »zur Heiligen Familie«.

Gnadenbild Maria mit dem geneigten Haupt genannt »Die Gnadenmutter von Döbling«

Pater Dominikus, Prior des ersten Karmelitenklosters in Rom und spätere General des Ordens, ist 1630 als Berater des Kaisers in der Wiener Hofburg verstorben. Seine Gebeine ruhen seit 1903 in einer Seitenkapelle der Karmelitenkirche in der Silbergasse. Um 1609 hatte Prior Dominikus in einem römischen Haus unter dem Gerümpel das Marienbild gefunden und es verehrt. Der Ordensmann hörte die Stimme der Gottesmutter, und laut Legende lächelte ihm Maria vom Bild aus zu und neigte ihr Haupt. Das Haupt der Gottesmutter blieb auf dem Bild geneigt. Nach dem Tod des Karmeliten kam das Bild von Rom über München 1631 nach Wien. Kaiser Ferdinand II. und seine Gattin freuten sich und nahmen das Bild immer auf ihren Reisen mit. Nach dem Tod des Kaisers zog sich die Kaiserinwitwe Eleonora in das von ihr gestiftete Kloster der Unbeschuhten Karmelitinnen in Wien zurück und ließ das Gnadenbild zur Verehrung auf dem Hochaltar aufstellen. 1655 starb Eleonora, und gemäß der testamentarischen Verfügung wurde das Gnadenbild in die Kirche des männlichen Ordenszweiges in die Leopoldstadt übertragen. Im Jahre 1901 übersiedelte das Bild in die Döblinger Karmelitenkirche und ist seit dem 10. Juli 1904 auf dem eigens dafür angefertigten Seitenaltar aufgestellt. Wenige Tage nach der Aufstellung wurde das Bild des kaiserlichen Schmuckes beraubt und sah nun wieder so aus, wie damals, als es nach Wien gekommen war. Das Marienbild ist ein Ölgemälde der italienischen Renaissance aus dem 15./16. Jahrhundert und zeigt die Gottesmutter mit leicht nach links geneigtem Haupt. Auf der rechten Schulter leuchtet ein goldener Stern. Am 27. September 1931 wurde mit dem Wiener Erzbischof Gustav Kardinal Piffl das 300-jährige Jubiläum der Ankunft des Bildes in Wien gefeiert. Kardinal Piffl hat gemäß päpstlicher Vollmacht beim Festgottesdienst das Bild gekrönt. In dieser Form präsentiert sich bis heute das Gnadenbild.

Kirche zur Heiligen Familie

In den Zeiten der Weltkriege strömten viele Wallfahrer zur »Maria mit dem geneigten Haupt«. Während des Ersten Weltkrieges wurde das Gnadenbild in großen Bittprozessionen, an denen bis zu 40 000 Menschen teilnahmen, nach St. Stephan getragen. Unter den Nationalsozialisten waren die Wallfahrten untersagt. Daher kamen während des Zweiten Weltkrieges viele Pilger einzeln in die Silbergasse. In Folge der Verkündigung des Dogmas der leiblichen Aufnahme Mariens in den Himmel im Jahr 1950 fand im Beisein des Wiener Erzbischofs

Theodor Kardinal Innitzer eine feierliche Übertragung von vier Gnadenbildern zur Kirche am Hof statt. Die Kirche am Hof diente während des Wiederaufbaus des Stephansdomes als Ersatz für die Bischofskirche. An erster Stelle wurde die »Gnadenmutter von Döbling« getragen. Unzählige Kopien des Gnadenbildes wurden angefertigt, einige davon wurden später selber als Pilgerziele bekannt.

Wenn auch die großen Pilgerströme nicht mehr zu verzeichnen sind, so kommen bis heute doch Wallfahrer in Gruppen oder einzeln gerne in die Unter-Döblinger Karmelitenkirche. Die Ordensgemeinschaft in der Silbergasse lädt jeden Monat zu einer organisierten Wallfahrt zum Gnadenbild ein und ist eifrig um das Pilgerwesen bemüht.

Gebet

O Maria, Mutter des Herrn und auch
unsere Mutter!
Du hast deinem Diener Dominikus die
Versicherung gegeben: Ich will die Bitten
derer, die mich in diesem Bilde verehren,
gewähren und ihnen viele Gnaden
schenken und besonders will ich
die Gebete zum Troste und zur Erlösung
der Seelen im Fegefeuer erhören.
Siehe, zu dir, o Mutter der Gnaden,
komme auch ich heute mit meinen
Anliegen und empfehle sie dir
mit kindlichem Vertrauen. Lass es nicht
zuschanden werden!
Unzählige haben vor deinem Bilde gebetet
und Erbarmen gefunden.
Wende dein huldreiches Antlitz und
deine barmherzigen Augen auch mir zu!
Neige dich nieder zu meinen Bitten
und segne mich aus deinem Bilde, o gütige,
o milde, o süße Jungfrau Maria!

Das Gebet zur »Maria mit dem geneigten Haupt« stammt von den Karmeliten in Unter-Döbling.

Gnadenbild „U. L. Frau mit dem geneigten Haupte“
in der
Karmelitenkirche in Wien-Döbling.
Angerührt.

Prager Jesuskind, »Mannersdorfer Jesulein«

Das Zentrum des Seitenaltares ist die Kopie des Prager Jesuskinds. Im 17. Jahrhundert kam die Holzskulptur in das Einsiedlerkloster der Karmeliten in Mannersdorf am Leithagebirge. Der als »Mannersdorfer Jesulein« verehrten Gnadenstatue wurden viele wundertätige Heilungen zugeschrieben. Nach der Aufhebung der Einsiedelei im Jahr 1783 gelangte sie nach Wien-Leopoldstadt. Im Jahr 1901 kam die Jesuskindskulptur nach Unter-Döbling und befindet sich seit 1903 auf dem nach ihr benannten Altar zum Prager Jesuskind. Obwohl der Gebrauch des Wortes Wallfahrt unzutreffend ist, gilt das »Mannersdorfer Jesulein« als Gnadenstatue.

Prager Jesuskind,
genannt »Mannersdorfer Jesulein«

Mannersdorfer Jesulein
Gnadenbildnis in der Karmelitenkirche in Wien-Döbling

Gebet

Verbreite, o kleiner König,
die Schätze Deiner Barmherzigkeit
in der ganzen Welt
und bewahre uns – jetzt und immer –
in der Gnade Deiner Liebe!
Amen.

Es handelt sich hierbei um einen Auszug aus dem Gebet des Prager Karmeliten P. Cyrillus zum Jesuskind.

Unter-Döbling, Karmelitenkirche ⇨ Kaasgraben, Pfarrkirche

Variante PKW:

Um zur zirka 2 km entfernten Pfarrkirche am Kaasgraben zu gelangen, biegt man in die Paradisgasse ein, die auf einer Seite der Karmelitenkirche beginnt. Sobald man die Grinzinger Allee erreicht hat, biegt man rechts ein. Man verlässt diese Straße jedoch schon nach knapp 100 Metern, indem man bei der Kaasgrabengasse links einbiegt. Wenn man den Stefan-Esders-Platz erreicht hat, biegt man nach rechts ab. Nun muss man nur mehr nach links abbiegen, um auf dem Stefan-Esders-Platz zu bleiben. Nach insgesamt fünf Minuten hat man sein Ziel erreicht.

Variante öffentliche Verkehrsmittel:

Mit den öffentlichen Verkehrsmitteln ist man weit länger unterwegs als mit dem Auto. Man sollte 20 Minuten einrechnen. Zuerst macht man sich von der Karmelitenkirche auf den Weg zur Haltestelle Saarplatz. Diese ist rund 5 Minuten entfernt. Dafür geht man die Silbergasse entlang (nicht in die Richtung, von der man gekommen ist) und hält sich beim Saarplatz links. Von dort fährt man wenige Minuten mit dem Bus bis zur Haltestelle Bellevuestraße. Von dort sind es noch 10 Minuten zu Fuß zur Pfarrkirche von Kaasgraben. Man folgt der Windhabergasse für etwa 30 Meter in Richtung Bellevuestraße. Beim Schulsteig biegt man links ein. Dann biegt man rechts ab, um auf dem Schulsteig zu bleiben. Sobald man die Kaasgrabengasse erreicht hat, biegt man links in sie ein. Bereits nach wenigen Metern gelangt man zum Stefan-Esders-Platz, bei dem man rechts abbiegt.

Variante Fußmarsch:

Diese zwei Punkte der Route liegen 1,5 km voneinander entfernt, wofür man zu Fuß etwa 25 Minuten braucht. Zuerst folgt man der Paradisgasse zurück zur Grinzinger Allee. Bei dieser biegt man rechts ab. Erreicht man die Aslangasse, biegt man nach links ein. Dieser Gasse folgt man, bis man die Kirche am Kaasgraben auf der linken Seite erkennen kann. Nun muss man nur mehr einmal links abbiegen und schon hat man sein Ziel erreicht.

KAASGRABEN

Die Flur Kaasgraben liegt im erstmals 1114 urkundlich erwähnten Bezirksteil Grinzing im 19. Wiener Gemeindebezirk in der Erzdiözese Wien. Der Flurname geht auf den alten Flurnamen »Chäswassergraben« zurück, was ein Indiz für übel riechendes Quellwasser ist. Es ist bekannt, dass hierorts schwefelhaltiges Thermalwasser unter der Erde vorhanden ist. Um 1900 entstand in der von Weingärten geprägten Flur allmählich eine Villengegend. Bei der Kirchweihe im Jahr 1910 wurde die Hoffnung ausgesprochen, dass die noch spärlich besiedelte Flur in nicht mehr langer Zeit ein stattlicher Bezirksteil von Döbling sein würde. Wer diese ruhige Wohngegend finden will, ist gut beraten, ausdrücklich nach »Kaasgraben« zu fragen. So sehr ist hier der Flurname im Volksmund als eigenständiger Ortsname und nicht als Teil von Grinzing bekannt, dass man bei der Frage nach »Grinzing« in einen anderen Bezirksteil geschickt wird.

Wallfahrts- und Pfarrkirche Maria Schmerzen

Das Pfarramt Kaasgraben übermittelte im Jahr 2008 die Gründungslegende wie folgt: »*Eine kleine Kapelle im Kaasgraben, an der Grenze der beiden Vororte Sievering und Grinzing, war der schmerzhaften Muttergottes geweiht und hieß im Volksmund Schwalbenkapelle. Die alte Kapelle verdankt folgender Legende ihren Ursprung: Zur Zeit der Belagerung Wiens durch die Türken im Jahre 1683 wurde eine Frau in dieser Gegend von umherstreifenden Türken verfolgt. Sie floh, mit ihrem Kind auf dem Arm, um nicht in die Hände dieser grausamen Feinde zu fallen. In ihrer Not rief sie zur Muttergottes um Hilfe und Rettung. Schließlich versteckte sie sich hinter einem schützenden Busch. Kaum hatte sie sich so den Blicken der Verfolger entzogen, ließ sich ein Schwarm Schwalben auf dem Busch nieder. Da waren auch schon die Türken da. Als sie an dem Busch vorbeikamen, hinter dem sich die Frau versteckt hielt, flogen plötzlich die Schwalben auf. Die Türken aber liefen am Versteck vorüber, denn sie dachten, wo sich Vögel in so großer Zahl niederlassen, kann kein Mensch versteckt sein. So wurden die Mutter und ihr Kind gerettet. Sobald die Türken abgezogen waren, pilgerte die Frau oft zu dieser Stelle, wo sie die Fürbitte Marias vor so großer Gefahr bewahrt hatte. Sie betete vor einem Bild der schmerzhaften Muttergottes, das sie in der Nähe dieses Busches im Wald angebracht hatte.«* Kurze Zeit später wurde ein Bildstock mit dem Bildnis der schmerzhaften Muttergottes aufgestellt, der Zuspruch bei den Gläubigen fand. Im 19. Jahrhundert erwarb der Fuhrwerksunternehmer Kothbauer Sandgruben in Kaasgraben. An der Stelle des desolaten Marterls ließ er im Jahr 1882 eine Kapelle erbauen, die aber auf Grund des einsetzenden Wallfahrtsaufkommens im Jahr 1892 vergrößert wurde. Kothbauer stellte in der Kapelle eine Statue der schmerzhaften Muttergottes auf, die zuvor im Hof des Hauses »Zum kleinen Sperl« nächst der Kirche St. Ulrich im 7. Wiener Gemeindebezirk platziert war. Die »Kothbauer-Kapelle« war im Volksmund als »Schwalbenkapelle« bekannt. Den Patres der Oblaten des heiligen Franz von Sales, die von Anfang an das Ziel verfolgten, eine Wallfahrtskirche zu erbauen, wurde im Jahr 1903 die Pilgerseelsorge an der Kapelle übertragen. Der reiche Textilkaufmann Stefan Esders erbaute sich in der Nähe der Kapelle eine groß angelegte Villa. Er hatte auch ein persönliches Motiv eine Kirche zu erbauen. Esders schrieb nämlich die Genesung seines schwer erkrankten Sohnes der Fürsprache Mariens zu.

Kirche Maria Schmerzen

Mit dem Bau der neobarocken Kirche und der vorgelagerten mächtigen Treppenanlage wurde im Jahr 1909 begonnen, und schon nach einjähriger Bauzeit erfolgte am 30. April 1910 die Kirchweihe. Die Wallfahrtskirche ist zudem im Jahr 1939 zur Pfarrkirche erhoben worden. Die Einrichtung der Kirche stammt aus der Bauzeit. Der Hochaltar besticht durch die oberhalb des Tabernakels aufgestellte Marienstatue aus Stein. Im Jahr 1956 errichteten die aus Jugoslawien und Ungarn vertriebenen Donauschwaben eine Kapelle links vom Haupteingang der Kirche. In der Krypta der Kirche stand auf dem Altar bis zum Jahr 1969 die »Schwalbenmuttergottes«. Am 18. März 1938 wurde während der Feier der heiligen Messe in der Krypta Hans Karl Zeßner-Spitzenberg von der Gestapo verhaftet und in das Konzentrationslager Dachau eingeliefert. Zeßner-Spitzenberg wohnte unweit der Wallfahrtskirche Kaasgraben und feierte in dieser jeden Tag die heilige Messe mit. Der bekennende Katholik, patriotische Österreicher und Legitimist war ein entschiedener Gegner des Nationalsozialismus und starb an den Folgen der Misshandlungen am 1. August 1938 in Dachau. Im Jahr 1969 wurde die Krypta in einen Pfarrsaal umfunktioniert. Die Gnadenstatue »Maria Schmerzen« befindet sich ab diesem Zeitpunkt auf dem linken Seitenaltar der Kirche. Das Gnadenbild ist eine Pietà, deren Herz von einem Schwert durchbohrt wird. Sie ist eine Holzstatue aus der Mitte des 18. Jahrhunderts im Stil des Bauernbarock.

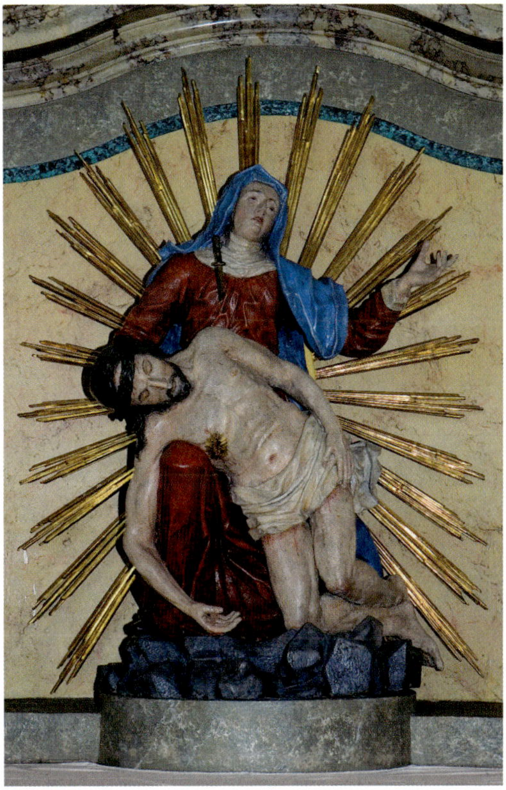

Gnadenstatue Maria Schmerzen

Vor dem Zweiten Weltkrieg wurden jährlich an die 45 Prozessionen mit etwa 5000 Pilgern und zusätzlich viele Einzelpilger verzeichnet. An Marienfeiertagen wurden bis zu 4000 Pilger gezählt. Als Hauptwallfahrtstag galt, wie heute noch in Maria Lanzendorf, der Schmerzensfreitag, der Freitag vor dem Palmsonntag. Kurz nach dem Ausbruch des Zweiten Weltkrieges gelobte die Wiener Pfarre Donaustadt, alljährlich eine Wallfahrt nach Kaasgraben zu unternehmen, wenn ihre Kirche am Mexikoplatz die Kriegszeit unbeschadet überstehen würde. An der ersten aufgezeichneten Wallfahrt im Oktober 1939 nahmen zwischen 400 und 500 Pilger teil. In der Chronik der Pfarre Donaustadt ist im Jahr 1947 die »*alljährlich übliche*« Wallfahrt vermerkt. Die Gelöbniswallfahrt der Pfarre Donaustadt findet regelmäßig im Oktober statt. Die Hochblüte der Wallfahrt zur »Schwalbenmuttergottes« reichte bis Anfang der sechziger Jahre des

20. Jahrhunderts. Professor Ulrich N. Schulenburg, renommierter Verleger und Präsident des Wiener Rennvereins, der seit seiner Kindheit in Kaasgraben wohnhaft ist, erinnert sich: »*Es ist mir in lebhafter Erinnerung geblieben, wie damals zur Wallfahrtszeit eine fast unübersehbare Menschenmasse nicht nur das große Kirchenschiff, sondern auch den Kirchenvorplatz und die Stiegenaufgänge füllte. Als Ministrant, angeführt von dem aktiven und engagierten Pius Zeßner-Spitzenberg, war ich in diesen Tagen im Dauereinsatz. Nach dem Ministrantendienst wurden wir zum Verkauf der Kirchenbausteine angehalten. Ich war eifrig unterwegs und durchaus erfolgreich. Mit viel Überredungskunst brachte ich Pilgerinnen und Pilger dazu, mir einen Baustein abzukaufen, was für den Spender oft mit dem Verzicht auf ein warmes Mittagessen in dem damals noch existierenden Gasthaus ›Mariazeller-Wirt‹ verbunden war. … Das war in den Jahren zwischen 1945 und 1955. In den folgenden Jahren ging der Pilgerstrom mehr und mehr zurück, sodass heute, immerhin ca. 60 Jahre danach, am Gedenktag in der inzwischen errichteten Kapelle nur mehr eine kleine Anzahl von Wallfahrern zu verzeichnen ist.*« Seit fünfzig Jahren kommen nur mehr gelegentlich Pilgergruppen und einzelne Wallfahrer. Wenn es auch um die Wallfahrtskirche still geworden ist, findet sie stetigen Zuspruch als Hochzeitskirche. Das Patrozinium ist das am 15. September in der katholischen Kirche gefeierte Fest »Gedächtnis der Schmerzen Mariens«, das in Kaasgraben am darauffolgenden Sonntag gefeiert wird. Professor Schulenburg hegt für die Zukunft des Gnadenortes einen Wunsch: »*Ich wünsche der Wallfahrtskirche ›Maria zu den sieben Schmerzen‹ (und eigennützig auch mir), dass die kommenden Generationen den Weg, den ihre hier bedachten Vorgänger beschritten haben, weitergehen können. Vielleicht könnte sich ja, auch durch das Lesen dieses Buches, ein neues Interesse an der Wallfahrt ergeben.*«

Gebet

Allmächtiger Gott,
du hast der Mutter Jesu die Kraft verliehen,
unter dem Kreuz zu stehen
und das Leiden ihres Sohnes zu teilen.
Hilf uns, täglich unser Kreuz anzunehmen,
damit wir auch an der Auferstehung
unseres Herrn Jesus Christus teilhaben,
der in der Einheit des Heiligen Geistes
mit dir lebt und herrscht in alle Ewigkeit.

Das ist das Tagesgebet der katholischen Kirche zum Gedächtnis der Schmerzen Mariens.

Kaasgraben, Pfarrkirche ⇨ Salmannsdorf, Waldandacht Maria Einsiedeln

Variante PKW:

Von der Kirche am Kaasgraben fährt man wieder über den Stefan-Esders-Platz zurück. Bei der Kaasgrabengasse biegt man nach links ab. Sobald man zur Daringergasse kommt, biegt man rechts ein. Auf dieser fährt man geradeaus, bis man zur Sieveringer Straße gelangt, in die man rechts einbiegt. Nun fährt man weiter auf der Windhabergasse. Sobald man wieder zur Sieveringer Straße kommt, biegt man rechts ab. Bei der Agnesgasse biegt man links ein. Folgt man dieser, gelangt man zu einem Kreisverkehr. Man nimmt die 1. Ausfahrt (Rathstraße). Diese geht in die Hameaustraße über. Gelangt man zur Keylwerthgasse, biegt man nach links ab. Dann biegt man nach rechts in die Höhenstraße ein. Schließlich liegt zur Rechten der Promenadeweg. In diesen biegt man ein und stellt das Auto am Ende des Weges ab. Von dort folgt ein zweiminütiger Fußmarsch durch den Wald zur Wallfahrtsstätte.

Variante öffentliche Verkehrsmittel:

Möchte man mit den öffentlichen Verkehrsmitteln nach Salmannsdorf, so benötigt man etwa eine halbe Stunde. Der Zeitaufwand variiert je nach Wartezeit bei den Umstiegsstellen. Zuerst geht man zu Fuß wieder zur Haltestelle Bellevuestraße, was etwa 10 Minuten in Anspruch nimmt. Von der Kirche in Kaasgraben marschiert man in Richtung Stefan-Esders-Platz. Bei diesem hält man sich links. Sobald man zur Kaasgrabengasse gelangt, biegt man rechts ab. Nach wenigen Metern biegt man schon wieder links in den Schulsteig ein. Nun biegt man nochmals nach links, um auf dem Schulsteig zu bleiben. Jetzt braucht man nur mehr beim Windhaberberg nach rechts abzubiegen, um die Haltestelle zu erreichen. Von dort fährt man mit dem Bus bis zur Agnesgasse. Man kommt auf der Nordseite des Kreisverkehrs an und muss zur Ostseite gehen, um dort mit dem Bus weiter nach Salmannsdorf zu fahren. Dort steigt man aus und befindet sich in der Hameaustraße. Dieser folgt man und biegt links in die Keylwerthgasse ein. Von dort fährt man mit dem Bus bis zum Promenadeweg. Das letzte Stück muss man bis zur Waldandacht zu Fuß gehen. Man folgt etwa 5 Minuten bergauf dem Promenadeweg. Weitere zwei Minuten führen durch den Wald bis zur Waldandacht.

Variante Fußmarsch:

Möchte man vom Kaasgraben zu Fuß zur Waldandacht in Salmannsdorf, kann man für die rund 5 km lange Strecke zirka 1 h 30 einplanen.

Von der Kirche am Kaasgraben geht man über den Stefan-Esders-Platz zum Schulsteig. Trifft man auf die Windhabergasse, biegt man rechts ab. Bald stößt man auf die Sieveringer Straße, in die man rechts einbiegt. Folgt man dieser Straße, taucht rechter Hand bald eine Kirche auf. Von hier steigt der Weg ein wenig. Bei der Agnesgasse biegt man links ab. Nun beginnt der Wanderweg 2. Beim Flurdenkmal Reißerkreuz biegt man nach rechts auf die Salmannsdorfer Höhe ein. Nach kurzem kommt man an einem Wegkreuz vorbei. Jetzt steigt der Weg stärker an. Auf der linken Seite passiert man das Häuserl am Stoan. Nachdem man die Höhenstraße überquert hat, erreicht man das Häuserl am Roan. Hier befindet sich ein Spielplatz. Nach etwa 500 m schlägt man den Weg nach links zur Waldandacht ein. Nun geht es bis zu dieser bergab.

SALMANNSDORF

Neuwaldegg Waldandacht, Waldandachtskapelle Maria Einsiedeln, Waldandacht Salmannsdorf sind einige Bezeichnungen für die im 17. Wiener Gemeindebezirk in der Erzdiözese Wien liegende Kapelle. Der diözesanen Gepflogenheit folgend habe ich die Kapelle unter dem Suchbegriff »Salmannsdorf« eingereiht. Wer jedoch die Kapelle schnell finden will, ist gut beraten, auf der Wiener Landkarte zuerst nach »Promenadeweg« zu suchen. Einige Meter nach dem offiziellen Wegende im Wald wird er die gut versteckte Gnadenstätte finden. Die Lage der Pilgerstätte ist weitab des Zentrums des 1279 erstmals genannten gleichnamigen Ortes, der als altes Weinhauerdorf heute ein Bezirksteil des 19. Wiener Gemeindebezirkes ist. Die Kapelle liegt nächst einer beliebten Wohngegend, noch zur Katastralgemeinde Neuwaldegg im 17. Wiener Gemeindebezirk zählend, inmitten des Wienerwaldes fernab von Weingärten.

Wallfahrtskapelle Waldandacht Maria Einsiedeln

»Haben Sie gewußt, daß innerhalb der Pfarrgrenzen von Dornbach ein Wallfahrsort existiert? Die Waldandachtskapelle ›Maria Einsiedeln‹ präsentiert sich nicht weithin sichtbar, sondern duckt sich am Ende der gleichnamigen Siedlung unter das Blätterdach des Waldes.« So beginnt der Dornbacher Pfarrbrief vom Herbst 1985 die Vorstellung des Salmannsdorfer Wallfahrtskirchleins. Der heutige Kapellenbau mit einem Glockengiebel wurde 1936 von Hanns Sluka erbaut und nach schweren Kriegsschäden von Georg Lippert 1947 erneuert. Auf dem Vorplatz ist eine Mariensäule mit einer gotisierenden Madonnenfigur in Weichen Stil aus dem 2. Viertel des 20. Jahrhunderts aufgestellt. Die Gnadenstatue im Zentrum der Kapelle ist eine Kopie der Schwarzen Madonna von Maria Einsiedeln in der Schweiz des Künstlers Simon Welti. Von Interesse sind im Gotteshaus auch die Figuren des heiligen Nikolaus von der Flüe (Patron der Schweiz) und Meinrads von Reichenau (Hauptpatron der Region um Einsiedeln) vom Osttiroler Holz-

schnitzer Josef Troyer, dessen Werke als Zeugen der Zeit des Wiederaufbaus im Wiener Stephansdom zu finden sind.

In dem meist aus Waldhütten bestehenden Holzhackerdorf Weidlingbach wurden 1862 nur acht Kinder unterrichtet, die aus den entlegensten Teilen stammten. Die Holzhackeransiedlung war auf Grund ihrer flächenmäßigen Ausdehnung auf verschiedene Pfarren aufgeteilt, unter anderem auf Dornbach. Einer der bestimmt nicht in einer Waldhütte in Weidlingbach wohnte, war der Hernalser Maschinenfabrikant Fernau. Bei seinem Heimritt von Hernals nach Weidlingbach stürzte Fernau vom Pferd. Der Fabrikant blieb unglücklicherweise mit dem Fuß im Steigbügel hängen und wurde vom Pferd bis zum Waldrand mitgeschleift. Als Dank, dass er die lebensgefährliche Situation heil und gesund überstanden hatte, stiftete er 1863 auf einer Föhre beim Unfallsort ein Marienbild. Einige Gläubige sahen in der wunderbaren Errettung ein Zeichen des Himmels, und daher wurden in der Folge die umliegenden Bäume zunehmend mehr mit Andachtsbildern versehen. Vor der Bildföhre wurden ein Betstuhl und Sitzbänke aufgestellt. Die »Waldandacht« in Salmannsdorf war entstanden – Ziel von Pilgern. Nach der Erneuerung im Jahr 1881 wurden 1910 die zahlreichen Bilder größtenteils vom Forstpersonal entfernt. Nach dem Ers-

Waldandachtskapelle Maria Einsiedeln

ten Weltkrieg entstand in der Nähe der Kapelle die Waldandachtssiedlung. Der Pensionist Franz Josef Moldaschl hatte sich in unmittelbarer Nähe der inzwischen von den Neuwaldeggern errichteten Mariensäule eine Bretterhütte erbaut und war bis zu seinem Tod 1934 treuer Hüter des Gnadenortes. Auf Moldaschls Initiative hat die zuständige Pfarre Dornbach im besonderen Hinblick auf die neu entstandene Siedlung die Feier von Gottesdiensten in der Waldandacht eingeführt. Die erste von vielen Gläubigen gefeierte Marienandacht am Maria Himmelfahrtstag, dem 15. August 1931, war der Auslöser für regelmäßige Gottesdienstfeiern. Ab dem 5. Juni 1932 fanden an Sonn- und Feiertagen vorläufig nur bei Schönwetter in den Sommermonaten heilige Messen im Freien statt. Durch das Entgegenkommen des Grundbesitzers Fürst Adolf Schwarzenberg erfolgte am 28. Juni 1936 die Grundsteinlegung für den Kirchenbau. Dank der Spendenfreudigkeit und der Mithilfe der Siedler wurde bereits am 27. September 1936 die Kapelle durch den Wiener Weihbischof Kamprath eingeweiht. Von Moritz von Schwinds Gemälde »Waldkapelle« inspiriert, wurde die Kapelle der Muttergottes von Montserrat/Spanien geweiht. Der dortige Abt des Klosters hat eine Kopie des Gnadenbildes für Salmannsdorf zugesagt, das aber bedingt durch den spanischen Bürgerkrieg nicht nach Österreich gebracht wurde. Die bei den Kämpfen um Wien 1945 zerstörte Waldandachtskapelle nimmt seit dem Wiederaufbau die heutige Form ein und trägt seit dieser Zeit das Patrozinium Maria Einsiedeln. Wie kam es dazu?

Gnadenstatue der Schwarzen Madonna von Maria Einsiedeln

Pater Bruno Spitzl bat Abt Benno Gut aus dem Benediktinerstift Einsiedeln/Schweiz um eine Kopie des dortigen Gnadenbildes. Die vom Ordensbruder Simon Welti in Originalgröße angefertigte Kopie traf 1946 in der Waldandachtskapelle in der Pfarre Dornbach ein. Als Zeichen des Dankes Österreichs für die Schweizer Hilfsleistungen nach den beiden Weltkriegen wurden Meinrad- bzw. Nikolausstatuen nächst der neuen Gnadenstatue in der neu erbauten Wallfahrtskapelle aufgestellt. Der Wiener Erzbischof Theodor Kardinal Innitzer nahm am 12. Oktober 1947 die Einweihung der Waldandachtskapelle Maria Einsiedeln im Beisein des Schweizer Gesandten vor. Eine Grußbotschaft des Abtes von Einsiedeln und die Anwesenheit des Einsiedlers P. Ildefons Betschart drückten die Verbundenheit des ältesten und bedeutendsten Wallfahrtsortes der Schweiz mit dem neu errichteten Gnadenort Maria Einsiedeln im Wienerwald aus. Ab der Einweihung 1947 wurden in den Sommermonaten (1. Mai – 1. Oktober) regelmäßig an den Sonn- und Feiertagen gut besuchte heilige Messen gefeiert. Ein Wiener erzählte mir, dass die alten, Heurigenbänken nachgebauten Sitzplätze jeweils vor und nach dem Gottesdienst in der Kapelle aufgestapelt wurden. Sein Großvater meint, dass das Bänkeaufstellen zum Ritual der Salmannsdorfer Waldandacht zählt.

Der Priestermangel bedingte, dass seit einigen Jahren nur mehr gelegentlich ein Priester der Pfarre Dornbach einen Gottesdienst in der Waldandachtskapelle feiert und folglich die Sitzbänke unter »mangelnder Bewegung« leiden. Als Wallfahrtsort ist Maria Einsiedeln nach wie vor bei einzelnen Pilgern beliebt, und die Pfarre Dornbach ist auch bestrebt den Gnadenort pilgerpastoral zu betreuen.

Angesichts der Geschichte des Ortes kann Maria Einsiedeln in Salmannsdorf Menschen, die insbesondere für die Errettung aus Not danken wollen, ein Ort der Gnaden Gottes sein, sei es, dass sie aus der Schweiz kommen und hier ein Stück religiöse Heimat suchen oder aus Nah und Fern aus den unterschiedlichsten Motivationen hierher pilgern.

Gebet

Alles möcht' ich dir erzählen,
alle Sorgen, die mich quälen,
alle Zweifel, alle Fragen,
möcht' ich, Mutter, zu dir tragen.

Wege, die ich selbst nicht kenne,
liebe Namen, die ich nenne,
Schuld, die ich mir aufgeladen,
andern zugefügten Schaden.

Ärgernis, so ich gegeben,
all mein Wollen, all mein Streben,
mein Beraten, mein Verwalten,
mein Vergessen, mein Behalten.

Mein Begehren, mein Verzichten,
und mein Schweigen und mein Richten,
alle kleinen Kleinigkeiten,
die so oft mir Müh' bereiten.

Jedes Lassen, jede Tat,
Mutter, dir, vom guten Rat,
leg' ich alles in die Hände,
du führst es zum rechten Ende!

Pater Kolumban Reichlin von der Wallfahrtsleitung des Klosters Einsiedeln in der Schweiz hat dieses Gebet im Jahr 2008 übermittelt. Es ist eines der Gebete, das auf den derzeitigen Andachtsbildchen mit der Schwarzen Madonna von Einsiedeln abgedruckt ist.

Salmannsdorf, Waldandacht Maria Einsiedeln ⇨ Starchant, Pfarrkirche

Variante PKW:

Die 11 km von Salmannsdorf zum Mörikeweg bewältigt man mit dem Auto in knapp 20 Minuten. Man fährt den Promenadeweg zurück in Richtung Höhenstraße. Bei dieser biegt man links ab. Um auf der Höhenstraße zu bleiben, hält man sich zuerst rechts, dann biegt man rechts ab. Beim Kreisverkehr wählt man die Neuwaldegger Straße. Weiter führt die Fahrt auf der Amundsenstraße. Beim nächsten Kreisverkehr nimmt man die 3. Ausfahrt (Hüttelbergstraße). Zur Ulmenstraße biegt man links ab. Beim Nachtigallweg biegt man nochmals links ab, genauso wie dann bei der Straße Pelzer Rennweg. Nun braucht man nur mehr beim Pönningerweg links abzubiegen. An der Ecke Pönningerweg/Mörikeweg befindet sich die Kirche von Starchant.

Variante öffentliche Verkehrsmittel:

Mit den öffentlichen Verkehrsmitteln ist eine Fahrt von etwa 45 Minuten in Kauf zu nehmen (je nach Wartezeit bei den Umsteigestellen). Man fährt von der Haltestelle Promenadeweg, bei der man auch angekommen ist, mit dem Bus nach Neuwaldegg. Dort steigt man in die Straßenbahn in Richtung Schottentor um und fährt bis Dornbach Güpferlingstraße, wo man in die Straßenbahn Richtung Wien Hietzing umsteigt. Nach sechs Minuten Fahrt erreicht man die Haltestelle Maroltingergasse/Thaliastraße. Dort muss man ein letztes Mal umsteigen. Mit dem Bus fährt man bis zur Haltestelle Pönningerweg. Von dort sind es nur mehr knapp fünf Minuten zu Fuß bis zum Mörikeweg. Von der Ausstiegstelle marschiert man die Johann-Staud-Straße Richtung Pönningerweg entlang. Schon nach wenigen Metern erreicht man den Pönningerweg, in den man links einbiegt. Beim Mörikeweg biegt man rechts ab.

Variante Fußmarsch:

Für diese gut 5 km lange Wanderung braucht man knapp zwei Stunden. Zunächst geht man von der Waldandacht noch ein kurzes Stück bergab durch den Wald. Sehr bald erreicht man den Promenadeweg, bei dem man links abbiegt. Gleich danach biegt man nach rechts in den Quellenweg ein. Diesem folgt man, bis man zur Höhenstraße gelangt, die man überquert. Dann folgt man der grünen und gelben Markierung. Wo sich diese beiden Farben trennen, wählt man die gelbe, die einen in den Michaelerwald führt. Dieses Stück ist relativ eben. Sobald man den Wald wieder verlässt, kommt man durch die Geroldgasse. Trifft man auf die Neuwaldegger Straße, biegt man links ab. Nach wenigen Metern biegt man rechts ab. Nun befindet man sich auf grün markiertem Wanderweg. Bald teilt sich der Weg. Man wählt nicht den rechten, der zum Hanslteich führt, sondern den linken. Dieser führt ziemlich steil auf den Heuberg (464m). Man bewältigt dabei von der Abzweigung bis auf den Berg über 150 Höhenmeter. Während man zuerst hinaufmarschiert ist, geht man nun wieder ein Stück hinunter bis zur Kreuzeichenwiese, wo sich einige Wanderwege kreuzen. Man wählt den Wanderweg 4. Diesem folgt man leicht bergab und kommt bei der Gallitzin Burg (388 m) vorbei. Kurz darauf passiert man einen Parkplatz. Ab dem folgt man der roten Markierung, bis man auf die Johann-Staud-Straße trifft, bei der man links abbiegt und den Wanderweg verlässt. Die Johann-Staud-Straße führt leicht bergab. Nun hat man sein Ziel schon fast erreicht. Beim Pönningerweg biegt man links ab. An der Ecke Pönningerweg/Mörikeweg befindet sich die Kirche von Starchant.

STARCHANT

WallfahrtsWeg
WienerWald

Inmitten einer der schönsten Gegenden Ottakrings, des 16. Wiener Gemeindebezirkes in der Erzdiözese Wien, wird die älteste Ansiedlung des Bezirkes aus dem 9. oder 10. Jahrhundert im Bereich des heutigen Ottakringer Friedhofes vermutet. Hier an den Ausläufern des Gallitzinberges gelegenen Siedlung Starchant lassen die noch vorhandenen Weingärten auf die ursprüngliche Bewirtschaftungsform der Gegend schließen. Im Schutz des Wienerwaldes gedeihen hier gute, bodenständige Weine, die beim Heurigen genossen werden können. Im Zuge der Errichtung der Siedlung Starchant wurde eine provisorische Gottesdienststätte im 1922 bis 1927 erbauten Genossenschaftshaus eingerichtet. Die von der Baugenossenschaft Heim errichtete Siedlung war ein Vorzeigemodell christlich-sozialer Wohnpolitik der Zwischenkriegszeit in Wien.

Wallfahrts- und Pfarrkirche Heilige Thérèse vom Kinde Jesu

1928 wurde vom Wiener Erzbischof Friedrich Gustav Kardinal Piffl der Grundstein zum Kirchenbau gelegt, und bereits am 3. November 1929 erfolgte die Weihe der Kirche durch den Wiener Oberhirten im Beisein des christlich-sozialen Bundespräsidenten Wilhelm Miklas. Der blockhafte Außenbau und die Ausstattung sind Zeugen des Stilempfindens aus der Bauzeit. Der Hochaltar aus Marmor in expressionistischen Formen wird von einer monumentalen Statue der Kirchenpatronin geprägt. Die Statue der heiligen Thérèse vom Kinde Jesu schuf Professor Alfred Crepaz aus Hall in Tirol. Die Darstellung der Kirchenpatronin ist mehrmals auf Gemälden und Glasfenstern Thema. In einer Seitenkapelle wird auf einem Gemälde die heilige Thérèse auf dem Sterbebett dargestellt, umgeben von ihren leiblichen Schwestern, die wie sie Karmelitinnen in Lisieux waren. In der bis 1983 existierenden Krypta, dem heutigen Theresiensaal, befindet sich eine 1929 angefertigte, monumentale Holzfigur der Titelheiligen.

Bedingt durch die nationalsozialistische religionsfeindliche Politik, die darin bestand, Priester, die nicht als Pfarrer eingesetzt waren, abzuziehen, war es für die katholische Kirche an vielen Orten eine Notwendigkeit, das Gotteshaus zur Pfarrkirche zu erheben. So geschah es 1939 auch in Starchant.

Die Wallfahrtskirche von Starchant ist bis heute eine der wenigen Kirchen in Österreich, die zu Ehren der heiligen Thérèse von Kinde Jesu, auch »von Lisieux« oder die »kleine Thérèse« genannt, geweiht wurden. Die 1873 geborene Französin trat 1888 bei den »Unbeschuhten Karmelitinnen« von Lisieux ein und lebte bis zur ihrem Tod 1897 im Karmel. Die Ordensfrau verfasste zahlreiche Schriften, die von ihrer tiefen Spiritualität durchdrungen sind und auch von ihrer immer stärker werdenden apostolischen und missionarischen Berufung in Verbindung mit dem Leben in strenger Klausur zeugen. Die bald nach ihrem Tod einsetzende Verehrung führte bereits 1923 zur Selig- und 1925 zur Heiligsprechung der Karmelitin. 1927 wurde sie zur Patronin der Weltmission erhoben und 1997 zur Kirchenlehrerin ernannt. 2008 wurden ihre Eltern seliggesprochen. Das Fest der Heiligen wird am 1. Oktober gefeiert.

Hubert Zeinar führt in seinem Buch »Wallfahrtsort Wien« den Grund für den bereits 1933 zunehmenden Pilgerstrom nach Starchant an. Dem für die Starchanter Kirche verantwortlichen Seelsorger Hermann Franke, dem späteren ersten Pfarrverweser von Starchant, war die Verehrung der heiligen Thérèse von Lisieux ein Herzensanliegen, und er tat alles, um die Wallfahrt in der Zwischenkriegszeit anzukurbeln. Der Seelsorger erhielt 1934 eine Einladung von der leiblichen Schwester der Heiligen, der Priorin des Karmels in Lisieux, Mère Agnes de Jésu, und bekam als besonders wertvolles Geschenk eine Körperreliquie der Patronin der Weltmission geschenkt. Dies führte 1935 zu einem Ansteigen der Pilgerzahl, sodass in den beiden Monaten September und Oktober 1937 elf organisierte Wallfahrten verzeichnet werden konnten. Erich Gaugitsch, Diakon der Pfarre Starchant, schreibt dem Verfasser des Buches im

Kirche hl. Thérèse vom Kinde Jesu

Jahr 2008: »*Die ersten Wallfahrer fanden sich bald nach der Fertigstellung der Kirche bei der kleinen Thérèse – wie sie volkstümlich genannt wurde – ein. Die Rosenwallfahrten aus Erdberg waren vor dem Krieg sehr beliebt. Dankwallfahrten des Christlichen Müttervereines standen unter dem Schutz und der Förderung der Frau des Bundespräsidenten Wilhelm Miklas. Viele Votivtafeln in der Marienkapelle zeugen noch heute von den Fürbitten dabei. Im Reliquienaltar gibt es ein Fach, in dem schon immer persönliche Fürbitten der Pilger deponiert wurden und auch noch werden.*« Die Rosenwallfahrten sind auf den Ausspruch der Heiligen »*Nach meinem Tod werde ich Rosen regnen lassen*« zurückzuführen. Der Starchanter Wallfahrtsseelsorger Franke sammelte in der Siedlung Rosen, segnete diese bei den Andachten nach der Reliquienverehrung an den Sonntagnachmittagen im September und Oktober und verteilte diese an die Mitfeiernden. Leopoldine Miklas, die Gattin des ehemaligen Bundespräsidenten, trotzte den neuen nationalsozialistischen Machthabern im Jahr 1938 und organisierte eine groß angelegte Wallfahrt der christlichen Mütter nach Starchant. Der Pilgerstrom wurde während des Zweiten Weltkriegs geringer, existierte aber. 1945 kam wieder eine Wallfahrt aus Mannersdorf am Leithagebirge/NÖ, und allmählich trafen Pilger wieder in Gruppen oder einzeln ein, wie 1948 vermerkt wird. Die größte Gruppe stellten ungarische und slowakische Pilger im September. Das Jahr 1949 kann eine Kinderwallfahrt der Pfarre Am Schüttel/Wien 2 vermerken.

Gnadenstatue hl. Thérèse vom Kinde Jesu

Der Starchanter Diakon erläutert, wie oben angeführt, weiter: »*Das ›Pilgern‹ zu unserer Wallfahrtskirche ist selten geworden, aber bis heute tragen sich immer wieder Besucher, wie z. B. die Besucher vom Theresienwerk mit Msgr. Anton Schmid aus Deutschland oder die Emmauswanderer der Marienpfarre Wien 17 ins Fürbitten- und Wallfahrerbuch ein. Auch die Jahres-Wallfahrten zu den vier Heiligen unserer Pfarre*

(Thérèse, Franziskus, Benedikt und die Fatima-Muttergottes) sollen nicht unerwähnt bleiben. Eine Tradition besteht noch immer: An Wallfahrtstagen, bei Andachten und bei Patrozinien wird der Schlusssegen mit der Reliquie der Heiligen gegeben.«

Die Wallfahrtskirche von Starchant besitzt eine Reliquie der Heiligen, wie sie weltweit in ihrer Art nur in Lisieux und in der St.-Theresien-Kirche in Chicago/USA vorhanden sind. Dazu der Starchanter Diakon: *»In unserer Kirche gibt es eine echte Reliquie der heiligen Thérèse – ein Kreuz mit dem Reliquieneinschluss in der Mitte.«* Das Reliquiar ist im linken Seitenaltar zur Verehrung aufbewahrt.

Der Reliquienschrein aus Lisieux wurde anlässlich der großen Wiener Stadtmission im Jahr 2003 in den Wiener Stephansdom und in die Wiener Karlskirche gebracht, um die Patronin der Weltmission um Fürsprache zu bitten. Vergleichbar leisen Zuspruch fand in diesem Zusammenhang das spirituelle Pfarrfest in der höchstgelegenen Pfarrkirche Wiens, dem einzigen Thérèse-Wallfahrtsort der Bundeshauptstadt.

Möge die heilige Thérèse von ihrem Wiener Heiligtum aus wieder vermehrten Zuspruch von Pilgern erfahren und ein Gnadenort für die Anliegen der Neuevangelisierung werden. In diesem Sinne kann der Bundeshauptstadt und ganz Österreich von Starchant aus ein hoffnungsverheißender spiritueller Rosenregen gewünscht werden.

Gebet

Thérèse vom Kinde Jesus,
deine Botschaft ist der Ruf Gottes
für die Menschen unseres Jahrhunderts.
Sie ist der Ruf des Vaters im Himmel.
Wenn Jesus vom Vater in die Welt gesandt ist,
dann ist Nachfolge Jesu ebenfalls Sendung in die Welt
und hat ihren Grund in Gottes Liebe.
Deine Liebe zu Jesus, dein kleiner Weg der Liebe,
all dies zeigt uns, wie du Sendung,
wie du Mission verstanden hast.
Thérèse,
du ladest ein, uns der Menschen anzunehmen,
die mitten unter uns leben.
Es sind Getaufte und Ungetaufte, es sind Suchende und Menschen,
die von ihrer Lebensform überzeugt sind.
Menschen, die meinen, längst satt zu sein

und sich dennoch in entscheidenden Situationen
verloren und überfordert fühlen.
Menschen, an denen wir nicht vorbeigehen können,
weil Gott sie uns in den Weg gestellt hat.
Du ladest uns ein, als wacher Christ zu leben.
Thérèse,
lehre uns, Augen und Herzen zu öffnen,
und bitte bei Gott für uns! Amen.

Das Gebet ist von Diakon Erich Gaugitsch, Pfarre Starchant, für dieses Buch 2008 verfasst worden.

Starchant, Pfarrkirche ⇨ Ober St. Veit, Pfarrkirche

Variante PKW:

Das nächste Ziel liegt rund 6 km entfernt, wofür man zirka 15 Minuten benötigt. Zunächst fährt man den Pfönningerweg zurück in Richtung Johann-Staud-Straße. Bei dieser biegt man links ab. Erreicht man die Demuthstraße, biegt man rechts ab. Nun folgt man dieser Straße, bis man zur Ameisbachzeile gelangt, in die man links einbiegt. Bei der B223/Flötzersteig biegt man rechts ab. Sobald man die Linzer Straße erreicht hat, biegt man nochmals rechts ab. Dann biegt man links in die Bergmillergasse ein. Bei der B1/Wientalstraße biegt man links ab und fährt auf der B1 weiter, bis man zur Gustav-Seidl-Gasse kommt, in die man rechts einbiegt. Schon nach wenigen Metern erreicht man die Auhofstraße, bei der man links abbiegt. Nun hat man es fast geschafft. Bei der Firmiangasse biegt man rechts ein. Schließlich erreicht man den Wolfrathplatz, bei dem man rechts abbiegt und das Auto parkt.

Variante öffentliche Verkehrsmittel:

Reist man mit den öffentlichen Verkehrsmitteln (reine Fahrtzeit 25 Minuten), so geht man zunächst zu Fuß zur Haltestelle Pönningerweg. Man folgt dem Mörikeweg und biegt nach rechts ab, um auf ihm zu bleiben. Beim Pönningerweg biegt man links ab. Nach wenigen Metern biegt man noch einmal rechts in die Johann-Staud-Straße ein, in der sich die Haltestelle befindet.

Von dort wählt man den Bus in Richtung Ottakring, Bahnhofstraße und steigt nach etwa 5 Minuten Fahrtzeit bei der Haltestelle Stillfriedplatz aus. Dort steigt man in den Zug Richtung Hütteldorf um und fährt bis nach Ottakring. Nun muss man ein letztes Mal in den Bus umsteigen. Bei der Haltestelle Wolfrathplatz steigt man aus. Von dort sieht man schon die Kirche von Ober St. Veit, zu der es noch zwei Minuten zu Fuß sind.

Variante Fußmarsch:

Von Starchant nach Ober St. Veit benötigt man zirka 1 h 30. Dabei bewältigt man eine Strecke von über 6 km.

Zunächst geht man den Pönningerweg wieder zurück. Bei der Johann-Staud-Straße biegt man rechts ab und geht wieder so lange zurück, bis man die Stelle erreicht, bei der man vorhin den markierten Weg verlassen hat. Nun biegt man links in diesen ein und folgt ihm entlang des Heschweges. Hier geht es kaum merklich bergab. Nun gelangt man zur Rosentalgasse. Durch das Rosental geht es zur Linzer Straße, in die man rechts einbiegt. Erreicht man die Bergmillergasse, biegt man links ein. Jetzt überquert man die Wientalstraße und biegt links in die Auhofstraße ein. Dieser folgt man, bis man zur Firmiangasse gelangt, in die man rechts einbiegt. Nun geht es leicht bergauf. Beim Wolfrathplatz biegt man noch einmal rechts ab und schon steht man vor der Kirche in Ober St. Veit.

OBER ST. VEIT

WallfahrtsWeg
WienerWald

Der erstmals um 1195 urkundlich erwähnte Kirchweiler liegt im 13. Wiener Gemeindebezirk in der Erzdiözese Wien. Von 1194 bis 1280/90 befand sich hier der Sitz einer nach St. Veit benannten österreichischen Ministerialenfamilie. Herzog Rudolf IV. kaufte das Schloss und die Herrschaft und schenkte es dem vom ihm gegründeten Kanonikerkapitel zu St. Stephan. Von 1468 bis 1762 im Besitz des Bistums Wien (später Erzbistum), wurde die alte Festung im 17. Jahrhundert durch ein frühbarockes Festschloss ersetzt. Kaiserin Maria Theresia, die 1762 das Schloss kaufte, ließ es von ihrem Hofbaumeister barock umgestalten. 1779 wieder käuflich durch das Erzbistum Wien erworben, war das Schloss anfangs ein Exerzitienhaus und später bis in die dreißiger Jahre des 20. Jahrhunderts Sommersitz des Wiener Erzbischofs und beherbergte bis zur Errichtung des Dom- und Diözesanmuseums Wien 1933 die erzbischöfliche Kunstsammlung. Heute beherbergt das Schloss das von der österreichischen Bischofskonferenz getragene Seminar für kirchliche Berufe.

Wie sehr der vom Weinbau und seit Maria Theresia auch von der Milchwirtschaft dominierte Ort inmitten des Wienerwaldes Dorfcharakter hatte, dokumentiert das Erlegen eines Wolfes in den Weingärten an der Lainzer Tiergartenmauer im Jahr 1835. Erst 1867 wurde St. Veit in die Ortsteile Ober St. Veit und Unter St. Veit geteilt. Immer mehr Sommerfrischler entdeckten die ländliche Gegend, und sukzessive ersetzte ein Villenbau nach dem anderen Weinstock um Weinstock. Meiereien konnten hingegen noch in der Zeit nach 1945 existieren. Obwohl heute weder Milchwirtschaft noch Weinbau in Ober St. Veit betrieben wird, ist der Dorfcharakter erhalten geblieben. Mit der 2007 eröffneten Hochschule für Agrar- und Umweltpädagogik hat in einer abgewandelten Form die Landwirtschaft im Wienerwaldort wieder Einzug gehalten. Der Rektor der Hochschule, Thomas Haase, sagt, dass auf dem Hochschulgelände zwar kein Weinbau betrieben wird, jedoch können die vorhandenen Weinstöcke als ein Symbol für die ehemalige wirtschaftliche Grundlage Ober St. Veits gedeutet werden.

Pfarrkirche St. Veit und Maria, Zuflucht der Sünder
Wallfahrtskirche zur Maria, Zuflucht der Sünder

Die ehemalige Wehrkirche erfuhr öfters bauliche Veränderungen, wie 1433 einen Neubau, bis dato war nur im Kern das gotische Langhaus erhalten geblieben. Das heute sichtbare spätbarocke Gotteshaus stammt aus 1742–1745, wurde 1994 um eine Taufkapelle erweitert und ist mit einem Verbindungstrakt mit dem ehemaligen erzbischöflichen Schloss verbunden. Der Hochaltar von 1745 beinhaltet in zwei zentral angeordneten Bildern die beiden Kirchenpatrone. Das von Fra Agostino a San Luca geschaffene Hochaltarbild zeigt das Martyrium des heiligen Veit und das Aufsatzbild Maria Zuflucht der Sünder. In Ober St. Veit ist es auf künstlerisch hohem Niveau gelungen, zu einem bestehenden Kirchenbau einen zeitgenössisch gestalteten Kapellenbau anzufügen.

Ober St. Veit war jahrhundertelang ein Veit (=Vitus)-Wallfahrtsort mit der Pflege des heidnischen Huhnopfers. Das strikte Verbot von 1790 untersagte, dass lebende Hühner auf dem Hochaltar als Opfergabe hingelegt werden. Als Wunderzauber gegen Fraisen, die im Volksmund »Veitstanz« heißen, wurde

Kirche St. Veit und Maria, Zuflucht der Sünder

Hühnerfedern heilbringende Wirkung nachgesagt. Die im Mittelalter auch als Tanzwut bekannte Krankheit hat ihren Namensursprung darin, dass der heilige Veit als Helfer verehrt wurde.

Gnadenbild Maria, Zuflucht der Sünder

Kardinal Kollonitz erhielt zwei Marienbilder von einem Jesuitenpater geschenkt, welche die Kopie eines wundertätigen Marienbildes, das der Jesuitenpater Franz von Hieronymo bei seinen Volksmissionen in Neapel und Umgebung mitgetragen hat, sein sollen. Franz von Hieronymo starb 1716 in Neapel und wurde 1839 heiliggesprochen. Ein Marienbild stiftete der Kardinal für Ober St. Veit und ein anderes schenkte er laut Bericht von 1765 »nach Ungarn«. Wo sich die zweite Kopie befindet, konnte bis heute nicht geklärt werden. Die Darstellung Mariens mit einem Blitzbündel in ihrer rechten Hand führte im Volksmund zur Namensgebung »Maria mit dem Blitzbündel«.

Der erste Wiener Erzbischof, Sigismund Kardinal Graf von Kollonitz, weihte am 22. August 1745 das neu erbaute Gotteshaus zu Ehren »Heiliger Veit und Maria, Zuflucht der Sünder« und ließ das Gemälde »Maria Zuflucht der Sünder« an seinem heutigen Standort als Gnadenbild anbringen. Der Wiener Oberhirte hat versucht den heidnisch geprägten Veit-Wallfahrtsort durch einen Marienwallfahrtsort zu ersetzen, was ihm aber nicht so recht gelingen sollte. Als eine der ersten Wallfahrten zu dem vom Kardinal erklärten Marienheiligtum kam 1745 die Gemeinde Ottakring. Der Pfarrhistoriker von Ober St. Veit, Gebhard Klötzl, teilt 2008 mit: »*In der Pfarrchronik ist über Wallfahrten zu ›Maria Zuflucht der Sünder‹ nichts berichtet.*« Vereinzelte Hinweise auf eine überlieferte spärliche Wallfahrtstätigkeit haben sich in Gesprächen ergeben. Jenen alten Wienern, die dieses Wissen von ihren Vorfahren tradiert bekamen und selber noch – von vielen anscheinend unbemerkt – nach Ober St. Veit pilgern, ist diese Kenntnis zu verdanken. Auch die Wiener Diözesankonservatorin Hiltigund Schreiber erinnert sich, dass sie in ihrer Kindheit mit ihrem Vater und ihren Geschwistern zu Fuß zum Ober St. Veiter Marien-Gnadenbild gepilgert ist. Die zukünftigen

Pfarrchronisten sollen mit einem »himmlischen Blitzbündel« angeregt werden, die Wallfahrt nach Ober St. Veit zu dokumentieren.

Im menschlichen Leben suchen Kinder Zuflucht bei ihrer Mutter. Die Mutter Jesu gab die Hoffnung auch unter dem Kreuz ihres Sohnes nicht auf. Sie wusste, er ist der Retter aus Sünde und Tod. Maria ist das Vorbild für das Suchen nach Wegen, selbst wenn alles vergebens scheint. Ober St. Veit könnte sich zu einem Wallfahrtsort zur Mutter Jesu entwickeln, an dem Menschen im Gebet Wege aus ihren Problemen und Sünden suchen.

Gebet

Gegrüßet seist du, Maria, voll der Gnade,
der Herr ist mit dir.
Du bist gebenedeit unter den Frauen,
und gebenedeit ist die Frucht Deines Leibes, Jesus.
Heilige Maria, Mutter Gottes,
bitte für uns Sünder jetzt
und in der Stunde unseres Todes.
Amen.

Das Ave Maria (Gegrüßet seist Du, Maria) ist ein biblisches Grundgebet der katholischen Kirche.

Ober St. Veit, Pfarrkirche ⇨ Kalksburg, Pfarrkirche

Variante PKW:

Für die rund 9 km lange Strecke benötigt man zirka 20 Minuten. Man fährt den Wolfrathplatz, der nach links verläuft und zur Vitusgasse wird, entlang. Bei der Einsiedeleigasse biegt man rechts ab und dann bei der Veitingergasse links. Sobald man die Jagdschlossgasse erreicht hat, hält man sich rechts. Nach etwa 600 m biegt man bei der Wolkersbergenstraße rechts ab und fährt weiter auf dem Versorgungsheimplatz, dann wieder auf der Wolkersbergenstraße. Dabei muss man zuerst rechts abbiegen und sich dann links halten, um auf der Wolkersbergenstraße zu bleiben. Erreicht man die Hermesstraße, so biegt man links ein. Bei der Speisingerstraße biegt man rechts ab. Nun passiert man den Maurer Hauptplatz. Man fährt gerade und gelangt in die Geßlgasse. Danach führt die Strecke auf der Dreiständegasse weiter. Nun muss man rechts abbiegen, um auf dieser Straße zu bleiben. Sobald man die Rudolf-Waisenhorngasse erreicht, biegt man rechts in diese ein. Dann gelangt man zu einer Ampel, bei der man links in die Rodauner Straße einbiegt. Schließlich erreicht man die B13a/Breitenfurter Straße. Hier biegt man rechts ab und fährt diese Straße entlang, bis man zum Kirchenplatz in Kalksburg gelangt, bei dem man rechts abbiegt und parkt.

Variante öffentliche Verkehrsmittel:

Wählt man die öffentlichen Verkehrsmittel, so geht man zunächst zu Fuß bis zur Haltestelle Wolfrathplatz (2 Minuten). Von dort fährt man mit dem Bus bis zum Hütteldorfer Bahnhof, wo man in den Zug Richtung Meidling umsteigt. In Meidling steigt man wieder um und fährt mit dem Zug bis Liesing. Von dort steigt man in den Bus, der einen bis zum Kirchenplatz von Kalksburg bringt. Von dort sind es nur mehr wenige Meter zu Fuß zur Kirche von Kalksburg. Sein Ziel erreicht man nach 35 Minuten reiner Fahrtzeit (Wartezeiten beim Umsteigen nicht berücksichtigt).

Variante Fußmarsch:

Dieses knapp 11 km lange Wegstück kann zu Fuß in 2 h 30 bewältigt werden.

Von der Kirche in Kalksburg biegt man nach rechts in die Vitusgasse ein. Gleich darauf geht es wieder nach rechts in die Erzbischofgasse. Diese steigt leicht. Nun biegt man bei der zweiten Gasse, der Adolfstorgasse, nach links ein. Auch hier ist anfangs eine leichte Steigung zu bemerken, die später schon deutlicher ausfällt. Man folgt diesem Weg bis zum Ende, wobei man sich rechts hält. Am Ende geht es schon ziemlich steil bergauf. Endet die Adolfstorgasse, biegt man nach links auf den Wanderweg 44 ein. Zuerst ist es relativ eben, dann fällt der Weg ein wenig. Nach einiger Zeit trifft man auf den Promenadeweg. Weiter führt die Wanderung in der Joseph-Lister-Gasse. Bevor man die Lafitegasse erreicht, führt ein markierter Wanderweg nach rechts in den Hörndlwald. Bei der Friedensstadtgasse kommt man aus dem Wald und befindet sich in Friedensstadt. Man biegt nach rechts in die Kramer-Glöckner-Straße und dann wieder nach rechts in die Pallenbergstraße ein. Anschließend biegt man nach links in die Hörndlwaldgasse. Erreicht man die Hermesstraße, biegt man rechts ab und nach wenigen Metern nach links in die Lainzerbachstraße. Dann geht es wiederum nach rechts in die Treumanngasse. Weiter geht man auf der Modl-Toman-Gasse, wobei man bei der Wittgensteinstraße rechts abbiegt. Am Ende von Friedensstadt beginnt der Weg wieder zu steigen, fällt jedoch ein wenig später wieder. Nun gelangt man in den Maurer Wald. Hier trifft man auf den Stadtwanderweg »rundumadum«, den man nach links einschlägt. So kommt man am Pappelteich vorbei. Kurz darauf erreicht man einen Parkplatz, bei dem man nach rechts in die Gasse In der Klausen einbiegt. Von dort geht es nur mehr ein Stück bergab bis zur Kirche von Kalksburg.

KALKSBURG

Der Ort liegt im Liesingbachtal am Rand des südlichen Wienerwaldes, verfügt auf Grund dieser Lage über große Waldbestände und hat bis heute seinen dörflichen Charakter bewahrt. Sein Wein, der schon in historischen Zeiten als etwas Besonderes galt, zeichnet sich durch eine herrliche Frucht aus. Kalksburg wird erstmals im 12. Jahrhundert urkundlich erwähnt. Von 1609 bis 1773 (dem Jahr der Auflösung der Jesuiten) gehörte das Wienerwalddorf zur Grundherrschaft der Jesuiten. 1790 wurde es vom Hofjuwelier Franz Ritter von Mack gekauft, der zu seinem bedeutendsten Wohltäter wurde. Schon 1856 erwarben die Jesuiten den Grundbesitz erneut und errichteten dort eine Schule, das Kollegium Kalksburg. Das Dorf, das bis 1938 zum Bundesland Niederösterreich gehörte, ist heute Teil des 23. Wiener Gemeindebezirkes und zählt zur Erzdiözese Wien. Überregionale Bedeutung hat das Anton-Proksch-Institut in Kalksburg: 1961 als Trinkerheilanstalt gegründet, widmet es sich heute sowohl alkohol- als auch drogenabhängigen Menschen.

Pfarrkirche St. Petrus in Ketten Wallfahrtskirche Unsere Liebe Frau von Klein-Mariazell in Kalksburg

1609 erhielt Kalksburg von den Jesuiten anstelle eines Vorgängerbaus aus dem Jahr 1529 ein dem »Hl. Petrus in Ketten« geweihtes Kirchlein. Der Hof- und Kammerjuwelier Franz Ritter von Mack gab dem Wienerwalddorf durch die Errichtung eines Neubaus an der Stelle des alten Kirchleins ein prächtiges Aussehen. Ritter von Mack legte am 4. Juli 1793 selbst den Grundstein. Der Kirchenneubau wurde vom Tiroler Maurermeister Michael Zobel entworfen und von 1793 bis 1801 durchgeführt. Am 16. August 1801 erfolgte die Weihe der Kirche St. Petrus in Ketten, die 1805 zur Pfarrkirche erhoben wurde. Ihre im klassizistischen Stil gehaltene Innenausstattung und die bedeutenden Deckenfresken des Tiroler Malers Joseph Keller inspirierten Franz Gaheis in seinem

Werk »Wanderungen und Spazierfahrten in die Gegend um Wien« 1804 zu den Zeilen: »*Unbeschreiblich ist der feierliche Eindruck, welche der Anblick dieser in ganz Österreich, vielleicht in ganz Europa schönsten Dorfkirche gewährt.*« Dieser Eindruck wird durch das Begehen der zum Hauptportal der Kirche führenden, steil ansteigenden Treppe erweckt, die den Kirchturm mächtiger und höher als der Realität entsprechend erscheinen lässt.

»*Frauen-Bild Maria Zell samt vergoldeten Schein, 2 Kronen und mit 5 Kleidern hergeschenkt*«, berichtet in der Pfarrchronik der erste Pfarrer von Kalksburg, Franz Würth, der auch festhält, dass dieses Geschenk 1774 vom Wiener Kurat Edlinger gemacht wurde. Franz Ritter von Mack schenkte 1784 weiters eine Kopie der Gnadenstatue von Mariazell, die in Mariazell gesegnet wurde. 1803 wurde sie über dem Hochaltar in der von ihm neu erbauten Kirche aufgestellt. Im oberen Teil des Strahlenkranzes oberhalb der Marienstatue befindet sich auf einem Band die Aufschrift »Du Zuflucht der Sünder«. Seit dieser Zeit führt die Kirche sowohl den Titel »St. Petrus in den Ketten« als auch »Klein Maria-Zell«. Im Volksmund wurde sie auch »Maria-Kalksburg« genannt. Fürstin Collalto, eine besondere Wohltäterin der Kirche, ließ im Jahre 1866 die Kronen der Gottesmutter und des Jesuskindes vergolden.

Kirche St. Petrus in Ketten

Die Wallfahrtskirche wurde alle Jahre gerne von denen, die an der Prozession von Hietzing (heute Wien 13) nach Mariazell teilnahmen, an einem der auf ihre Rückkehr folgenden Sonntage besucht. Der Wallfahrtszuzug (organisierte Wallfahrtsgruppen und einzelne Pilger) war lokal und besonders bei den Wienern um 1900 beliebt. Im Jahr 1925 wurde in der Pfarrchronik vermerkt: »*Zahlreich sind die Gebetserhö-*

Gnadenstatue Unsere Liebe Frau von Klein-Mariazell in Kalksburg

rungen in der Kirche.« Und 1928 notiert der Pfarrchronist: »*Zahlreiche ganz auffallende Gebetserhörungen wurden und werden mir gemeldet.*« Die der Muttergottes von Kalksburg zugeschriebenen Gebetserhörungen spiegeln die alltäglichen und existenziellen Anliegen der Menschen wider.

1925 hält der Chronist eine Heilung fest, die der Lieben Frau von Klein-Mariazell zu Kalksburg zugeschrieben wird und die ihn als Seelsorger anscheinend sehr bewegt hat: »*Der in der III. Classe im Colleg studierende Sohn des Grafen Clary spielte mit einem Fliegerkreisel in Gegenwart seiner Geschwister. Der Kreisel schnellte los, statt aber in die Höhe zu fliegen, nahm er seinen Weg seitwärts, und fliegt dem 7jährigen Bruder ins Auge. Als aber am anderen Morgen der Zustand des Auges sehr bedenklich wurde, fuhr man mit ihm in das Spital. Der Primar erklärte, daß große Gefahr bestehe, daß durch die Infection beide Augen verloren seien. Ganz desperat kam die Mutter und erzählte mir, was geschehen und hat mir ein Brieflein der Gnadenmutter zu übergeben. Ich that so. Sooft ich dann fragte, wie es dem Auge gehe, war immer die Meinung, der Knabe werde blind bleiben auf dem einen Auge. Als am 3. Tage in Gegenwart der Mutter die Augen nach der sofort vorgenommenen Operation aufgebunden wurden, da sagte der Primar ganz überrascht. ›Frau Gräfin, Sie können Gott danken. Das eine Auge ist gerettet, aber bei dem anderen können noch alle möglichen Complicationen eintreten.‹ Es gab wenig Hoffnung. Umso mehr wurde Maria in Gebeten bestürmt. Und siehe, gegen alle Erwartung wurde das Auge gut, nur ein kleines Mal blieb übrig. Aus Danksagung hiefür hatte die Gräfin selbst für den Hochaltar ein sehr schönes Antipendium gestiftet. Der Knabe selbst überbrachte dasselbe. Ich besah es, sante es aber zurück u. bat noch einige Worte einsticken zu wollen. Das wurde versprochen. Wochen vergingen, das Antipendium kam nicht. Schon glaubte ich, dass die Gräfin es überhaupt nicht mehr spenden wolle, da kommt eines Tages die Erzieherin des Kindes und sagte: ›Denken Hochwürden, das Auge ist heute auf einmal wieder, nachdem es schon ganz schön war u. jegliche Sorge fern war, sehr schlecht geworden. Der Kleine muß neuerdings operiert werden.‹ Ich gab zur Antwort: ›Hat man nicht auf etwas vergessen?‹ Schon nach wenigen Tagen brachte der Knabe das Tuch u. das Auge ist nun fast so wie das andere. Frau Gräfin, die Erzieherin u. die Kinder erklären offen, daß alles der Fürbitte Mariens zuzuschreiben sei.«*

Der Wallfahrer und Kunstkenner erfreut sich an der sorgfältigen Pflege und Verwahrung der Kleider der Gnadenstatue und des Jesuskindes, die teilweise aus der Barockzeit stammen, sowie der Paramente (Gewänder für den Gottesdienstgebrauch) in der Sakristei und genießt den Anblick des geschmackvollen Blumenschmucks in der Kirche. Seit geraumer Zeit werden die den kirchlichen Anlässen entsprechenden Kleider weder der Gnadenstatue noch dem Jesuskind mehr angelegt.

Heute kommen nur mehr wenige einzelne Pilger, sodass sich die Seelsorge auf die Pfarre beschränkt. Die Wallfahrtsseelsorge ist kaum noch gefragt.

Elisabeth Gass, Mitarbeiterin der Pfarre Kalksburg, schreibt in der Festschrift zum 200-jährigen Weihejubiläum der Pfarrkirche im Jahr 2001 über die Wallfahrten, die die Pfarrgemeinde Kalksburg selbst unternimmt: »*Der Wallfahrtsort ist nur ein Zeichen, zu dem der Mensch unterwegs ist. Das Erreichen eines Wallfahrtsortes ist im Verlauf des gesamten Lebens nur eine Station auf dem Weg, an dem ein Christ neue Stärkung erhalten kann, um dann wieder weiterzugehen seinem endgültigen Ziel entgegen.*« Eine Sichtweise, die ich gerne dahingehend ummünze, dass pilgernde Menschen Klein-Mariazell zu Kalksburg wieder vermehrt entdecken mögen, um hier Stärkung für den Alltag zu erhalten.

Eine Auswahl von »Manterln« der Gnadenstatue

Gebet

Keiner fleht zu mir vergebens
In den Nöthen seines Lebens:
Kommet nur, ich bin allezeit
Euch zu helfen gern bereit!
Was euch drücket, will ich heben,
Was euch mangelt, will ich geben:
Was euch kränket, soll verschwinden:
Was verwundet ist, verbinden.
Will ich es mit Mutterhand,
Die des Leidens viel empfand.
Allen, die sich recht bestreben
Fromm und tugendhaft zu leben,
Und sich meinem Dienste weih'n,
Will ich gern und freudig sein
Trost und Hilf in aller Noth,
Schutz im Leben und im Tod!

Das Gebet zur Muttergottes von Kalksburg ist einem alten Andachtsbildchen entnommen.

Kalksburg, Pfarrkirche ⇨ Brunn am Gebirge, Pfarrkirche

Variante PKW:

Diese Strecke ist zirka 6 km lang. Dafür benötigt man gute zehn Minuten. Vom Kirchenplatz in Kalksburg biegt man nach links auf die B13/Breitenfurter Straße ein. Nach 1 km gelangt man zur B13/Willergasse. Bei dieser biegt man rechts ab und fährt weiter auf der B13. Sobald man die Sonnbergstraße erreicht, verlässt man die B13 und biegt links ab. Bei der Walzengasse biegt man ebenfalls links ein. Nun gelangt man zur Hochstraße, in die man rechts einbiegt. Die Fahrt führt weiter durch Perchtoldsdorf, vorbei am Marktplatz und an der Pfarrkirche. Jetzt folgt man der Brunner Gasse. Dafür muss man einmal links und dann rechts abbiegen, um auf dieser zu bleiben. Nach einiger Zeit geht die Brunner Gasse in die Leopold-Gattringer-Straße/B13/Laaber Bundesstraße über. Sein Ziel hat man mit der Kirchengasse, in die man links einbiegt, erreicht.

Variante öffentliche Verkehrsmittel:

Um mit dem Bus zum Liesinger Bahnhof zu fahren, bei dem man in den Zug umsteigt, muss man zuerst zu Fuß zur Bushaltestelle Kalksburger Kirchenplatz (2 min). In Liesing wählt man den Zug bis Brunn/Maria Enzersdorf. Von dort kann man entweder die knapp zehn Minuten bis zur Kirche zu Fuß gehen – dafür wählt man die Bahnstraße und biegt zuerst rechts in die Wiener Straße und dann links in die Kirchengasse ein – oder man fährt mit dem Bus und steigt in der Wiener Straße aus.

Variante Fußmarsch:

Zu Fuß sollte man knapp drei Stunden Gehzeit einrechnen. Es sind zwar nur zirka 8 km und insgesamt geht es sogar 40 Höhenmeter bergab, aber dazwischen muss man rund 270 Höhenmeter hinauf.

Gleich zu Beginn überquert man die Breitenfurter Straße. Weiter geht es durch die Mackgasse. Beim Promenadeweg biegt man links ab und anschließend bei der Ketzergasse nach rechts. Auch bei der Willergasse und dann bei der Waldmühlgasse muss man rechts abbiegen. Hier folgt man dem mit der Nummer 11 markierten Wanderweg. Der Weg führt ein Stück entlang der wienerischen und niederösterreichischen Grenze. In Richtung Bierhäusl Berg (488 m) ist die Steigung beachtlich. Knapp bevor man die Bergspitze erreicht, mündet der Weg in einen grün markierten. Dieser steigt weiter bis auf 530 m Seehöhe. Von dort geht es über den Saugraben hinunter nach Perchtoldsdorf. Man geht die Hyrtl-allee entlang. Bei der Höhenstraße biegt man links ab und bei der Roseggergasse wie dann bei der Leonhardiberggasse rechts. Nun biegt man links in die Hyrtlgasse ein. Beim Marktplatz geht es nach rechts. Über die Brunner Gasse gelangt man zum Schwedenweg. Hier muss man sich links halten, um auf ihm zu bleiben. Nach kurzer Zeit wird er zur Friedrich-Schiller-Straße. Erreicht man den Pöllangraben, biegt man links ab und bei der Leopold-Gattringer-Straße rechts. Dieser folgt man bis zur Kirche von Brunn am Gebirge.

BRUNN AM GEBIRGE

WallfahrtsWeg
WienerWald

Der Ort am Ostabfall des Wienerwaldes, im Bundesland Niederösterreich in der Erzdiözese Wien gelegen, war vor 8000 Jahren bereits besiedelt und zählt zu den ältesten bäuerlichen Siedlungen Österreichs. Die erste urkundliche Erwähnung erfolgte in der 2. Hälfte des 12. Jh.s. Der Umstand, dass das Dorf 1370 eine Schule beherbergte, weist ihn als einen der ältesten Schulorte Niederösterreichs aus. Der Weinbau hielt hier längst vor seiner erstmaligen urkundlichen Erwähnung im Jahr 1338 Einzug. 1459 stellte Kaiser Friedrich III. den Freiheitsbrief aus. Damit waren unter anderem die eigene Gerichtsbarkeit und die Erteilung des Weinschankrechtes verbunden, das heißt, nur Brunner durften in Brunn Wein ausschenken. Die Brunner Weine schätzten das Haus Österreich wie die Königshäuser von Ungarn und Frankreich gleichsam. Ab dem 19. Jahrhundert nahm der Weinbau ab, konnte aber in den letzten Jahrzehnten wieder einen Aufschwung verzeichnen. Vor mehr als 200 Jahren pflanzten die Brunner zwischen den Weingartenreihen Pfirsiche, was ihnen den Spitznamen »Pfeascha« einbrachte. Ab dem Ende des 18. Jahrhunderts hielt die industrielle Entwicklung durch Ziegeleien den Einzug, und in der zweiten Hälfte des 19. Jahrhunderts siedelte sich Fabrik um Fabrik an, sodass sich die Einwohnerzahl fast verdreifachte. Heute ist Brunn am Gebirge vielen als Einkaufs- und Gewerbezentrum durch das im Jahr 1996 neu eröffnete Shopping Center an der Bundesstraße 12a und den im Jahr 2000 mit dem ersten Hochbauabschnitt seiner Bestimmung übergebenen campus21 bekannt. Wer von den Wirtschaftszentren an der Peripherie in das Zentrum kommt, wird erstaunt sein, in Brunn am Gebirge einen alten Weinbauort mit historischen Gemäuern vorzufinden.

Pfarrkirche Hl. Kunigunde Wallfahrtskirche zur Maria in Ängsten

Anstelle von zwei romanischen Vorgängerbauten erfolgte in der ersten Hälfte des 14. Jahrhunderts der Ausbau zu einer dreischiffigen und dreijochigen Staffelkirche. Mit dem Ende des 15./Anfang des 16. Jahrhunderts ist mit den umfangreichen Um- bzw. Neubauten ein prachtvolles Juwel der Gotik vor den Toren Wiens geschaffen worden. Die südseitige Vorhalle ist nach dem Vorbild des Singertors des Wiener Stephansdoms errichtet. Man kann nachvollziehen, dass hier die Meister der Dombauhütte von St. Stephan Hand angelegt haben. Der Innenraum besticht durch seine Kreuz- und Netzrippengewölbe und den barocken Hochaltar. Die Skulptur der Kirchenpatronin steht rechts beim Hochaltar. Die 1200 heiliggesprochene Kaiserin Kunigunde ist in Österreich als Kirchenpatronin kaum anzutreffen, vielmehr wird sie an ihrem Bestattungsort Bamberg in Deutschland verehrt. Einer der berühmtesten Söhne der Pfarre ist der verstorbene Domprediger Msgr. Otto Mauer, der in Österreich nach 1945 Wegbereiter für junge Künstler und Kunst wurde. Mauer ist am Friedhof seines Heimatortes bestattet.

Kirche Hl. Kunigunde

Mit der Aufstellung einer Kopie der Schmerzhaften Muttergottes von Granada im Jahr 1721 hielt die Wallfahrt in der Pfarrkirche von Brunn am Gebirge Einzug. Das hierorts unter dem Titel »Maria in Ängsten« verehrte Gnadenbild, dessen prunkvollen Rahmen Infant Emanuel aus Portugal stiftete, war ursprünglich zentral in den Hochaltar eingefügt. Von 1721 bis 1735 wurde die Pfarrkirche zum Wallfahrtszentrum ausgebaut. Emanuel von Portugal besuchte ferner 1723 und 1725 das von ihm verehrte Gnadenbild. Lange dürfte keine große Pilgerzahl zu verzeichnen gewesen sein, denn 1749 wurde dem neuen Brunner Pfarrer aufgetragen, die Verehrung von »Maria in Ängsten« wieder zu forcieren. Die Pilger beteten vor dem Muttergottesbild um die Abwehr von Unwettern, und mit Prozessionen in den Weingärten wurde der Schutz des Weinbaus erfleht. Die Wallfahrt der Wiener Selcher besteht ebenso nicht mehr wie die früher auf Grund des Marientitels von den Pilgern als

Hauptfest gefeierten Gottesdienste zum Schmerzensfreitag. Seit 1974 ist das Gnadenbild in der nördlichen Seitenkapelle aufgestellt. Pfarrer Walther Kratzer weiß noch, dass bis vor zehn Jahren noch einige kleine Wallfahrtsgruppen gekommen sind, seit dieser Zeit sich aber nur mehr ab und zu einzelne Pilger bei »Maria in Ängsten« einfinden. Der Kirchenbau und das Gnadenbild sind eine Augenweide für die kunsthistorisch Interessierten. Hoffentlich wird sie für immer mehr Pilger auch eine Weide für die Seele sein.

Gnadenbild Maria in Ängsten

Gebet

Maria,
du warst dabei,
als er – auf den viele ihre Hoffnung gesetzt haben –
gefoltert und getötet worden ist.
Du warst dabei,
als die Rettung der Welt ausgelöscht worden ist.
Dein Sohn tot –
und du dabei.
Maria,
du weißt, wie es ist:
Schmerz, Traurigkeit, Verzweiflung.
Maria,
sei auch bei uns!
Bete mit uns!
Bitte bete auch dann mit uns,
wenn wir nicht mehr beten können.

Das Gebet verfasste Wolfgang Kommer, Diakon der Pfarre Brunn am Gebirge, im Jahr 2008 für dieses Buch.

Brunn am Gebirge, Pfarrkirche ⇨ Maria Enzersdorf, Franziskanerkirche

Variante PKW:

Um sein Ziel in Maria Enzersdorf zu erreichen, braucht man nur etwa 2 Minuten. Man fährt die Kirchengasse zurück und biegt bei der B12/B13/Leopold-Gattringer-Straße links ab. Nun folgt man dieser Straße. Bei der Enzersdorfer Straße biegt man rechts ab, fährt aber weiter auf der B12. Von dort aus sieht man schon die Franziskanerkirche, bei der man parken kann.

Variante öffentliche Verkehrsmittel:

Dieses Mal hat man beim Benützen der öffentlichen Verkehrsmittel Glück. Ohne Umsteigen kommt man in 10 Minuten von Brunn am Gebirge nach Maria Enzersdorf. Man steigt bei der Haltestelle Wiener Straße in den Bus ein und steigt bei der Haltestelle Maria Enzersdorf, Franziskanerplatz aus.

Variante Fußmarsch:

Dieses Wegstück ist zu Fuß ohne große Anstrengung zu bewältigen. Schon nach knapp 15 Minuten ist man am rund 750 Meter entfernten Ziel angekommen. Dafür wählt man die Kirchengasse, bis man zur Wiener Straße gelangt. In diese biegt man rechts ein. Nun geht es auf ebenem Wege immer geradeaus bis zur Kirche in Maria Enzersdorf.

MARIA ENZERSDORF AM GEBIRGE

WallfahrtsWeg
WienerWald

Die erste urkundliche Erwähnung des Ortsnamens als »Engelschalkesdorf« erfolgte um 1130. Seit dem Jahr 1395 lautet er »Enzersdorf«. Der gegenwärtige Ortsname leitet sich von der Bedeutung als Wallfahrtsort und der Lage an den Erhebungen des Wienerwaldes ab. Der Wienerwaldort liegt im Bundesland Niederösterreich in der Erzdiözese Wien. Die Gemeinde besteht heute aus dem alten Ortsgebiet und der von 1960 bis 1976 neu angelegten Südstadt. Während der in das Mittelalter zurückreichende Ortsteil von Wallfahrt, Weinbau und Kultur geprägt ist, ist der neue Wirtschafts- und Ausbildungsstandort unter anderem Sitz der Generaldirektion des Energiedienstleisters EVN (Energie Versorgung Niederösterreich) und des Bundesportzentrums. Die Burg Liechtenstein ist um 1170/1180 erbaut und bis in das 17. Jahrhundert mehrfach verändert worden. Nach der Beschädigung durch die Türken 1683 war sie eine Ruine, bis im 19. Jahrhundert der Wiederaufbau im Stil des Historismus erfolgte. Die Burg gilt als Stammsitz der Fürsten von Liechtenstein und ist seit 1983 Ort der »Maria Enzersdorfer Festspiele«. Die im Jahr 1309 erwähnte Magdalenenkapelle, später Johanneskapelle genannt, war die erste Kirche im Ort und wurde nach dem Brand im Jahr 1787 nicht mehr aufgebaut. Neben der geistlichen Ausrichtung als Wallfahrtsort ist die im Jahr 1889 gegründete Niederlassung der Steyler Missionare als Missionshaus St. Gabriel ein Zentrum der theologischen missionswissenschaftlichen Forschung und Lehre. 1921 gründete der Steyler Missionar Pater Stanislaus Marusczyk im Missionshaus die über die Landesgrenzen bekannten »Sängerknaben vom Wienerwald«.

Kloster- und Pfarrkirche Hl. Magdalena Wallfahrtskirche zur Maria, Heil der Kranken

Im Jahr 1454 gründete Ulrich Graf von Cili zusammen mit dem heiligen Johannes von Capistran an der heutigen Stelle das Franziskanerkloster mit der Kirche zur Heiligen Magdalena. In den beiden Türkenkriegen von 1529 und 1683 wurden die Gebäude zerstört. In der Zeit zwischen den Türkenkriegen gaben 1533 die Franziskaner wegen Personalmangels das Kloster vorerst auf, auf Grund kaiserlicher Dekrete verliert die Ordensgemeinschaft 1569 den Besitz und bekommt ihn 1632 zurückerstattet. Nach Renovierungstätigkeiten kommt es im Jahr 1641 zur Weihe der Kirche. Die heutige Kloster- und Kirchenanlage geht auf die Wiedererrichtungs- und Erweiterungszeit der Jahre 1725 bis 1729 zurück. Die Einweihung der abermals errichteten Kirche erfolgte bereits im Jahr 1726. Im Jahr 1784 erfolgte die Erhebung zur Pfarrkirche, die in den Jahren 1907 bis 1909 eine bauliche Erweiterung erfuhr. In den Jahren 1961 bis 1966 wurde der südöstliche Klostertrakt demoliert und durch Neubauten ersetzt.

Der im Kern spätmittelalterliche Kirchenbau hat trotz der Baumaßnahmen aus dem Anfang des 20. Jahrhunderts seinen barocken Charakter ziemlich bewahrt. Der barocke Hochaltar befindet sich seit 1728/1729 an seinem gegenwärtigen Aufstellungsort. Auf dem von Josef Kessler nach einem Entwurf von Leopold Kupelwieser im Jahr 1854 gemalten Hochaltarbild ist die Kirchenpatronin, die heilige Maria Magdalena, dargestellt. Seit dem Jahr 1730 ist in einem

Kirche Hl. Magdalena und Klosteranlage

Strahlenkranz eine Kopie der Mariazeller Muttergottes in den Hochaltar zentral eingefügt.

Der Konvent der Franziskaner in der Wiener Innenstadt leitete wie in den Jahren zuvor auch im Jahr 1723 eine Wallfahrt nach Mariazell. An der Pilgerstrecke war die Franziskanerkirche Enzersdorf eine Zwischenstation. In den Gasthäusern wurde übernachtet, am nächsten Morgen war der Dorfbrunnen Pfandlbrunnen Treffpunkt für den Abmarsch. Mit einer Pfanne schöpften die Pilger nochmals Wasser, um sich zu stärken. Ein vornehmer Mann namens Franziskus von Ghelen befand sich unter den Wallfahrern. Er war in Mariazell von der Gnadenstatue tief ergriffen, und obwohl es ziemlich schwierig war, konnte er eine Kopie der Marienskulptur mit nach Hause nehmen. Beim Rückmarsch bedrohte ein beständiger Regen die Pilgerschar. Ghelen gelobte einen Altar in seinem Haus für das Marienbild zu stiften, und sogleich sei die Wassergefahr gebannt gewesen. In der Folge stellten sich in seinem Haus nicht wenige Menschen ein, die zum Bild im Gebet Zuflucht nahmen. Anlässlich der abermaligen Mariazell-Wallfahrt im Sommer 1729 bat Pater Guardian, ein Franziskaner, den frommen Mann, er möge zur Freude der Wallfahrer seine Statue in der Enzersdorfer Kirche aufstellen und sie dort bis zur Rückkehr von Mariazell belassen. Die Nachricht, dass Eltern im Gebet vor der Marienstatue Hilfe für ihren unheilbar erkrankten Knaben gesucht hatten und dieser bald darauf gesundet sei, bewog Ghelen auch im darauffolgenden Jahr während seiner Mariazell-Wallfahrt die Statue hierher zu bringen. Immer mehr Menschen baten Ghelen die Marienskulptur für immer zur öffentlichen Verehrung in der Franziskanerkirche aufgestellt zu lassen. »*Großmütig willfahrte er dieser Bitte, einerseits schmerzlich bewegt, daß sein eigenes Haus diesen Edelstein verlieren müsse, andrerseits voll heiliger Freude über die große allgemeine Verehrung für dieses Bild. Und so ward denn dieses Abbild der Mariazeller Muttergottes am 8. Dezember 1730, also am Festtage der unbefleckten Empfängnis Mariens, unter unbeschreiblichem Jubel des zahllosen Volkes feierlich auf dem Hochaltare der Enzersdorfer Kirche erhöht, um von jetzt und allda zu bleiben für immerwährende Zeiten. Hiermit hatte Enzersdorf begonnen, ein Wallfahrtsort zu sein. Der damalige Kardinal-Erzbischof von Wien aber verfügte, daß dieses neue Gnadenbild nunmehr den schönen Titel tragen möge: ›Maria, Heil der Kranken‹.*« Soweit Alfred Hoppe in seinem Buch »Des Österreichers Wallfahrtsorte« aus dem Jahr 1913.

Maria Enzersdorf wurde bald schon eines der beliebtesten Wallfahrtsziele der Wiener. Zusätzlich zu den anfangs aus Wien hierher führenden Pilgerprozessionen seien hier stellvertretend jene von St. Ulrich aus dem Jahr 1733 und die aus der Josefstadt aus dem Jahr 1735 genannt. In den Jahren 1743 bis 1848 ist die Wallfahrt des Gewerbes der Seidenzeug- und Dünntuchmacher aus Schottenfeld verzeichnet. Selbst das Wallfahrtsverbot Kaiser Joseph II. traf den Gnadenort vergleichsweise nicht allzu schlimm. Die Tatsache, dass im Ort keine Weltpriester wirkten, hat den Kaiser nolens volens bei der Pfarrerrichtung im Jahr 1784 bewogen, die Franziskaner mit der Pfarrseelsorge zu betrauen. Es ist kaum vorstellbar, dass die Ordensbrüder in der josephinischen Zeit nicht gelegentlich auch »vorbeikommende Wanderer« seelsorglich betreut hätten. Nach dem Tod Josephs II. kam es zu einem rapiden Anstieg an Wallfahrtsgruppen und Einzelpilgern. Die Wiener Romantiker, allen voran der ehemalige Patronatsherr der Pfarre Maria Enzersdorf Josef Freiherr von Penckler († 1830), der später heiliggesprochene und zum Wiener Stadtpatron erklärte Redemptoristenpater Klemens Maria Hofbauer († 1820, seit 1862 befinden sich seine Gebeine in Maria am Gestade in Wien-Innere Stadt), der Sozialphilosoph Adam Heinrich Müller († 1829), der Maler und Pädagoge Friedrich August von Klinkowström († 1835) und andere Gleichgesinnte zählten zu den eifrigsten Wallfahrern nach Maria Enzersdorf. Sie sind in der Folge auch auf dem hiesigen »Romantikerfriedhof« beerdigt worden. Anfang des 20. Jahrhunderts standen sechs Franziskanerpatres den jährlich 250 000 Besuchern – davon wurden 40 000 als Pilger bezeichnet – und den 35–40 organisierten Prozessionen als Wallfahrtsseelsorger zur Verfügung. Wie anderswo erlebte die Wallfahrt in der Nazizeit einen Niedergang, hatte aber bereits im Jahr 1945 wieder großen Zuspruch. Im Laufe des 20. Jahrhunderts wurden die großen organisierten Wallfahrtsgruppen stets weniger, während die Zahl der einzeln oder in Kleingruppen kommenden Pilger anstieg. Der Gnadenort ist heute Pilgerziel von Gelöbniswallfahrten, deren Anlässe in Pestnot, Abwehr von

Gnadenstatue Maria, Heil der Kranken

Krankheiten oder großen Verwüstungen zu finden und an die 200 Jahre oder noch mehr zurückzuverfolgen sind. Die Orte Nußdorf/Wien 19, Maria Lanzendorf, Velm, Gramatneusiedl oder Moosbrunn sind beispielhaft genannt. Der leitende Wallfahrtsseelsorger Pater Thomas Lackner gibt im Gespräch Aufschluss über die aktuelle Situation. Der Gnadenort ist bei Wienern nach wie vor als »Tageswallfahrtsort« beliebt, bei der Wochentagsmesse um 9.09 Uhr kommen viele Einzelpilger aus dem Großraum Wien. Am 3. Samstag im Monat findet seit dem Jahr 1977 ein »Muttergottesnachmittag« für Pilger statt. Die Wallfahrtsseelsorge ist bemüht, alte Formen der Pilgerseelsorge mit neuen zu ergänzen. Pater Thomas meinte beim amikalen Treffen im November 2008: *»Heuer werden wir 60 000 Wallfahrer verzeichnen.«* Seit dem Jahr 2007 wird beim Muttergottesnachmittag im Marienmonat Mai mit dem Gnadenmantel der Marienstatue und im Monat Dezember mit der Gnadenstatue der Einzelsegen erteilt. Der Gnadenmantel ist das Kleid, das seit dem Beginn der Wallfahrt nach Maria Enzersdorf der Marienskulptur, entsprechend der Zeiten des Kirchenjahres, in einer jeweils anderen Farbe angelegt wird; im Mai ist es ein weißer Gnadenmantel. Die Segnung mit der Marienstatue ist auch in Mariazell üblich. Hierorts, in Maria Enzersdorf, ist der Dezember von besonderer Bedeutung, zumal die Gnadenstatue seit dem Dezember 1730 auf dem Hochaltar aufgestellt ist. Über Maria Enzersdorf könnte man seitenweise von den Wallfahrten und den Gebetserhörungen in Bezug auf Heilung von Krankheiten des Leibes und der Seele berichten, man kann dem auch gerecht werden, indem man kurz und bündig festhält: In einem zu den größten Wallfahrtsorten Österreichs zählenden Gnadenort wurde und wird Menschen Heilung sowie das Annehmen oder die Bewahrung von Krankheit geschenkt.

Gebet

Jungfrau, Mutter Gottes mein!
Laß mich ganz Dein Eigen sein!
Dein im Leben, Dein im Tod;
Dein in Unglück, Angst und Not.
Dein in Kreuz und bitt'rem Leid;
Dein für Zeit und Ewigkeit!

Das Gebet ist einem aktuellen Andachtsbildchen von Maria Enzersdorf am Gebirge entnommen.

Maria Enzersdorf, Franziskanerkirche ⇨ Kaltenleutgeben, Pfarrkirche

Variante PKW:

Die nächste Wegstrecke ist mit 11 km schon etwas länger als die vorherige. Dafür sollte man 20 Minuten Fahrtzeit einplanen. Zuerst wählt man die B12/Hauptstraße in Richtung Dreihäusergasse. Bei der B12/B13/Wiener Straße hält man sich links und biegt nach wenigen Metern in die B12/B13/Kirchengasse links ein. Erreicht man die B13, die im Ort Franz-Anderle-Platz heißt, so hält man sich rechts. Nun passiert man einen Kreisverkehr (2. Ausfahrt). Dann biegt man rechts ab in Richtung Kaltenleutgeben Hochstraße. Gelangt man zur Kaltenleutgebner Straße, so biegt man links ab. Von der Straße aus sieht man einen Steinbruch für die Zementerzeugung. Nun fährt man auf der Hauptstraße weiter und biegt erst bei der Pfarrgasse links ein.

Variante öffentliche Verkehrsmittel:

Mit den öffentlichen Verkehrsmitteln beträgt die reine Fahrtzeit knapp 30 Minuten. Zuerst fährt man mit dem Bus in Richtung Liesing Bahnhof von der Haltestelle Maria Enzersdorf, Franziskanerplatz bis nach Wien, Hochstraße. Dort steigt man in den Bus in Richtung Kaltenleutgeben um, mit dem man bis zur Haltestelle Kaltenleutgeben, Pfarrgasse kommt. Von dort sind es noch rund fünf Minuten bis zur Kirche von Kaltenleutgeben.

Variante Fußmarsch:

Um von Maria Enzersdorf nach Kaltenleutgeben zu marschieren, benötigt man knapp drei Stunden. Dabei legt man eine Strecke von zirka 10 km zurück.

Zunächst folgt man der Hauptstraße von Maria Enzersdorf. Bei der Johannesstraße biegt man rechts ab. Man bemerkt, dass der Weg stets leicht steigt. Erreicht man die Stojanstraße, biegt man ebenfalls rechts ein. Dieser folgt man bis zur Gießhübler Straße, bei der es nach links geht. Nach kurzem trifft man auf den markierten Weg 41. Dieser führt nach Gießhübl hinein. Im Ort geht es auf der Hauptstraße weiter. Nun steigt es stark an. Hat man eine Höhe von 500 Metern erreicht, geht es eben weiter. Jetzt zweigt der Weg nach links zum Gasthof Seewiese ab. Dabei geht es wieder bergauf. Beim Gasthof folgt man einem relativ ebenen Weg nach links. Bei der nächsten Weggabelung biegt man nach rechts und schlägt gleich darauf den Sisi-Wanderweg ebenfalls nach rechts ein. Nun hält man sich rechts und folgt dem Kaisersteig bis zur Kirche von Kaltenleutgeben. Dieser führt stets bergab.

KALTENLEUTGEBEN

Im Tal der Dürren Liesing inmitten des Wienerwaldes wird Kaltenleutgeben im Jahr 1521 als Name erstmals urkundlich erwähnt. Das im Bundesland Niederösterreich in der Erzdiözese Wien gelegene Straßendorf wird unter dem Ortsnamen aber erst im Jahr 1601 bezeugt. Bereits im Jahr 1439 werden Steinbrüche im Tal der Dürren Liesing bezeugt, in denen bis Ende des 20. Jahrhunderts im Gemeindegebiet Kalkabbau betrieben wurde. Im Jahr 1836 kommt es zur Errichtung des ersten Kalk-Hochofens. Als Folge wurde im Jahr 1894 auf dem Gebiet von Rodaun (heute 23. Wiener Gemeindebezirk) die »Kalk- und Zementfabrik AG Kaltenleutgeben« gegründet, die knapp hundert Jahre später, in den neunziger Jahren, stillgelegt wurde. Teile der aufgelassenen Fabrik sind heute eine Umladeanlage für Zement. Mit der Bahn wird er aus der Slowakei angeliefert und auf Lastkraftwagen umgeladen. Die nach dem Ort benannte »Kaltenleutgebener Bahn« ist im Jahr 1883 als eine Nebenlinie der Südbahn für den Personen- und Güterverkehr errichtet worden. 1951 wurde der Personenverkehr eingestellt, und Ende der fünfziger Jahre des 20. Jahrhunderts wurden die Gleise zwischen der Zementabfüllanlage Waldmühle und dem Ort Kaltenleutgeben abgerissen. Im Februar 1956 hat man für eine Schigroßveranstaltung die Bahngleise des letzten Abschnitts kurzfristig reaktiviert. Bundeskanzler Julius Raab stattete dem prominenten Schirennen einen Besuch ab. Für den Personenverkehr steht die Bahn leider nur mehr im Rahmen von Nostalgiefahrten zur Verfügung. Seit der Eröffnung ist die Bahnstrecke für den Güterverkehr des Kalk- bzw. Zementtransportes von Bedeutung. Zu Beginn des 19. Jahrhunderts entwickelte sich das Kalkbrennerdorf sehr rasch zu einem in der Monarchie bekannten Kaltwasserkurort, zumal hier die Hydrotherapie in wissenschaftlicher Hinsicht eine Vorreiterrolle in Österreich-Ungarn einnahm. Die gute Wasserqualität, die Elite von Kurärzten, die Nähe zu Wien und der Bahnanschluss haben um 1900 zu einer Blütezeit des Kurbetriebes geführt. In der Zwischenkriegszeit wurde allmählich das Ende des Kurbetriebes eingeläutet. Die erhaltenen ehemaligen Kurbetriebsgebäude dokumentieren den vergangenen Glanz und die Beliebtheit als Sommerfrischeort. In den Apriltagen des Jahres 1945 werden 69 Ziviltote verzeichnet, unter ihnen Dechant Johann Wolf, der ebenso wie seine Schwester und zwei

Bombenopfer aus Wien im Pfarrhof erschossen wurde. Kaltenleutgeben ist ein Naherholungsgebiet in der Nähe von Wien und wirkt durch seine Lage ähnlich einem Gebirgstal. Dass laut Pfarrer Herbert Kraus im Winter 2005/2006 bis zu 80 Zentimeter Schnee gemessen wurden, bestärkt diesen Eindruck. Kalk, Wasser und Schnee kennzeichnen nicht nur die Geschichte des Wienerwaldortes, sondern können den mit der Natur verbundenen Menschen ein »wenig Gebirgserlebnis« vor den Toren Wiens erleben lassen.

Pfarrkirche St. Jakob Wallfahrtskirche zur Schwarzen Madonna von Altötting

Die barocke Kirche in Zentralraumarchitektur ist von 1729 bis 1732 von Jakob Oeckl aus Wien anstelle einer älteren Kirche erbaut worden. Von Oeckl, der auch den Pfarrhof errichtete, ist ein Porträt erhalten, das ihn beim Zeichnen des Bauplanes der Kirche zeigt. Das barocke Ölgemälde befindet sich im Pfarrhof. An der Außenseite des Langhauses der Kirche ist ein Relief aus der zweiten

Kirche St. Jakob der Ältere

Hälfte des 16. Jahrhunderts mit dem hl. Jakob als Pilger angebracht. Die eher selten anzutreffende Bauweise, dass an der Außenseite des Altarraumes der Turm angestellt ist, ist hierorts anzutreffen. Die barocke Inneneinrichtung um 1750/1760 ist ein harmonisches Gesamtkunstwerk. Der monumentale Hochaltar zeigt auf dem Altarbild den Kirchenpatron in Pilgerkleid auf einem galoppierenden Schimmel mit einer Kreuzesfahne in der Hand. An der Hängekanzel mit Schalldeckel hat die Barockkunst ihr reiches Können entfaltet. Oberhalb des Hochaltar-Tabernakels ist eine im Jahr 1707 in Kaltenleutgeben erstmals urkundlich erwähnte Holzskulptur-Kopie der Gnadenmadonna von Altötting aufgestellt.

Der einst über der Tür des St.-Jakobs-Gesundheitsbrunnen angebrachte Schlussstein trug in lateinischen Lettern die Jahreszahl 1590. Der Brunnen befand sich unterhalb der Kirche und existiert schon seit langem nicht mehr. Die Quelle ist versiegt. Zu Ehren des Pilgerpatrons Jakobus ist eine 1624 erstmals genannte schlichte Kirche erbaut worden. Im Zuge des Kirchenneubaus ist unter der Kirchenterrasse eine Jakobskapelle geschaffen worden. Der Stifts- und Ordenshistoriker Zisterzienser-Pater Leopold Grill schreibt im Jahr 1983 zum Jakobuspatrozinium in Kaltenleutgeben: »*Die ursprüngliche Zugehörigkeit zu der ersten im Wienerwald feststellbaren Kirche des hl. Apostels Jakobus des Älteren in Gaaden sollte zu einem Heiligtum des gleichen Schutzpatrones führen im Zusammenhang mit der Quelle zu Kaltenleutgeben und dem biblischen Jakobsbrunnen.*« In den achtziger Jahren des 20. Jahrhunderts ist eine geographische Rekonstruktion des Sankt-Jakobs-Pfades von Gaaden nach Kaltenleutgeben angestellt worden. Den Ausführungen des Ordenshistorikers aus dem Jahr 1983 zufolge ist der Jakobsweg des Wienerwaldes längst kein Pilgerweg mehr. In Kaltenleutgeben ist mit dem Aufstellen einer Kopie der Altöttinger Gnadenstatue die Jakobuswallfahrt verdrängt worden.

In der Chronik von Pfarrer Willvonseder um 1766 wird berichtet: »*Ein Einsiedler in Alt-Oetting machte sich eine Marienstatue, eine getreue Nachbildung des dortigen Gnadenbildes. Er gab ihr die Weihe, indem er sie mit dem Urbilde berührte. Bald darauf erhielt der Einsiedler die Nachricht von der Erkrankung eines nahen Verwandten in Wien. Er reiste mit der Muttergottesstatue zum Kranken und ermahnte ihn, zur Wiedererlangung seiner Gesundheit Maria um ihre Fürbitte bei Gott anzuflehen, da schon viele Verehrer dieses Bildnisses Hilfe in Not gefunden hätten. Der Kranke befolgte den Rat des Einsiedlers und wurde gesund. Der fromme Klausner wandte sich hierauf an seine in Wien lebende Mutter mit der Bitte, die Marienstatue einer dem heil. Jakob geweihten Kirche auf dem Lande zu schenken. Wie nun aus einer*

Kirchenrechnung vom Jahre 1707 ersichtlich ist, brachte tatsächlich ein Mautner das Bildnis um diese Zeit in die alte Kirche zu Kaltenleutgeben.« Bis heute wird die Gnadenstatue mit dem Jesuskind entsprechend den Farben des Kirchenjahres mit alten oder neu angefertigten »Manterln« bekleidet. Im Oktober 2008 begann sich das »Manterl« der Gottesmutter zu bewegen. Ein Wunder? – Nein, ein Siebenschläfer hatte unter dem »Manterl« der Gottesmutter sein Winterquartier bezogen. Kurz darauf wurde das Tier im Freien ausgesetzt. Angeblich kann die Gefahr mittels Weihrauchschwaden gebannt werden. Vielleicht wird ein humorvoller Mensch den Titel »Maria in den Weihrauchschwaden« kreieren.

Gnadenstatue der Schwarzen Madonna von Altötting

In den Pestzeiten des 18. Jahrhunderts stellten sich vor allem Pilger aus Wien und den Vorstädten ein. Im 18. Jahrhundert wurden alljährlich Prozessionen aus den Pfarren St. Ulrich (heute in Wien 7) seit 1712, Wieden (heute in Wien 4) seit 1729, Lichtental (heute in Wien 9) seit 1733, Penzing (heute in Wien 14) seit 1737 und Breitenfurt seit ca. 1750 verzeichnet. Der ansteigende Pilgerzustrom zur Schwarzen Madonna von Altötting brachte es mit sich, dass die Kirche die betenden Menschen nicht mehr fassen konnte. Dass ein Kirchenneubau bald Realität wurde, war eine Fügung von oben. Oeckls zweite Ehefrau, Maria Anna, verfügte testamentarisch, dass im Falle ihres Todes 100 Gulden von ihrem Vermögen für einen Kirchenneubau zu stiften seien. Im Jahr 1728 starb Maria Anna, und der Baumeister plante umgehend den Neubau. Oeckl stockte die kleine Summe seiner verstorbenen Gattin mit einem hohen Anteil aus seinem Privatvermögen auf und finanzierte so beinahe den Bau alleine. Das Ehepaar Oeckl war lange Zeit kinderlos geblieben. Die Dankbarkeit für die Geburt ihres Sohnes Josef Anton im Jahr 1723 dürfte der Grund für das Engagement der Oeckls um den Kirchenneubau gewesen sein. Die Ortsbewohner waren als

Forstarbeiter, Kalkbrenner und Steinbrecher beschäftigt, sodass sie einen eigenen Geistlichen nicht finanzieren konnten. Dank einer Stiftung Oeckls und dem Umstand, dass seit 1712 zahlreiche Wallfahrten nach Kaltenleutgeben unternommen wurden, kamen Spenden und Opfergaben der Wallfahrer teilweise dem ansässigen Seelsorger zugute. Im 18. Jahrhundert werden der Gnadenmutter von Kaltenleutgeben von Pilgern kostbare Silbervotivgaben gebracht. Kaiser Joseph II. hat einerseits den Ort zur Pfarre erhoben, aber andererseits die Wallfahrt zum Erliegen gebracht. Obwohl die neu errichtete Pfarre finanziell ein karges Leben fristete, mussten die Votivgaben mit dem Gesamtwert von 168 Gulden und 36 Kronen abgeliefert werden. In der nachjosephinischen Zeit stellten sich kaum mehr Prozessionen ein und der Wallfahrtszuzug versiegte beinahe. In Wallfahrtsortbeschreibungen aus 1899 und 1982 wird aber Kaltenleutgeben erwähnt. Pfarrer Kraus erzählte, dass um 1990 eine Autobuswallfahrt aus Oberösterreich zur Gnadenmutter von Altötting im Wienerwald gekommen sei. Damit in der Ortsbevölkerung das Wallfahrtsortbewusstsein aufrechterhalten bleibt, findet ab dem Jahr 2004 einmal im Jahr eine »Ortswallfahrt« statt. Ausgehend von der Dreifaltigkeitssäule im Dorf ist nach einigen Stationen die Gnadenstatue in der Pfarr- und Wallfahrtskirche das Ziel. Ein Großteil der eintreffenden Wallfahrtsgruppen befindet sich auf dem Weg nach Mariazell. Das ganze Jahr über, vor allem in der Sommerzeit, sind einzelne Pilger sporadisch anzutreffen. Herbert Kraus wird von den Pfarrmitarbeitern in der Wallfahrerbetreuung unterstützt. Der Wallfahrtsseelsorger hat im Jahr 2008 jene Pfarren angeschrieben und zur Wallfahrt eingeladen, aus denen bekannterweise auch im 18. Jahrhundert Pilger gekommen sind. Pfarrer Kraus ist die Wallfahrt zur Schwarzen Madonna von Altötting ein Herzensanliegen. Der Geistliche hat, veranlasst durch die Vorarbeiten zu diesem Buch, erstmals ein Gebet zur Gnadenmutter von Kaltenleutgeben verfasst. 1755 ist der Ortsname »Maria Kaltenleutgeben« schriftlich festgehalten, der aber, durch die josephinische Kirchenpolitik ausgelöst, allmählich in Vergessenheit geriet. Sobald der Gnadenort an der Dürren Liesing wieder eine Hochblüte erlebt, ist die Grundlage für eine Ortsnamensänderung in »Maria Kaltenleutgeben« gegeben.

Gebet

Heilige Maria, Mutter Gottes, ich grüße Dich in diesem Gotteshaus.
Du bist von Gott in einzigartiger Weise auserwählt und begnadet.
Du bist die Mutter Gottes,
Du bist auch die Mutter der Kirche,
Du bist auch unsere Mutter und Fürsprecherin.
Voll Vertrauen komme ich zu Deiner Gnadenstatue von Altötting.
Wenn ich auch mit Sorgen beladen bin,
so weiß ich, dass ich bei Dir, Mutter,
Beistand und Hilfe finde.
Besonders möchte ich Dir folgendes Anliegen (…)
beziehungsweise diesen lieben Menschen (…) anvertrauen.
Ich danke Dir für die bisher erwiesene Hilfe
und bin gewiss, dass kein Gebet umsonst ist,
dass ich nach dem Willen des Vaters durch Deine Fürsprache
bei Deinem lieben Sohn Erhörung finden werde. Amen

Herbert Kraus, Pfarrer von Kaltenleutgeben, verfasste das Gebet im Jahr 2008 für dieses Buch.

Kaltenleutgeben, Pfarrkirche ⇨ Sulz im Wienerwald, Pfarrkirche

Variante PKW:

Sein Ziel erreicht man nach zirka 10 Minuten Fahrtzeit (7 km). Zunächst fährt man auf der Pfarrgasse Richtung Promenadegasse. Bei der Hauptstraße biegt man links ab. Die Straße führt nun einige Kilometer leicht bergauf durch den Wald. Die Fahrt setzt sich auf der Kaltenleutgebner Straße fort. Bei der Hauptstraße von Sulz biegt man links ein. Dann biegt man links in die Kirchengasse ein.

Variante öffentliche Verkehrsmittel:

Um sein Ziel nach rund 15 Minuten zu erreichen, fährt man mit dem Bus von der Bushaltestelle Kaltenleutgeben, Pfarrgasse bis Sulz im Wienerwald, Wendeplatz. Von dort folgt man der Kirchengasse ein Stück zurück bis zur Pfarrkirche von Sulz.

Variante Fußmarsch:

Diese Wanderung ist gut 5 km lang, wofür man rund 1 h 30 braucht. Man steigt rund 150 Höhenmeter hinauf, jedoch wieder ungefähr 70 hinunter.
Man marschiert die Hauptstraße Richtung Sulz im Wienerwald entlang. Knapp bevor es nach rechts in den Sachsenweg geht, biegt man nach links auf den blau markierten Wanderweg ein. Diesem folgt man über den Ellinggraben nach Sulz hinein. Bald würde der Wanderweg auf die Sulzer Höhe abzweigen, doch man biegt links in die Kirchengasse ein, die einen zur Kirche von Sulz bringt.

SULZ IM WIENERWALD

WallfahrtsWeg
WienerWald

Der 1188 urkundlich erwähnte alte Waldbauernort im Bundesland Niederösterreich in der Erzdiözese Wien liegt in einer Talsenke im Quellgebiet des Mödlingbaches. Sulz, 1935 um die Bezeichnung »im Wienerwald« offiziell erweitert, war 1972 namensgebend für die durch Gemeindezusammenlegungen neu geschaffene Gemeinde Wienerwald. Die Forstwirtschaft prägte über Jahrhunderte die abgeschiedene Siedlung und führte auch dazu, dass unter anderem zur Zeit Kaiserin Maria Theresias Waldarbeiter aus den Alpenländern des Kaiserreiches angesiedelt wurden. Eine 1890 vom Arzt Dr. Löwy errichtete Kaltwasserheilanstalt, die über die Grenzen hinaus Berühmtheit erlangte, ist längst Geschichte. Einzig eine Villa und eine nach dem Gründer benannte Gasse sind heute Zeugen dieser Vergangenheit. Ab der Zeit des Wiederaufbaus nach dem Zweiten Weltkrieg wuchs der Ort bedingt durch die Wiennähe rasch an und bewirkte eine gesellschaftliche Veränderung der Dorfstruktur. Bei den Erkundigungsarbeiten zu diesem Buch schlug dem Verfasser dieses Buches, zugleich passionierter Pferdefreund, beim Anblick eines Rotschimmels der altösterreichischen Rasse Noriker vom Kirchenplatz aus auch das Herz höher. Lapidarer Kommentar eines Sulzers: *»Bei uns gibt es jetzt schon mehr Ross als Sulzer.«*

Wallfahrts- und Pfarrkirche Mariä Namen

Auf Grund des Gelöbnisses des Kuhhirten Bartels im Jahre 1747 erfolgte bald die Errichtung einer Kapelle. 1783 erhob Kaiser Joseph II. Sulz zur Pfarre, im selben Jahr wurden vom Baumeister Philipp Schlucker die Pfarrkirche, der Pfarrhof und die Schule (heute Gemeindeamt) neu erbaut. Auf den »Waldamts-Baumeister« wird die Redewendung »Du armer Schlucker« zurückgeführt. Laut Legende kalkulierte Schlucker die Baukosten, um ja den Zuschlag für die Errichtung der Mauer des Lainzer Tiergartens zu erhalten, erheblich zu seinem Nachteil. Die spätbarocke Saalkirche mit flachbogig eingezogener Apsis und vorgestelltem Westturm besticht durch den Hochaltar, das flache Spiegelgewölbe und die Orgelempore auf Holzpfeilern.

Papst Innozenz XI. führte 1683 in der ganzen abendländischen Kirche zum Dank für den Sieg über die Türken bei Wien das Fest Mariä Namen ein. Es war mehr als sinngebend, genau 100 Jahre nach der Einführung dieses Festes die neue Pfarrkirche von Sulz mit dem Patrozinium Mariä Namen zu versehen, zumal der Ort verheerend unter der 1. und 2. Türkenbelagerung gelitten hat.

Die Entstehungsgeschichte des Gnadenbildes wird in der Sulzer Pfarrchronik um 1840 aufgezeichnet: »*Im J. 1747 am Tage der Heimsuchung der sel. Jungfrau Maria* [2. Juli, Anm. d. Verf.] *entstand vormittag ein schreckliches Gewitter, bey welchem am Fuße des Hohenrahmes auf der sogenannten Ochsenweide in einem Augenblicke durch den Blitz 6 Ochsen erschlagen wurden. Der damalige Hirt, mit Namen Bartl, ein schon bejahrter Mann, welcher der Gemeinde bereits durch 30. J. diente, machte in der Angst das Gelübde, er wolle, wenn er durch die Fürbitte der Mutter Gottes samt seinem ihm anvertrauten Viehe vom gähen Tode durch den Blitz bewahret würde, auf seine Kosten das Bildnis Mariä Hülf mahlen laßen, selbes an dem Birnbaum, unter welchem er Schutz suchte, befestigen, u. daselbst sein ganzes Leben hindurch täglich sein Dankgebeth verrichten.*

Da er nun wirklich durch die milde Fürbitte Mariens verschont blieb, erfüllte er auch im J. 1748 pünktlich sein Gelübde, ließ das Gnadenbildnis Maria Hülf, welches noch heut zu Tage oberhalb dem Tabernakel verehrt wird, auf seine Kosten anfertigen, heftete es an den wilden Birnbaum, der sich etwa 100 Schritte ober dem Kirchhofe befand, u. verrichtete so lange er hier lebte täglich, mochte auch die Witterung wie immer beschaffen seiyn, diesem Platze sein Dankgebeth«.

Kirche Mariä Namen

Mit der Anbringung des Gnadenbildes »Maria Hilf vom Birnbaum« im Jahr 1748 auf einem »wilden Birnbaum« kamen bald die ersten Pilger nach Sulz. Der »wilde Birnbaum« ist

Gnadenbild Mariahilf

der im Wienerwald heimische Holzbirnbaum, dessen Triebenden oft zu Dornen umgewandelt sind und der eine kleine, braune, herb sauer schmeckende Frucht abwirft. Die stetig zunehmende Wallfahrerzahl bedingte einen Kapellenbau für die Pilgerseelsorge. Das Bild »Maria Hilf vom Birnbaum« wurde vom Birnbaum abgenommen und von sechs kleinen Mädchen in die Kirche verbracht. Etwa an der Stelle der abgetragenen Kapelle erfolgte 1783 der Bau der Pfarrkirche. Seit diesem Zeitpunkt befindet sich das Gnadenbild oberhalb des Hochaltares. Die Erfüllungsgehilfen des Wallfahrtsgegners Joseph II. waren sich mit der Erbauung einer einfachen Pfarrkirche möglicherweise gar nicht bewusst, dass sie quasi unbeabsichtigt eine prächtige Wallfahrtskirche geschaffen haben. Das über dem Hochaltar mit der Jahreszahl 1748 angebrachte Gnadenbild Mariahilf wirkt wie eine Miniaturausgabe des im Dom zu Innsbruck verehrten Originals von Lucas Cranach. Das Sulzer Mariahilfbild ist auf ein gewölbtes Holzbrett von 39,5 x 24,0 cm gemalt und erhielt nach der Plünderung der Pfarrkirche durch die Franzosen 1809 einen geschnitzten Rahmen samt Strahlenkranz. Das in der Mitte befindliche, silberne Herz wurde 1858 vom Kleinhäusler Franz Kropf gestiftet. Im unteren Rand wurde ein Papierstreifen mit der Aufschrift »*Maria hülf uns in der Noth, daß Gott uns behüth vor gähen Tod. 1748*« angebracht. Das fünfzigjährige Jubelfest der Wallfahrt nach Sulz am 8. September 1798 wurde mit einem von Abt Reuter zelebrierten Hochamt gefeiert. Als Festprediger kam ein Barnabitenpriester von der Wiener Maria-Hilf-Kirche, um die Beziehung zu diesem Wiener Pilgerort zu verdeutlichen. Der im 19. Jahrhundert aufkommende Brauch, das Gnadenbild mit Mänteln zu bekleiden, hielt sich bis zum Anfang des 20. Jahrhunderts; von den Mänteln existieren keine mehr. Stattdessen wurde das Bild mit Ketten und ähnlichem Zierrat geschmückt. Einem Einbruch in die Pfarrkirche im Jahre 1937 konnte der Chronist der Pfarre Sulz im Wienerwald sogar etwas Positives abgewinnen. Er freute sich, dass dem »berühmten« Marienbild nichts passiert war, und war froh, dass er die kitschigen Perlenketten, die man um den Hals der Gottesmutter am Gnadenbild angebracht hatte, los war. Am 12. September 1948 feierte der Heiligenkreuzer Abt Karl Braunstorfer zum 200-Jahr-Jubiläum unter großer Beteiligung der Bevölkerung ein Hochamt.

Wenngleich der Gnadenort Sulz im Wienerwald nicht mehr diesen großen Zuspruch von Pilgern erfährt wie in seiner Entstehungsphase, so ist »Maria Hilf vom Birnbaum auf der Hohen Rahm« durch die zunehmende Beliebtheit von Fußwallfahrten in den letzten Jahren wieder mehr als Wallfahrtskirche in das Bewusstsein gerückt.

Gebet

Gott, unser Retter,
der Name der seligen Jungfrau Maria
ist für uns ein Zeichen der Hoffnung
geworden.
Befreie uns auf ihre Fürsprache aus allen
Gefahren
und vollende an uns das Werk der Erlösung!
Darum bitten wir durch Jesus Christus,
deinen Sohn, unseren Herrn und Gott,
der in der Einheit des Heiligen Geistes
mit dir lebt und herrscht in alle Ewigkeit.
Amen

Dieses Gebet ist am Fest Mariä Namen, dem 12. September, das Tagesgebet der katholischen Kirche.

Sulz im Wienerwald, Pfarrkirche ⇨ Heiligenkreuz, Stift

Variante PKW:

Für die nächste Wegstrecke von rund 9 km benötigt man etwa 15 Minuten. Zuerst fährt man weiter auf der Kirchengasse (nicht wieder zurück) und biegt bei der Postgasse links ab. Sobald man zur Hauptstraße von Sulz gelangt, biegt man wieder links ab. Nun folgt man der Hauptstraße. Beim Rohrberg hält man sich rechts und fährt auf der Hauptstraße von Sittendorf weiter. Hat man die Heiligenkreuzer Straße erreicht, so biegt man zunächst rechts in diese ein, dann biegt man links, gleich darauf wieder rechts ab, um auf ihr zu bleiben. Bei der B11/Mödlinger Bundesstraße biegt man rechts ab. Schließlich biegt man bei Heiligenkreuz nochmals links ab und hat sein Ziel erreicht.

Variante öffentliche Verkehrsmittel:

Mit den öffentlichen Verkehrsmitteln ist die an und für sich kurze Wegstrecke nur sehr umständlich zu bewältigen. Man sollte in jedem Fall 1 h 30 einplanen (bei langen Wartezeiten bei den Umsteigestellen noch erheblich länger).

Man fährt wieder mit dem Bus von der Haltestelle Sulz im Wienerwald, Wendeplatz ab in Richtung Liesing und steigt bei Wien, Hochstraße in den Bus nach Mödling um. Beim Busbahnhof in Mödling steigt man aus und wählt den Bus in Richtung Alland. Dann steigt man bei der Haltestelle Heiligenkreuz bei Baden, Stift/Badner Tor aus.

Variante Fußmarsch:

Diese zirka 9 km lange Wanderung nimmt rund 2 h 15 in Anspruch. Bis auf kurze Steigungen geht es bergab.

Zuerst marschiert man die Kirchengasse ein Stück zurück, bis man die Postgasse, in die man rechts einbiegt, erreicht. Ab hier folgt man dem Rundwanderweg Nummer 1. Es geht nach links in die Straße Lange Seite. Für kurze Zeit führt der Weg entlang der Sulzer Hauptstraße. Nachdem man diese überquert hat, führt der Weg nach rechts. Ab hier folgt man dem rot markierten Wanderweg auf den Weinberg. Bei der Abzweigung wählt man den rechten Weg. Dieser ist der Rundwanderweg Nummer 7. Nun muss eine kurze Steigung überwunden werden. Danach geht es bergab nach Dornbach, einem Ort. Gelangt man zur Ortsstraße, biegt man links ab und folgt der roten Markierung. Diese führt zuerst ein kurzes Stück entlang der Dornbacher Straße und biegt dann aber bei einem Wegkreuz nach rechts von der Straße ab. Nun geht es leicht bergauf. Man befindet sich jetzt auf dem Rundwanderweg Nummer 6. Bei der nächsten Weggabelung wählt man den linken Weg, der relativ eben in Richtung Sittendorf führt. Vor dem Ort biegt sich der Weg jedoch nach rechts. So gelangt man zu einem Bildbaum und wenig später zu einem Bildstock. Bei der nächsten Weggabelung geht man geradeaus über den Kloster Berg. Dafür folgt man dem Weg mit der Nummer 406. Dieser führt ein Stück parallel zur Autobahn und biegt dann nach rechts ab. Bergab geht es weiter auf Heiligenkreuz zu. Erreicht man die B11, die Mödlinger Bundesstraße, biegt man nach links ab und folgt der Straße weiter bis zur Stiftskirche.

HEILIGENKREUZ

Otto, der Sohn des Babenberger Markgrafen Leopold III., trat in der Abtei Morimond/Frankreich in den Zisterzienserorden ein. In späterer Zeit ist uns der seliggesprochene Otto als Bischof von Freising und bedeutendster Geschichtsschreiber des Mittelalters bekannt. Der Bitte des Sohnes entsprechend gründete der Markgraf 1133 ein Zisterzienserkloster im südlichen Wienerwald. Im Tal des Sattelbaches siedelten sich im gleichen Jahr Mönche aus Morimond an. Leopold III. schenkte den Mönchen, als er das Kloster stiftete, jene Reliquie des Kreuzes, die im Jahr 1649 gestohlen wurde. Das neu gegründete Kloster wurde »Kloster Unserer Lieben Frau zum Heiligen Kreuz« genannt; in der Kurzform einfach Heiligenkreuz. Die heute bekannte große Kreuzreliquie kam im Jahr 1188 nach Heiligenkreuz. Das Zisterzienserstift liegt im Bundesland Niederösterreich in der Erzdiözese Wien und ist das älteste durchgehend bestehende Zisterzienserkloster der Welt. Im 205. Jahr seines Bestehens wurde die einzige akademische Bildungseinrichtung des ganzen Zisterzienserordens zur »Päpstlichen Philosophischen-Theologischen Hochschule Benedikt XVI. Heiligenkreuz« erhoben. Einer der ganz großen Höhepunkte in der Geschichte des Wienerwaldklosters war der Besuch Papst Benedikt XVI. am 9. September 2007. In seiner Ansprache in der Stiftskirche Heiligenkreuz betonte Benedikt XVI.: »*Als geistliche Oase zeigt ein Kloster der heutigen Welt das Allerwichtigste, ja, das letztlich allein Entscheidende: dass es einen letzten Grund gibt, um dessentwillen es sich zu leben lohnt: Gott und seine unergründliche Liebe.*«

Die Tallage von Heiligenkreuz und der Umstand, dass rund drei Viertel des Ortsgebietes Waldgebiet sind, wirken sich klimatisch aus. Der Heiligenkreuzer Bürgermeister Johann Ringhofer beschreibt im Gespräch die Wetterlage: »*Es kommt vor, dass im benachbarten Baden kein Schnee liegt, und bei uns ist es bereits sehr winterlich.*« Im Ortsteil Preinsfeld befindet sich das letzte Gipsbergwerk Niederösterreichs. Hinweisen zufolge wurde bereits im späten Mittelalter Gips abgebaut. Aus Rentabilitätsgründen erfolgte die Einstellung des Gipsabbaus im Jahr 2001. Der seit langem letzte und bis in das Jahr 1979 betriebene Kalkofen im Ortsteil Sattelbach zeugt von der einst wirtschaftlichen Bedeutung des Kalkbrennens für den Wienerwaldort. Der kulturell und wirtschaftlich größte Faktor des Ortes ist die Zisterzienserabtei mit ihren Gebäuden und Einrichtungen. Neben einem Besuch des Stiftes gilt laut Bürgermeister Ringhofer das Grab der im Jahr 1889 verstorbenen Mary Freiin Vetsera auf dem Friedhof den Besuchern als beliebtes Ausflugsziel. Wie sehr Heiligenkreuz Zentrum des Wienerwaldes ist, verdeutlicht das im Jahr 2002 im Stift abgehaltene Fest »Millenium Wienerwald« anlässlich des Jubiläums 1000 Jahre Wienerwald.

Kloster- und Stiftskirche Maria Himmelfahrt Wallfahrts- und Pfarrkirche

Die hochromanische, dreischiffige Querhaus-Basilika mit mächtigem, gotischem Hallenchor und barockem Turm besticht im Inneren durch ihre Schlichtheit. Am 31. Jänner 1187 wird die romanische Abteikirche geweiht. Das romanische Langhaus aus dem 12. Jahrhundert ist der Tradition der Zisterzienserhallen folgend im 13. Jahrhundert um die gotische Chorhalle erweitert worden. Die farbenprächtigen Glasmalereien der Chorfenster aus dem 13. Jahrhundert prägen den Kirchenraum und zählen zu den besten der österreichischen Glasmalerei aus der Zeit. Die Einrichtung aus der Barockzeit ist im 19. Jahrhundert zu einem großen Teil durch eine historistische ersetzt worden. Das barocke Chorgestühl und das Altarblatt vom ehemaligen Hochaltar sind im Gotteshaus noch anzutreffen. Das von Johann Michael Rottmayer im Jahr 1696 fertiggestellte Altarblatt stellt das Kirchenpatrozinium Maria Himmelfahrt dar und ist an der Seite des Hallenchores aufgestellt. In dem im Jahr 1887 geweihten neugotischen Hochaltar hängt eine 1980 gemalte Kopie des Triumphkreuzes der Kathedrale von Sarzana/Ligurien aus dem 12. Jahrhundert. Mit der Errichtung des romanisch-gotischen Kreuzganges einher ging dessen teilweise Ausstattung mit grau-schwarzen Glasfenstern in den Jahren von 1220 bis 1240/50. Die Glasscheiben sind das Hauptwerk zisterziensischer Grisaillemalerei. Der Kapitelsaal mit seiner frühgotischen Fassade und seinen barocken Wandmalereien dient als Babenberger-Grablege. Der letzte Babenberger im Mannesstamm, Herzog Friedrich II. der Streitbare, ist in der Mitte des Kapitelsaals bestattet. Sein Grab ist das erste Hochgrab im Herzogtum Österreich. Bis zum Jahr 1983 wurde die große Kreuzreliquie in der Stiftskirche aufbewahrt. Die Gebäude und Kunstschätze des Stiftes Heiligenkreuz können in diesem Werk nicht einmal annähernd gewürdigt werden. Der Verfasser muss sich auch hier stringent an die Vorgabe halten, die Wallfahrt in den Mittelpunkt zu stellen.

Stiftskirche Maria Himmelfahrt, davor Kreuzkirche und Klosterfriedhof

Kreuzkirche Wallfahrtskirche

An der Stelle der derzeitigen Kirche sind im Jahr 1244 ein Karner und eine Kreuzkapelle vollendet worden. Hier wurde die im Jahr 1133 gestiftete kleine Kreuzreliquie bis zum Diebstahl am 1. Jänner 1649 aufbewahrt. Dem im Jahr 1671 (oder davor) zerstörten Schiff der Kapelle folgte in den Jahren 1672–1679 ein barocker Neubau. Unter Einbeziehung des barocken Bestandes ist in den Jahren 1980–1982 eine neue Kirche erbaut worden. Die Weihe der Kreuzkirche erfolgte am 15. November 1982, dem Fest des Landespatrons von Österreich, des heiligen Leopold, des Stifters von Heiligenkreuz. Der Hochaltar ist nach einem Entwurf von Martina Reutter im Jahr 1983 angefertigt worden und beherbergt seit 1983 die große Kreuzreliquie.

Wallfahrt zum Heiligen Kreuz

Das Wallfahrtsziel ist seit der Gründung kein Gnadenbild im herkömmlichen Sinn, sondern eine Kreuzreliquie. Von 1133 bis 1188 gab es eine Kreuzreliquie und ab dann bis zum Diebstahl zwei. Gestohlen wurde jene kleine Kreuzreliquie, die Markgraf Leopold III. im Jahr 1133 anlässlich der Stiftung des Klosters geschenkt hatte. Bis dato gibt es über den Verbleib dieser Reliquie keine Nachricht. Der Babenberger Herzog Leopold V. brachte im Jahr 1182 ein handgroßes Stück des heiligen Kreuzes aus Jerusalem mit. Das Holz dieser Kreuzreliquie ist braunrot und in Form eines Doppelkreuzes mit zwei Querbalken zusammengestellt. Der Längsbalken, der aus 5 Einzelstücken zusammengesetzt ist, ist 23,5 cm lang, 1,7 cm breit und 1,0 cm dick. Der obere Querbalken ist 6,2 cm, der untere 10,7 cm lang. Es ist die eindrucksvollste Kreuzreliquie nördlich der Alpen. Am 31. Mai 1188 schenkte Leopold V. diese Reliquie seinem Lieblingskloster Heiligenkreuz im Wienerwald. Es war naheliegend, dass der Herzog nach seinem Tod im Kapitelsaal des Stiftes beigesetzt wurde. Ab 1649 ist die von Leopold V. vermachte große Kreuzreliquie das Ziel der Wallfahrer. Der im Jahr 1977 verstorbene Heiligenkreuzer Prior Pater Walter Schücker vertrat über die Kreuzpartikel die Meinung: »*Die Frage nach der Echtheit der Kreuzreliquie ist nicht in erster Linie maßgeblich. Es handelt sich ja bei der Verehrung des Kreuzes darum, dass wir der überzeitlichen Erlösung Christi gedenken, und so, wie wir auch ein Kreuzbild verehren, so wird auch in der Reliquie die Tat Christi verehrt, der wir unsere Erlösung verdanken.*« Von Pater Walter stammt auch das Weihegebet, das die Gläubigen am Kreuzerhöhungssonntag vor dem Kreuz des Erlösers beten. Das Fest Kreuzerhöhung wird am 14. September in der katholischen Kirche gefeiert und geht auf die Mutter von Kaiser Konstantin, die heilige Helena, zurück. Helena hat einem Bericht zufolge am 14. September 320 in Jerusalem das Kreuz Christi aufgefunden.

Der Rektor der päpstlichen Hochschule, Pater Karl Wallner, beschreibt die Wallfahrt nach Heiligenkreuz: »*Auf die schon im Mittelalter einsetzende Verehrung des heiligen Kreuzes weisen neben vielen Dokumenten auch die päpstlichen Ablassbriefe hin, die nicht unwesentlich zum Anwachsen der Wallfahrerströme nach Heiligenkreuz im Wienerwald beitrugen. In der Barockzeit förderte besonders Abt Robert Leeb (1728–1755) die Verehrung des Kreuzes, von ihm ist noch heute die kostbare große Rokokofassung erhalten, in der die Reliquie zu feierlichen Anlässen ausgestellt wird. Abt Robert gründete eine Bruderschaft zu Ehren des Heiligen Kreuzes und ließ auch die barocken Kreuzwegstationen errichten. Unter Abt Robert wurde erstmals das Kreuzerhöhungsfest am 14. September unter zahlreichem Zustrom von Gläubigen auf feierliche Weise begangen. Jeden Freitag ließ er in der Kalvarienkapelle des Kreuzweges eine heilige Messe feiern.*« In der Barockzeit war eine Hochblüte des Wallfahrtswesens zu verzeichnen. Das Stift ist 1783 knapp der Aufhebung durch Kaiser Joseph II. entgangen. Die Kirchenreformen Kaiser Josephs II. haben hier nicht ganz gegriffen. Es kamen, wenn auch bedeutend weniger, weiterhin Pilger. In der zweiten Hälfte des 19. Jahrhunderts erlebte die Wallfahrt wieder einen erheblichen Aufschwung. Pater Karl Wallner berichtet, dass an den großen Fastensonntagen des Jahres 1880 hintereinander zwei große Prozessionen den Kreuzweg betend hinaufgezogen seien.

Um 1910 werden jährlich zwölf Prozessionen verzeichnet, davon befinden sich mehrere auf dem Weg nach Mariazell. In diesem Zusammenhang ist auch die Herkunft der Wallfahrer aus Österreich, Ungarn und der Slowakei zu sehen. Am Kreuzerhöhungsfest finden sich zwei große Prozessionen in Heiligenkreuz ein. Von Interesse bei der Erhebung um 1910 ist, dass von den 10 000 Katholiken, die jährlich in der Stiftskirche zur Kommunion gehen, lediglich 300 Wallfahrtskommunikanten gezählt werden. Beim letzten österreichischen Katholikentag vor dem Einmarsch der Nationalsozialisten im »Heiligen Jahr der Erlösung« 1933 wurde die große Kreuzreliquie vom 8. bis 12. September 1933 im Wiener Stephansdom zur Verehrung aufgestellt. Die nationalsozialistischen Machthaber setzten auch dem Stift zu. Abt Gregor Pöck hat durch seinen weisen Führungsstil einerseits die christliche Lehre unnachgiebig vertreten und andererseits das Kloster vor vielen Gefahren bewahren können. Schließlich ist das Kloster sogar knapp der Aufhebung durch die Nationalsozialisten entgangen. Die Seelsorge im Allgemeinen und daher auch die Pilgerseelsorge haben große Einschränkungen durch die Nationalsozialisten erfahren. Abt Gregor ist in den letzten Tagen der Kriegswirren 1945 gestorben. Die Verehrung der großen Kreuzreliquie erfolgte bis zum Jahr 1983 in der Stiftskirche. Ab dem Jahr 1983 ist die Reliquie im Zentrum des Altarraumes der Kreuzkirche jeden Tag für den Pilger zugänglich. P. Karl Wallner: »*Für viele Beter wird hier vor dem Kreuz der Gedanke an den gekreuzigten Erlöser zu einer Quelle des Trostes und der Kraft. Am Kreuzerhöhungssonntag, das ist der erste Sonntag nach dem 14. September, wird in Heiligenkreuz mit großer Festlichkeit das heilige Kreuzesholz verehrt. An diesem Tag*

Die große Kreuzreliquie

können die Gläubigen einen vollkommenen Ablass gewinnen, wenn sie zu Ehren des heiligen Kreuzes beten, das Sakrament der Buße inbrünstig zu empfangen bitten sowie im Anschluss an das Sakrament der Buße die heilige Kommunion empfangen und ein Gebet in der Meinung des Heiligen Vaters verrichten. Seit dem Heiligen Jahr 2000 wurde das Festprogramm des Kreuzerhöhungssonntages neu gestaltet: die Festmesse wurde auf den Nachmittag verlegt, Hauptzelebrant ist in der Regel ein berühmter Bischof. Die musikalische Gestaltung durch den Chor des Neuklosters aus Wiener Neustadt und die feierliche Prozession mit der anschließenden Verehrung des Kreuzesholzes ziehen hunderte Gläubige an. Seit dem Jahr 2000 gestalten die Mönche außerdem an den Nachmittagen der Fastensonntage Kreuzwegandachten auf der barocken Kreuzweganlage im Freien, die sich durch großen Zustrom auszeichnen.« Die Mönche von Heiligenkreuz sind sehr eifrige Seelsorger. Sie bemühen sich gute alte Wallfahrtstraditionen zu pflegen und neue zu entwickeln. Eines merkt man sehr bald bei den Mönchen, nämlich dass sie keine populistische Seelsorge ausüben, sondern eine lupenrein katholische, die auf aktuelle Herausforderungen reagiert. Die würdevolle Feier der Gottesdienste, die Pflege des gregorianischen Chorals und die ausgezeichnete Instandhaltung der Gotteshäuser strahlt für viele Pilger Ruhe und Willkommensein aus. Seit dem Beginn der Wallfahrt nach Mariazell im 12. Jahrhundert ist Heiligenkreuz ein beliebter Pilgerort an der Strecke zum größten Wallfahrtsort Österreichs. Im Gleichklang mit dem Anstieg der Fußwallfahrten nach Mariazell geht auch jener nach Heiligenkreuz einher. Das Kreuzpartikel des Zisterzienserklosters im Wienerwald zieht seit der Stiftung des Klosters bis in unsere Zeit Pilgerscharen an. Der im Jahr 1953 im Buch »Wege zu Hoffnung und Gnade« ausgesprochene Wunsch ist von Aktualität: *»Mögen recht viele Österreicher [das] zum Anlaß einer Pilgerfahrt nach Heiligenkreuz nehmen – einer Wallfahrt in das ewige Österreich.«*

Das Chorgebet der Heiligenkreuzer Mönche ist weltbekannt.

Gebet

Allmächtiger Gott,
durch die schöne Natur,
durch deine Schöpfung
pilgern wir nach Heiligenkreuz
zum heiligen Kreuz deines Sohnes.

Aus der schönen Natur gewachsen,
ist der Baum des Kreuzes das Holz,
an dem dein Sohn gelitten hat
und gestorben ist.

Sende uns deinen Heiligen Geist,
damit wir immer tiefer verstehen,
dass unser Kreuz und unsere
vielen Kreuze
alle bereits in diesem einen Kreuz
deines Sohnes aufgehoben sind.

Gläubig wollen wir bekennen,
dass im Kreuz Auferstehung
und ewiges Leben uns angeboten sind.
So umarme uns dein Sohn Jesus Christus vom Kreuz herab,
wie er den heiligen Bernhard von Clairvaux umarmt hat.
So werden wir selig werden,
jetzt und in Ewigkeit,
Amen.

Das Gebet verfasste Abt Gregor Henckel-Donnersmarck im Jahr 2008 für dieses Buch.

Heiligenkreuz, Stift ⇨ Siegenfeld, Cholerakapelle

Variante PKW:

Von Heiligenkreuz bis zur Cholerakapelle sind es nur 8 km, für die man knapp 10 Minuten benötigt. Man biegt vom Stift weg nach links in die Mödlinger Bundesstraße ein. Bei Heiligenkreuz biegt man rechts ab. Nun geht die Fahrt Richtung Sattelbach weiter. Bei der B210/Badner Bundesstraße/Sattelbach biegt man links ab und fährt auf der B210 weiter durch das Helenental. Nach einigen Kilometern sieht man zur Linken das Gasthaus Zum Schwalbennest/Zur Cholerakapelle. Auf der rechten Seite befinden sich die Parkplätze. Von dort aus folgt man einem steilen Waldweg etwa 5 Minuten bis zur Cholerakapelle.

Variante öffentliche Verkehrsmittel:

In zirka 30 Minuten hat man den Weg bis zur Cholerakapelle mit den öffentlichen Verkehrsmitteln zurückgelegt. Zunächst geht man bis zur Haltestelle Heiligenkreuz bei Baden, Stift/Badner Tor, die sich in unmittelbarer Nähe der Kreuzkirche befindet. Von dort fährt man mit dem Bus bis Mayerling, Altes Jagdschloss. Dort steigt man um und fährt mit einem weiteren Bus bis zur Haltestelle Cholerakapelle. Von dort führt ein Waldweg neben dem Gasthaus hinauf zur Cholerakapelle.

Variante Fußmarsch:

Zu Fuß braucht man zirka 2 h 45. Man legt immerhin eine Wegstrecke von knapp 11 km zurück.

Von der Kreuzkirche geht es über den Parkplatz, über den man gekommen ist, zur B11/Mödlinger Bundesstraße. In diese biegt man links ein und folgt ihr bis zur Straße Heiligenkreuz, in die man ebenfalls links einbiegt. Nach kurzer Zeit führt rechts ein blau markierter Wanderweg weg. Diesem folgt man. So gelangt man nach Preinsfeld. Bei der Kreuzung geht man geradeaus weiter. Bei der nächsten Gabelung biegt man rechts ab. Zuerst ist es noch eben, doch außerhalb des Ortes steigt der Weg leicht an. Kurz darauf geht es jedoch wieder eben weiter. Folgt man der blauen Markierung, gelangt man zum Hotel Helenenstüberl, das an der B210/Badner Bundesstraße liegt. Von hier geht es nach links ein kleines Stück die B210 entlang, bis links die Straße nach Schwechatbach führt. Diese schlägt man ein. Es geht leicht bergauf. Bei der nächsten Kreuzung biegt man nach links. Nun trifft man wieder auf einen rot markierten Wanderweg. Dieser ist zu Beginn eben und geht entlang eines Wasserlaufs. Bei der Weggabelung hält man sich links und folgt dem Kulturwanderweg. So erreicht man die Augustinerhütte. Ab dieser folgt man der gelben Markierung und hält sich links. Dieser Weg führt wieder nahe eines Wasserlaufs. Bald gelangt man zum Beethoven-Stein. Bevor man diesen jedoch erreicht, muss man eine starke Steigung überwinden. Bei der Antonsgrotte den rot markierten Weg nach links wählen. Über eine kleine Brücke gelangt man zur B210/Badner Bundesstraße. Diese überquert man und gelangt zum Gasthaus Cholerakapelle. Von dort führt ein kleiner Weg zur Cholerakapelle bergauf.

SIEGENFELD

Der im Bundesland Niederösterreich in der Erzdiözese Wien liegende Wienerwaldort gehört pfarrlich und gemeindemäßig zu Heiligenkreuz. Die erste Ansiedlung auf dem Gebiet von Siegenfeld war eine urzeitliche, befestigte Höhensiedlung oberhalb der Cholerakapelle im Helenental. Die Stiftungsurkunde von Heiligenkreuz 1136 erwähnt erstmals mit »Ulrich von Siegenfeld« als Zeugen den Ortsnamen. Es wird angenommen, dass Siegenfeld um 1040 besiedelt war und älter als Heiligenkreuz ist. Der Vorgängerbau der heute barocken Kirche zum heiligen Ulrich von Augsburg in Siegenfeld wird 1414 urkundlich erwähnt.

So wie der Ortsname Siegenfeld kaum bekannt ist, so ist auch kaum bekannt, dass das Helenental in Siegenfeld liegt. Vielmehr präsentiert sich die von der Schwechat geformte kalkalpine Tallandschaft als zur Kurstadt Baden zugehörig. Durchstöbert man die Literatur, so wird man das Helenental meist unter Baden antreffen. Die Talbezeichnung leitet sich von der 1518 urkundlich erwähnten Kirche St. Helena in Baden ab, die quasi als Eingangstor zu dem Naturparadies fungiert. An den Felswänden sind gelegentlich Bearbeitungsspuren aus der Zeit, als auf der Schwechat noch Holz geschwemmt wurde, erkennbar. In der Biedermeierzeit zog die inmitten des Wienerwaldes von steilen Wänden umgebene malerische Flusslandschaft Künstler wie Ludwig van Beethoven an. Die zu dieser Zeit angelegten romantischen

Cholerakapelle

Promenadenwege veranlassten gut hundert Jahre später den Komponisten und Liederschreiber Alexander Steinbrecher zu dem weltbekannten Lied »Ich kenn' ein kleines Wegerl im Helenental ...«.

Wallfahrtskapelle Mariahilf im Helenental Cholerakapelle

Die Cholera forderte 1830 und 1831 in Wien tausende Opfer. Darüber hinaus wütete die Seuche an vielen anderen Orten, so auch in Baden. Aus Dankbarkeit gegenüber Gott für die Verschonung vor der Cholera stifteten die Wiener

Gnadenstatue Mariahilf

Carl und Elisabeth Boldrini eine Kapelle im Helenental. Als »Biedermeiertal« bei der Wiener Bürgergesellschaft im Ruf, war die Ortswahl für den Gotteshausbau naheliegend. Die im Volksmund »Cholerakapelle« bezeichnete Kapelle wurde 1832 im neugotischen Stil erbaut. Am 17. August 1833 erfolgte die Segnung der Kapelle durch den Abt von Heiligenkreuz Franz Seidemann. In alten Aufzeichnungen wird das Fest Mariä Namen, der 12. September, als Hauptfest angeführt. Um den Wallfahrern auf der anderen Seite der Schwechat den Zugang zur Kapelle zu ermöglichen, wurde über den Fluss der sogenannte »Frauensteg« errichtet. Der Name leitet sich vom Marientitel der Gnadenstätte her, zumal Maria auch unter dem Namen »Unsere Frau« verehrt wird. Der rapid ansteigende Pilgerzustrom bewegte die Stifter 1847 zur Erweiterung des Kirchenbaus. Die Glasfenster aus 1892 sowie die Deckenmalereien mit manieristischen Motiven können beim Kunstinteressierten Gefallen finden. In den Jahren um 1910 verzeichnete man alljährlich 15 bis 20 Prozessionen und ungefähr 1000 Besucher am Gnadenort. Eine Marienfahne der »Studenten Kongregation Regina Confessorum 19 Baden 22« zeugt in der Kapelle vom Zuspruch durch Pilgergruppen.

Monsignore Anton Pichler schreibt 1953 in seinem Buch »Wege zu Hoffnung und Gnade«: *»Gnadenbild ist eine einen halben Meter hohe, rot und blau bemalte Bauernmadonna, von der schon oft Gnadenerweise ausgingen. Sie wird auch heute noch stark besucht.«* Bis heute kommen Pilger einzeln oder in Gruppen. Die Pfarre St. Christoph in Baden führt jedes Jahr am Maria Himmelfahrtstag, dem 15. August, eine Fußwallfahrt durch. Friedrich Tscherney, der schon seit über vier Jahrzehnten als Pfarrer von Möllersdorf bei Traiskirchen wirkt, hat mir von der Wallfahrt der Möllersdorfer zur Cholerakapelle erzählt. Ein ursprünglich von der Pfarre Traiskirchen geleistetes Gelöbnis zum Dank für das Überstehen der Choleraseuche ist später auf die Pfarre Möllersdorf übergegangen. Die Fußwallfahrt begann früher in Traiskirchen, später ist der Ausgangspunkt zur Kirche St. Helena in Baden verlegt worden. Bis heute machen sich die Möllersdorfer einmal im Jahr zu Fuß vom Beginn des Helenentales zur Cholerakapella auf.

Der für die Cholerakapelle seit kurzem zuständige Zisterzienserpater Pirmin Holzschuh ist erfreut über die Wallfahrten und sieht einer prosperierenden Entwicklung des Gnadenortes entgegen.

Gebet

Heilige Maria, gütigste Mutter,
immer wieder erfahren Menschen Hilfe
durch Deine Fürbitte bei Deinem göttlichen Sohn.
Nicht nur in körperlichen Leiden, sondern auch
in geistigen Nöten schenkst Du immer wieder Trost.
Im Laufe der Jahrhunderte hast Du nicht nur tausenden,
sondern Millionen Menschen Deine Hilfe gebracht.
Liebe Gottesmutter, komm auch uns zu Hilfe! Amen.

Das Gebet verfasste P. Pirmin Holzschuh O. Cist. für dieses Buch im Jahr 2008.

Siegenfeld, Cholerakapelle ⇨ Berndorf, Niederfelder Marienkapelle

Variante PKW:

Die Strecke nach Berndorf ist 21 km lang, der Zeitaufwand dorthin zu kommen beträgt eine halbe Stunde. Vom Parkplatz der Cholerakapelle biegt man nach rechts auf die B210/Badner Bundesstraße ab. Auf dieser fährt man so lange, bis man zur B212/Vöslauer Bundesstraße kommt, bei der man wieder nach rechts abbiegt. Die Fahrt führt durch wunderschönes Weinbaugebiet. Nachdem man einen Kreisverkehr passiert hat (2. Ausfahrt), kommt man bei der Kaserne vorbei und durchquert Sooß. In Vöslau fährt man am Thermalbad vorbei. Gleich danach biegt man nach rechts Richtung Berndorf ab. Man fährt nun auf der B212/Hochstraße. Bei der B212/Bad Vöslauer Bundesstraße/Großauer Straße biegt man links ab und folgt der B212/Bad Vöslauer Bundesstraße. In Berndorf biegt man bei der Ampel nach links, auf die B18/Leobersdorfer Straße, ab. Nach kurzem sieht man auf der linken Seite die Kapelle.

Variante öffentliche Verkehrsmittel:

In der Zeitplanung sollte für diese Wegstrecke in etwa eine Stunde eingerechnet werden. Man fährt mit dem Bus von der Haltestelle Cholerakapelle bis zum Bahnhof Baden bei Wien. Dort steigt man in den Zug ein und fährt bis Leobersdorf, wo man umsteigt. Nun steigt man bei Berndorf/Triesting Stadt aus dem Zug aus. Vom Bahnhof sind es noch rund 10 Minuten zur Marienkapelle, die sich in unmittelbarer Nähe des Metallwerks befindet. (Man geht zunächst vom Karl-Kislinger-Platz in Richtung B18/Leobersdorfer Straße. Bei dieser biegt man rechts ab und folgt der Straße, bis man auf der linken Seite die Niederfelder Marienkapelle sieht.)

Variante Fußmarsch:

Dies ist zu Fuß eine der längsten Wanderungen der Route. Man sollte für den über 12 km langen Fußmarsch vier Stunden einplanen. Es geht dabei mehr als 300 Höhenmeter hinauf und wieder hinunter.

Zuerst muss man von der Cholerakapelle den Fußweg zum Gasthaus zurück. Dann überquert man die Straße und die Brücke auf der anderen Straßenseite. Nach der Brücke wählt man den zweiten Weg. Dieser ist rot und grün markiert. Wo sich diese beiden Wege trennen, folgt man dem grünen über den Kalkgraben. Hier geht es stets ziemlich steil bis auf zirka 650 Höhenmeter hinauf. Bei der nächsten Gabelung schlägt man den linken Weg ein, gleich darauf den mit 3 markierten rechten Weg. Bald gelangt man wieder zu einer Wegkreuzung. Hier geht es links weiter. Dieser Weg ist etwas schlechter markiert. Nun geht es bergab, den Kalkgraben entlang. Man gelangt schließlich zu einem Bildbaum, zur Herrgottsbuche (445 m). Kurz darauf kommt man an Opfersteinen und etwas später an einer Schießstätte vorbei. Es geht noch immer bergab. Bei der nächsten Weggabelung wählt man den linken, blau markierten Weg, bei der darauffolgenden den rechten, rot markierten Weg. Nun ist man in Haidlhof. Hier gibt es die Möglichkeit zur Labung. Man durchquert den Ort und folgt dem gelb markierten Weg. Dieser führt zuerst entlang der Straße, zweigt dann beim Bärengedenkstein nach links ab. Bei der nächsten Weggabelung verlässt man den gelb markierten Wanderweg und schlägt den Weg nach rechts zum Simmeringer Kreuz ein. Hier muss man auf Radfahrer Acht geben, weil man sich auf einer Radroute befindet. Bald trifft man auf die B212, die Bad Vöslauer Bundesstraße. Bei dieser biegt man links ab und folgt der Straße, bis man zur Kreuzung Kremesberg/Obere Ödlitzer Straße gelangt. Hier befinden sich ein Friedhof und eine Kapelle. Links geht die Obere Ödlitzer Straße weg und kurz danach ein schmaler Weg. Diesem folgt man. Darauf folgen einige Weggabelungen. Bei der ersten wählt man den rechten Weg, bei der nächsten den linken. Nun geht es leicht bergab. Man gelangt jetzt zur B18, der Hainfelder Bundesstraße. Bei dieser biegt man rechts ab und folgt ihr auf ebenem Weg bis zur Niederfelder Marienkapelle.

BERNDORF

Die Wienerwaldstadt im Bundesland Niederösterreich, in der Erzdiözese Wien gelegen, wurde urkundlich 1133 erstmals erwähnt. Ende des 15. Jahrhunderts ist neben Ober-Berndorf am linken Triestingufer Unter-Berndorf entstanden. Hier, wo heute noch Metall verarbeitet wird, hat unter Kaiserin Maria Theresia im 18. Jahrhundert die Eisenverarbeitung größere Ausmaße angenommen. 1843 erlebte das alte Triestingtaldorf durch die Errichtung der »Berndorfer Metallwarenfabrik« einen steilen Aufschwung, sodass 1886 das Marktrecht und bereits 1900 das Stadtrecht verliehen wurden. Die Industriellenfamilie Krupp sorgte für einen wirtschaftlichen und kulturellen Wandel, wie anhand des Stadtbildes heute deutlich erkennbar ist. Dieses Zusammenwachsen der Siedlungsteile zu einem gemeinsamen Ganzen spiegeln die vier Bezirke der Stadt wider: I. Bezirk/Berndorf Stadt, II. Bezirk/St. Veit, III. Bezirk/Ödlitz, IV. Bezirk/Veitsau–Steinhof.

Niederfelder Marienkapelle

1897/1898 wurde das Kaiser-Franz-Joseph-Jubiläums-Theater im Baustil der deutschen Neorenaissance errichtet. Die Eröffnung des von Krupp gestifteten Theaterbaus erfolgte 1899 im Beisein von Kaiser Franz Joseph I. Ebenfalls auf die Stiftung Krupps sind der 1908/1909 erfolgte Neubau der Volks- und

Hauptschule und der zwischen 1910 und 1917 errichtete monumentale neobarocke Kuppelkirchenbau der Pfarrkirche zur Heiligen Margareta zurückzuführen. Der Schulbau mit seinen in unterschiedlichen Stilepochen (ägyptisch bis Empire) ausgestatteten Schulklassen ist ein außergewöhnliches kunsthistorisches Zeugnis im Bereich der Schaffung von Bildungseinrichtungen.

Berndorf ist seit 1843 ein metallverarbeitender Industriestandort und zudem heute von internationaler Bedeutung. Die Sommerspiele im Stadttheater Berndorf sind auf Grund bewährter Ensemblezusammensetzung und Stückauswahl ein über die niederösterreichischen Landesgrenzen hinaus bekanntes Festival.

Niederfelder Marienkapelle Wallfahrtskapelle zur Maria Pötsch

»*Unter allen im Pottensteiner Distrikte sich befindlichen Feldcapellen gebührt heutzutage der erste Rang der bekanntesten und von der entlegensten Nachbarschaft verehrten Capelle im Niederfeld*«, schreibt der im Jahr 1763 als Pfarrer von Pottenstein installierte Johann Huber. Der Pottensteiner Pfarrer hält fest, dass ihm mitgeteilt wurde, dass der Ursprung eine schlichte Säule mit dem Bild »Maria Pötsch« sei. Seine Recherchen konnten aber den Stifter nicht ausfindig machen. Es wurde ihm überliefert, dass die 1755 im 63. Lebensjahr verstorbene Hammerschmiedmeisterin aus Unter-Berndorf, Barbara Wimmerin, sich zeit ihres Lebens an die Säule erinnern konnte. Desgleichen haben ihm alte Pfarrbewohner bezeugt, dass sie sich immer schon an diese Säule mit dem Maria-Pötsch-Bild erinnern konnten. Der Seelsorger hatte den Grund, warum die Leute früher besonders in der Nachtzeit der Säule auswichen, bald herausgefunden. Beim Ausgraben der Fundamente der Kapelle ist man in Gegenwart des Pfarrers auf drei Totenköpfe gestoßen. Der Pfarrer konnte über die Toten in der Bevölkerung nur so viel ausfindig machen, dass die Menschen früher nicht vor der Säule, sondern vor dem Platz Angst hatten.

Huber notiert weiters über die Niederfelder Säule in der Pfarrchronik Pottensteins: »*Anno 1763, als ich die Pfarre Pottenstein angetreten, habe ich sie in folgender Gestalt angetroffen: Sie war eine steinerne, viereckige und etwa acht Schuh hohe Säule aufgebaut. Oben unter dem Dächlein hatte sie eine ›Blindvöhlen‹ und in dieser war das Bildniß Sanctae Mariae von Pötsch auf Leinwand gemahlt, und schon etwas verunstaltet, aufgeheftet. Unter dem Bildnisse war an der Säule geschrieben zu sehen: Renovirt anno 1744. Ueber der Strasse herüber in der Tiefen steht eine ziemlich große mit Staffeln, Bänken und Bethschemmeln versehene hölzerne Hütte, damit die Leute unter dieser ihr Gebet sicher verrichten können. Beide Gebäude waren mit sehr vielen sowol gemalten als auch wächsernen Opfern, Krücken u.d.g. behängt; zumalen diese Capelle nicht nur von der herumliegenden Nachbarschaft, sondern auch von vielen stundenweit entfernt wohnenden Leuten einzelnweise besucht wurde.«* 1764 stiftete die Gattin des Direktors der k.u.k. Spiegelfabrik, Magdalena Obermüller, hundert Gulden für den Neubau einer gemauerten Kapelle »*wegen besserer Dauerhaftigkeit von Stein zu erbauen*«. Weitere vierzig Gulden wurden von Wohltätern zweckgewidmet gespendet. Kaum waren die Grundfeste ausgehoben, ermöglichte der einsetzende Spendenfluss in kurzer Zeit einen kunstvollen Kapellenbau. Den Grundriss fertigte der Wiener Maurerpolier Faderl, das Mauerwerk der Maurermeister aus Leobersdorf, die Steinmetzarbeiten der Neustädter Steinmetzmeister Franz Götz, die Gitter der Wiener Schlossermeister Wunibald Haller und das Innenfresko Franz Zoller aus Wien. Eine Marmortafel oberhalb der Kapelle bekundet das Fertigstellungsjahr »*Du Zuflucht der Sünder bitte für uns. 1765*«. 1766 fand in Pottenstein eine Volksmission statt, und im Zuge derer führte am Fest Mariä Heimsuchung 1766 eine ansehnliche Prozession von Pottenstein zur Niederfelder Marienkapelle. Der Jesuitenpater Franciscus Xav. Baur segnete die kunstvoll gestaltete Kapelle und das Gnadenbild Maria Pötsch. Der Pottensteiner Pfarrer freut sich über den Zustrom von Betern zu jeder Tageszeit und notiert, dass in der Kapelle ausschließlich das Gnadenbild Platz haben darf und auch keine gut gemeinten Malereien aufgetragen werden dürfen. Alle mitgebrachten Votivgaben durften nur in der nahegelegenen hölzernen »Beth-Hütte« Platz finden. Der Brauch des Opfergaben-Bringens hatte bald derart starken Zulauf, dass der Pottensteiner Pfarrer allwöchentlich das »Niederfelder Amt« singen musste. 1774 fanden zwei flanierende Statuen, vermutlich vom Neustädter Steinmetzmeister Franz Götz geschaffen, der Erzengel Michael und Gabriel, vor der Kapelle Aufstellung.

Die hölzerne »Bethhütte« auf der der Kapelle gegenüberliegenden Straßenseite wurde bei der Errichtung der Fabriksmauer abgetragen. Der Straßenausbau bedingte mehrere Aufschüttungen, sodass letztendlich nicht mehr vier, sondern eine Stufe zur Kapelle führten. 1901 ließ Arthur Krupp die Kapelle mit amerikanischen Winden heben. Das schadhaft gewordene Eisengitter wurde 1920 durch ein neues ersetzt. Die Berndorfer Chronistin Helene

Schießl schreibt im Jahr 2000, dass das Gnadenbild Maria Pötsch 1886 durch eine Statue der Schmerzhaften Muttergottes ersetzt und 1904 zum angestammten Ort zurückgebracht worden sei. Schießl hält fest, dass auf Grund des zunehmenden Verkehrs einerseits und auf Grund von Feuchtigkeitsproblemen im Mauerwerk andererseits das Gnadenbild 1965 in die Pfarrkirche übertragen wurde. Der jetzige Pfarrseelsorger hat vor kurzem das Maria-Pötsch-Bild von der Sakristei in den Pfarrhof transferiert. Das barocke Wahrzeichen von Berndorf ist in den letzten Jahrzehnten zunehmend verfallen, bis es im Jahr 2009 umfassenden Restaurierungsmaßnahmen unterzogen wurde.

Gnadenbild Maria Pötsch

Die Niederfelder Marienkapelle hatte bis in das 19. Jahrhundert einen starken Wallfahrerzuzug. Heute ist der älteste erhaltene Sakralbau Berndorfs nur mehr vereinzelt das Ziel von Pilgern; manchmal von jenen, die von der Wallfahrtskirche Pottenstein kommend nach Mariazell unterwegs sind. Im Zuge der Recherchen zu diesem Buch wurde mir seitens der Stadtgemeinde Berndorf als Ansprechpartnerin die Gemeinderätin Christa Kratohwil genannt, die sich insbesondere um die Restaurierung der Kapelle bemühte. Das Bemühen der Stadtgemeinde Berndorf um die Niederfelder Marienkapelle sichert nicht nur ein bedeutendes lokales Kunstwerk, sondern kann der Stadt auch verhelfen, dass sie künftig zudem als Wallfahrtsort bekannt wird. Die Gemeinderätin, auf das Anfertigen einer Kopie des Berndorfer Maria-Pötsch-Originalbildes für die Niederfelder Marienkapelle angesprochen, war von dieser Idee angetan. Der Restaurator Franc Drev hat im Jahr 2009 eine Kopie des im Bauernbarock gestalteten Originals angefertigt und den kunstvollen barocken Holzrahmen in der Kopie bildlich dargestellt. Das alte Berndorfer Maria-Pötsch-

Gemälde ist wiederum eine vereinfachte Kopie des im Dom zu St. Stephan in Wien verehrten Originals. Was bei der Einweihung 1766 ein Anliegen war, sollte auch künftig Verpflichtung sein: In der Wallfahrtskapelle wird als einziges das Gnadenbild aufgestellt.

Mit überzeichnetem Optimismus im Hinblick auf den wiedereinsetzenden Pilgerzustrom wird möglicherweise der heute zuständige Pfarrer von Berndorf, wie einst im Barock sein Mitbruder aus Pottenstein, allwöchentlich hier das »Niederfelder Amt« singen. Wer die Geschichte der Wallfahrt im Allgemeinen kennt, kann in dieser utopisch klingenden Aussage nicht nur Utopie erkennen.

Gebet

Liebe Mutter von Maria Pötsch,
bei Deinem Gnadenbild haben verzweifelte Menschen
und viele Pilger Zuflucht gesucht.
Auch wenn sich die Zeiten geändert haben,
so schenkst Du doch auch heute Trost und Zuversicht.
Hilf uns, nicht zu verzagen und unsere Hoffnung auf den zu setzen,
auf den Du hinweist:
Deinen Sohn, unseren Herrn und Erlöser, Jesus Christus.
Amen.

Das Gebet verfasste Domarchivar Reinhard Gruber von der Domkirche zu St. Stephan in Wien im Jahr 2008 für dieses Buch.

Berndorf, Niederfelder Marienkapelle ⇨ Pottenstein, Pfarrkirche

Variante PKW:

Um von Berndorf nach Pottenstein zu gelangen, braucht man nur knapp fünf Minuten. Bei der Kapelle in Berndorf muss man umdrehen und die B18/Leobersdorfer Straße bis zur Ampel zurückfahren. Bei der Ampel fährt man geradeaus auf der B18 nach Pottenstein weiter. Bei der Gutensteinerstraße biegt man rechts ab und parkt dann bei der Kirche.

Variante öffentliche Verkehrsmittel:

Obwohl die Fahrtzeit nur rund 10 Minuten beträgt, muss man einmal umsteigen. Man fährt mit dem Bus von der Haltestelle Berndorf/Triesting Fabrik, die direkt neben der Marienkapelle ist, nach Berndorf, Hainfelder Straße. Dort muss man den Bus, der nach Pottenstein fährt, wählen. Am Hauptplatz steigt man aus und geht von dort zwei Minuten zur Pfarrkirche von Pottenstein, die man vom Hauptplatz schon erkennen kann.

Variante Fußmarsch:

Dieses Mal ist das Ziel in einer Stunde erreichbar. Es geht praktisch die 4 km eben nach Pottenstein.

Dafür folgt man der B18 weiter nach Berndorf. Bei der Kreuzung biegt man nach rechts auf die B212, die Bad Vöslauer Bundesstraße, ein. Kurz darauf biegt man nach links in die Bergsteigergasse und folgt dem markierten Weg. Dabei muss man sich links halten. Bei Kremesberg biegt man links ab und folgt dem rot markierten Weg. Dieser biegt nach rechts von der Straße ab. Nach kurzem gelangt man zu einer Weggabelung. Man geht geradeaus. Bei der nächsten Gabelung biegt man nach links. In Pottenstein marschiert man ein Stück entlang der Hauptstraße. Über den Hauptplatz gelangt man zur Kirche von Pottenstein.

POTTENSTEIN

Der im Süden des Wienerwaldes gelegene Markt liegt im Bundesland Niederösterreich in der Erzdiözese Wien und war über Jahrhunderte die Mutterpfarre und das Zentrum des Triestingtals. Das bereits in der 2. Hälfte des 13. Jahrhunderts ausgestorbene Geschlecht der Pottensteiner hatte auf einer heute nicht mehr auffindbaren Burg ihren Sitz und war namensgebend für den Ort. Die in das 11. Jahrhundert zurückreichende Kirchsiedlung wird erstmals 1155 als Pfarre urkundlich erwähnt. In späterer Zeit ist ein Markt entstanden, dessen erste schriftliche Erwähnung 1376 erfolgte. Die ehemals landesfürstliche und reich dotierte Pfarre verlieh der Landesherr an in seinen Diensten stehende Priester. Ein hochinteressantes, heute noch sichtbares Zeichen der vergangenen Vorrangstellung ist der romanische Karner aus dem 12. Jahrhundert mit zwei verschieden hohen Kegeldächern. Der zweigeschoßige Rundbau mit fragmentarisch erhaltenen Wandmalereien ist in die wehrhafte Ummauerung des ehemaligen Friedhofes einbezogen und einzigartig für Niederösterreich. Die urkundlichen Aufzeichnungen des 15. Jahrhunderts dokumentieren den Weinbau in Pottenstein und darüber hinaus in weiteren Orten des Triestingtals. Die klimatischen Verhältnisse verhießen dem Weinbau aber keine große Zukunft. In der ersten Hälfte des 15. Jahrhunderts ist der Markt Zentrum der Hakenbüchsenerzeugung im Viertel unter dem Wienerwald. Pottenstein entwickelte sich kontinuierlich zu einem Mittelpunkt der Eisenverar-

Kirche Maria Trost im Elend

beitung. Die 1765 gegründete Klingenfabrik Melchior Steiner erlebte eine Blütezeit bis 1800. Das Militär deckte einen Großteil seines Bedarfes mit Erzeugnissen der Fabrik ein. Die Umwandlung im Jahr 1828 zur Metallwaren- und Maschinenfabrik war von kurzer Dauer. 1840/41 entstand daraus eine Baumwollspinnerei, die 1981 als Kammspinnerei geschlossen wurde. Im Jahr 1989 fand in der »Alten Tuchfabrik« unter dem Titel »Magie der Industrie« die Niederösterreichische Landesausstellung statt.

Wallfahrts-, Dekanats- und Pfarrkirche Maria Trost im Elend

Im ostösterreichischen Raum ist der Titel Dekanatskirche für ein nach einer Pfarre benanntes Dekanat selten anzutreffen; vielmehr ist es hier ein Hinweis auf die lokale kirchengeschichtliche Bedeutung. Im 12. Jahrhundert entstand eine romanische Kirche, von der das Untergeschoß des Turmes erhalten geblieben ist. Rund zwei Jahrhunderte später – in der Gotik – wurden der Chor und die Obergeschoße des Turmes geschaffen. Das Gotteshaus hat in der Vergangenheit schwer beschädigt mehrere Brandkatastrophen überstanden; zuletzt die im Türkenkrieg von 1683. An erster Stelle war das Argument der Baufälligkeit, gefolgt von Bevölkerungswachstum und Wallfahrtszuzug für den Abriss des romanischen Kirchenschiffs im Jahr 1808 ausschlaggebend. In den Jahren 1802 bis 1809 wurde an die höheren mittelalterlichen Teile (Chor und Turm) im rechten Winkel das schlichte klassizistische Kirchenschiff angebaut. Der Innenraum hat die Wirkung von zwei aneinandergebauten Kirchen mit zwei Hochaltären. Beim Betreten des Gotteshauses durch das Haupttor gelangt man in den größeren Anbau, der mit seinem klassizistischen Hochaltar Aufstellungsort der Gnadenstatue »Maria Trost im Elend« ist. Als große Seitenkapelle präsentiert sich der Altbau, der früher zugleich Aufstellungsort der Gnadenstatue war. Der dort befindliche barocke Pestaltar aus dem Jahr 1687 war an seinem Aufstellungsort Hochaltar, bis diese Funktion auf den Altar des Anbaus übertragen wurde. Im Buch »Wege zu Hoffnung und Gnade« aus dem Jahr 1953 ist Folgendes nachzulesen: »*Eine angeblich tausendjährige, in Wirklichkeit wohl aus dem Anfang des 15. Jahrhunderts stammende Madonna ist jetzt in das interessante gotische Urlaubskreuz außerhalb des Marktes eingefügt. Genauere Nachrichten über die Geschichte dieser Maria-Trost-Wallfahrt sind nicht vorhanden.*« Auch der Verweis

Gnadenstatue Maria Trost im Elend

auf eine Legende, derzufolge die Marienstatue »unterm Hollerbaum verborgen« aufgefunden wurde, bestärkt die dokumentierte Behauptung, dass Pottenstein bereits im Mittelalter ein Wallfahrtsort gewesen sein soll, nicht. Der Beginn der Wallfahrt nach Pottenstein reicht in das späte 16. Jahrhundert. Einen Höhepunkt verzeichnete die Pilgertätigkeit vom 17. Jahrhundert bis zum Verbot der Wallfahrten durch Kaiser Joseph II. im Jahr 1782. Der Einzugsbereich für die im 17. Jahrhundert regelmäßig kommenden Gruppen sind Orte der heutigen Bundesländer Wien, Niederösterreich und Burgenland, die meisten davon sind jedoch seit dem Ende des 18. Jahrhunderts ausgeblieben. Die Wallfahrt der Schwechater – erstmalig 1664 abgehalten – war von all diesen die größte und feierlichste. Mit Fahnen und Paukenschlägen wurden die Pilger beim Urlauberkreuz eingeholt und beurlaubt. Im Jahr 1733 wurde eigens für die Schwechater Wallfahrer ein Gesangsbuch gedruckt, dem zu entnehmen ist: *»Neu Marianische Gnaden Ruff zu Maria in Pottenstein im Ellend genannt … von dem Elend der leydigen Pest durch die mildreichste Fürbitt der allerseeligsten Mutter Gottes im Ellend befreyet gebliben.«* Heute weiß man im Pfarrleben der Stadt Schwechat nichts mehr um die einstige prunkvoll gestaltete Wallfahrt. Seit 1679 kommt alljährlich zum Dank für die Errettung von der Pest die Gelöbniswallfahrt der Pfarre Hütteldorf (heute Wien 14). Die Pfarrverantwortlichen wissen, dass selbst in schwersten Kriegszeiten alljährlich das Gelübde von mindestens zwei bis drei Hütteldorfern erfüllt wurde; heutzutage von rund 80. Die seit dem Zweiten Weltkrieg mittels Autobus durchgeführte Wallfahrt wird seit einigen Jahren um eine Radfahrergruppe erweitert. 2009 sind es exakt 25 Jahre, dass die nach dem Zweiten Weltkrieg eingeschlafene Fußwallfahrt wiederbelebt worden ist. 1713 wird erstmals von einer Wallfahrt der Pfarre Altsimmering berichtet, die seit 1892 vom 1886 gegründeten »Mariazeller Prozessionsverein Simmering« durchgeführt wird. Die auch unter der Bezeichnung »Gärtner-Wallfahrt« bekannte Pilgerfahrt ist auf den Umstand zurückzuführen, dass seit langem auch viele Gärtner aus Simmering und des Wiener Zentralfriedhofes teilnehmen. An dieser alljährlich im September durchgeführten Alt-Simmeringer Gelöbniswallfahrt, die heute nicht mehr zu Fuß stattfindet, nehmen zwischen 80 und 100 Personen teil.

Längst kommen nicht mehr solche Pilgermassen, dass die Gasthäuser sie nicht fassen können, auch die Privathäuser brauchen nicht mehr zu Notquartieren umfunktioniert zu werden, und die Wallfahrt ist nicht mehr die Haupteinnahmequelle des Marktes. Pottenstein ist heute ein Gnadenort, der noch einige auf die Pestnot des 17./18. Jahrhunderts zurückzuführende Gelöbniswallfahrten sowie Pilgergruppen von Pfarren und Vereinigungen oder den Einzelpilger anzieht. Seit 15. Mai 1998 wird im Gotteshaus an jedem 15. des Monats eine Monatswallfahrt gefeiert. »*Während früher der Titel ›Unsere liebe Frau in Pottenstein‹ üblich war, kommt 1605 ›Unsere liebe Frau Maria Brunn im Elend‹ auf. Bald jedoch setzte sich die Bezeichnung ›Maria in exilio‹ oder ›Maria Trost im Elend‹ durch.*« So lesen wir in einem undatierten Kirchenführer des Pfarramtes Pottenstein. Wo die »alte« Gnadenstatue hingekommen ist, ist unbekannt. Die »neue«, an die zwei Meter hohe, geschnitzte Skulptur ist eine gekrönte Marienstatue mit Jesuskind in der linken und Szepter in der rechten Hand.

Urlauberkreuz

Urlauberkreuz

Oft gibt es an Wallfahrtsorten am Ortsende ein sakrales Flurdenkmal, bei dem die Pilger vom lokalen Wallfahrtsseelsorger begrüßt (»Einholung«) und auch verabschiedet (»Beurlaubung«) wurden. In manchen Gnadenorten ist dies durchaus noch üblich. Im Wienerwald ist der spätgotische Tabernakelpfeiler an der Ortseinfahrt von Pottenstein im kunsthistorischen Hinblick das schönste Zeugnis dieser Wallfahrtstradition. Der um 1500 geschaffene steinerne Bildstock beherbergte angeblich die alte Gnadenstatue von Pottenstein. Seit der Renovierung im Jahr 1985 ist in der Nische des Bildstockes eine von Werner Schmitzer neu angefertigte Holzskulptur aufgestellt.

Gebet

Maria laß Dich loben,
O Jungfrau hold und rein,
vom Herzen wir geloben,
an Dir uns zu erfreu'n!
An dir, Du schönstes Bild,
Du starkes Christenschild.
Gelobt von Groß und Klein
Maria Pottenstein!

Das Gebet ist als Wallfahrerlied vor dem Jahr 1857 überliefert.

Pottenstein, Pfarrkirche ⇨ Neuhaus, Pfarrkirche

Variante PKW:

Die rund 7 km lange Strecke bewältigt man in 10 Minuten. Man fährt die Gutensteinerstraße ein Stück zurück und biegt bei der B18/Hainfelder Bundesstraße rechts ab. Auf dieser Straße fährt man weiter, bis man zur B11/Weißenbacher Straße gelangt, bei der man rechts abbiegt. Man gelangt nach Neuhaus, wo man wieder rechts in die Schwarzenseer Straße einbiegt. Bei der Dietrichsteingasse biegt man ebenfalls rechts ab, genauso wie dann beim Kirchensteig. Nun folgt man diesem bis zur Kirche von Neuhaus.

Variante öffentliche Verkehrsmittel:

Mit dem öffentlichen Bus beträgt die Fahrtzeit etwa 30 Minuten. Man geht zu Fuß bis zur Haltestelle Pottenstein/Triesting Hauptplatz, die man schon nach zwei Minuten erreicht. Von dort fährt man mit dem Bus bis Weißenbach/Triesting, Neugasse. Dort steigt man um und fährt bis Neuhaus/Triesting, Ortsmitte. Nun ist noch ein fünfminütiger Fußmarsch bis zur Kirche von Neuhaus zu bewältigen. Dafür marschiert man zunächst auf der Straße in Richtung B11. Bei der B11/Nöstacher Straße biegt man rechts ab. Erreicht man die Schwarzenseer Straße, so biegt man wieder rechts ab. Nun kommt man zur Dietrichsteingasse, bei der man sich rechts hält. Jetzt muss man nur mehr beim Kirchensteig rechts abbiegen und diesem bis zur Kirche von Neuhaus folgen.

Variante Fußmarsch:

Dieses Mal ist man zu Fuß zirka zwei Stunden unterwegs. Dabei bewältigt man ungefähr 8 km.

Von der Kirche in Pottenstein geht es zurück zum Hauptplatz. Sobald man auf die Gutensteinerstraße trifft, biegt man rechts in sie ein. Um auf dieser Straße zu bleiben, überquert man die Hainfelder Bundesstraße und die Triesting. Gleich darauf biegt man rechts in die Bahnstraße ein. Nun befindet man sich schon auf einem markierten Wanderweg. Diesem folgt man. Er zweigt gegen Ende der Ortschaft nach links ab. So kommt man an der Antoniuskapelle vorbei. Der Weg führt entlang der Bahnlinie. Man passiert die Haltestelle Fahrafeld. Folgt man stets dem markierten Weg, gelangt man zum Kultur- und Naturlehrpfad »Fahrafelder Becken«. Diesen begeht man. Er führt ebenfalls entlang der Bahnlinie, wobei es leicht bergauf geht. Bald gelangt man nach Weissenbach an der Triesting. Sobald man zur Hauptstraße kommt, verlässt man den markierten Weg und biegt rechts ab. Bei der B18, der Hainfelder Bundesstraße, biegt man links ein. Knapp danach geht rechts der markierte Wanderweg 448 weg. Diesem folgt man. Bald teilt sich der Weg, und man wählt den rechten. Kurz darauf führt er neben der Weißenbacher Straße entlang. So gelangt man nach Neuhaus. Man folgt der Weißenbacher Straße, die zur Nöstacher Straße wird. Dabei hält man sich rechts. Bei der Schwarzenseer Straße biegt man rechts ab. Nun ist eine Steigung zu bewältigen. Erreicht man die Dietrichsteingasse, hält man sich rechts und biegt dann beim Kirchensteig rechts ab.

NEUHAUS

Neuhaus liegt am Nöstachbach nördlich von Weissenbach an der Triesting im Bundesland Niederösterreich in der Erzdiözese Wien. Der Ort wird erstmals im 13. Jahrhundert urkundlich erwähnt und zeichnet sich durch reiche Wald- und Wiesenbestände aus. Ende des 19. Jahrhunderts wurde das Dorf zum Kurort ausgebaut und erlebte eine Blütezeit bis zum Ersten Weltkrieg. Die heute noch bestehenden ehemaligen Hotelbauten und Villen aus der Kurortzeit prägen neben der Burg Neuhaus das Ortsbild. Die über dem Ort thronende Burg hat ihren Ursprung im 13. Jahrhundert. Sie beherbergte von 1694 bis 1830 eine Glasfabrik, unter Kaiserin Maria Theresia wurde eine öffentliche Volksschule errichtet, 1780 eine Lehrerbildungsanstalt. Seit 1833 befindet sich im Westtrakt der Burg der Pfarrhof. Bedingt durch schwere Kriegsschäden glich die Burg 1945 beinahe einer Ruine und wurde erst allmählich wieder aufgebaut.

Pfarrkirche Hl. Johannes Nepomuk
Wallfahrtskirche zum Hl. Kreuz

Ein Bestandteil der Burganlage ist die Pfarrkirche zum Hl. Johannes Nepomuk. Die nachgotische Saalkirche wurde durch Hans Christoph von Wolzogen zwischen 1607 und 1612 als evangelische Erlöserkirche erbaut. 1733 wurde diese zwischenzeitlich katholische Kirche durch Kaiser Karl VI. neu eingerichtet und ein Kuratbenefizium für die Arbeiter der Spiegelfabrik gestiftet. 1783 wurde sie im Zuge der josephinischen Pfarrreform zur Pfarrkirche erhoben. Der Hochaltar mit dem Bildnis des Kirchenpatrons sowie der überwiegende Teil der Innenausstattung stammen aus dem 18. Jahrhundert.

An der Pfarrkirche Neuhaus führt, wie bei manch anderer Kirche des Wienerwaldes, einer der Wallfahrerwege nach Mariazell vorbei, ohne aber selbst auch Wallfahrtsziel zu sein. In Gesprächen mit den Pfarrverantwortlichen von Neuhaus wurde dies deutlich. Doch ist Neuhaus wirklich nicht das Ziel von Pilgern? Recherchen zu diesem Buch führten auch zu Gesprächen mit kundigen

Wallfahrern. So wurde mir von einer Frau erzählt, sie pilgere, meist der Familientradition verpflichtet, unter anderem in aller Stille zu Kirchen, die im Laufe der letzten Jahrzehnte nur mehr bei wenigen als Wallfahrtsziel bekannt sind. Die vor Ort in der Seelsorge Wirkenden nehmen meistens auch keine Notiz davon. Von ihr wurde ich auf das Kreuzreliquiar von Neuhaus aufmerksam gemacht, das man »*seit vielen Jahren nicht mehr zu Gesicht*« bekomme. Dieser Spur folgend fand ich bei Gustav Gugits in seinem Standardwerk über die österreichischen Gnadenstätten (Auflage 1955), dass ein lokaler Wallfahrtszuzug nach Neuhaus zu einem »*Kruzifix (vielleicht Kreuzpartikelmonstranz)*« bestehe. Tatsächlich existiert heute noch in der Pfarrkirche von Neuhaus das besagte alte Reliquiar. Die Vertreter des Pfarrgemeinderates wussten nicht, dass die Kreuzreliquie Gegenstand von Wallfahrten war. Ihre Begeisterung führte zu Gesprächen, wie der Wandel vom »unbekannten« zum »bekannten« Wallfahrtsort vollzogen werden könne. Als erster Schritt erfolgte ab 2008 die Erteilung des Wettersegens, der allgemeinen kirchlichen Gepflogenheit entsprechend, wieder mit dem Kreuzreliquiar. Die aktuelle Thematik der Schöpfungsverantwortung wird neu in die Pfarr- und Wallfahrtsseelsorge miteingebunden werden. Für die Bewahrung der Schöpfung zu beten und aktiv zu werden, ist mehr denn je eine Notwendigkeit in unserer Zeit.

Kreuzreliquiar

Es freut mich, durch die Vorarbeiten zu diesem Buch den Impuls zur Wiederbelebung der Wallfahrt nach Neuhaus mit dem neuen Aspekt der Schöpfungsverantwortung gegeben zu haben. Papst Benedikt XVI. hat am 6. August 2008 über die Schöpfungsverantwortung vor dem Klerus der Diözese Bozen-Brixen gesagt:

Kirche Hl. Johannes Neopomuk

»Die Schöpfung stöhnt – wir spüren es, wir hören es förmlich –, und sie wartet auf Menschen, die sie von Gott her anschauen. Der brutale Verbrauch der Schöpfung setzt dort ein, wo es keinen Gott gibt, wo Materie nur noch Material ist für uns, wo wir selbst die letzten Instanzen sind, wo das Ganze uns einfach gehört und wir es für uns verbrauchen. … So glaube ich, dass wir jeweils die beiden Dimensionen – Schöpfung und Erlösung, Leben und ewiges Leben, Verantwortung für die Schöpfung und Verantwortung vor den anderen und vor der Zukunft – ineinander bringen müssen und dass es unsere Aufgabe ist, so verständlich und nachdrücklich in die Öffentlichkeit hineinzureden. Zugleich müssen wir, um Gehör zu finden, mit unserem eigenen Beispiel, mit unserem eigenen Lebensstil zeigen, dass es eine Botschaft ist, die wir selber glauben und die man leben kann.«

Gebet

Gott, du Schöpfer aller Dinge,
du hast uns Menschen die Welt anvertraut
und willst, dass wir ihre Kräfte nützen.
Aus dem Reichtum deiner Liebe
schenkst du uns die Früchte der Erde:
den Ertrag aus Garten und Acker,
Weinberg und Wald,
damit wir mit frohem und dankbarem Herzen
dir dienen.

Erhöre unser Gebet:
Halte Ungewitter und Hagel,
Überschwemmung und Dürre,
Frost und alles, was uns schaden mag,
von uns fern.
Schenke uns alles, was wir zum Leben brauchen.
Darum bitten wir durch Christus, unseren Herrn.

Der Wettersegen ist ein altes Segensgebet der katholischen Kirche.

Neuhaus, Pfarrkirche ⇨ Schwarzensee, Kirche

Variante PKW:

Von Neuhaus nach Schwarzensee sind es mit dem Auto nur mehr knapp 5 Minuten Fahrt (2,5 km). Man fährt den Kirchensteig zurück und biegt bei der Stopptafel nach rechts in die Schwarzenseer Straße ein. Nun muss man einmal links abbiegen, um auf der Schwarzenseer Straße zu bleiben. Schließlich biegt man bei Schwarzensee links ab. Die Kirche von Schwarzensee befindet sich auf der rechten Seite.

Variante öffentliche Verkehrsmittel:

Mit den öffentlichen Verkehrsmitteln ist die an und für sich kurze Wegstrecke derzeit nur über weite Umwege zu bewältigen. Es empfiehlt sich daher zu Fuß zu gehen.

Variante Fußmarsch:

Diese Strecke ist auch zu Fuß leicht zu bewältigen. In rund 45 Minuten hat man die Distanz von knapp 3 km überwunden. Die Höhenmeter, die es zu bewältigen gilt, betragen rund 100.

Man geht den Kirchensteig zurück in Richtung Dietrichsteingasse, biegt aber nicht in diese ein, sondern bleibt auf dem Kirchensteig. Gerade weiter geht es in die Feldgasse. Bald erreicht man eine Kapelle. Links davon befinden sich der markierte Wanderweg 448 und eine Skiroute. Diese Richtung schlägt man ein. Hier ist eine Steigung zu bewältigen. Bald kommt man zu einer Weggabelung, bei der man geradeaus weitergeht. Kurz darauf trennen sich dann die Skiroute und der Wanderweg. Der Wanderweg führt nach links weg und die Skiroute, die man wählt, nach rechts. Nun geht es bergab. Schon bald stößt zur Skiroute der Wanderweg 404. Beide führen gemeinsam direkt nach Schwarzensee.

SCHWARZENSEE

Am Fuß eines der schönsten und größten Klettergärten Österreichs, des Peilstein, liegt der kleine Haufenweiler Schwarzensee im Bundesland Niederösterreich in der Erzdiözese Wien. Egal ob sich jemand auf der Durchfahrt befindet oder ob er, vom mächtigen Peilstein angelockt, bewusst hierher kommt – er wird das Kirchlein auf den ersten Blick nicht wahrnehmen. Es bedarf des Durchschreitens des Friedhofstores, um die stimmungsvolle, fast einer Bergwelt gleichende Einheit von Kirche und Friedhof wahrzunehmen. Inmitten des idyllischen, alten, kleinen Friedhofes liegt die Kirche mit einem Dachreiter als Glockenturm.

Wallfahrtskirche zum Heiligen Ägydius

Anstelle einer Holzkirche erfolgte im 12. Jahrhundert die Errichtung einer steinernen Wehrkirche. Die urkundlich erstmalige Erwähnung aus 1155 dokumentiert die Erbauung durch die Zisterziensermönche aus Heiligenkreuz im Wienerwald. Die im Kern romanische kleine Saalkirche wurde mehrmals verändert und erhielt in der Barockzeit ihre heute noch vorhandene Inneneinrichtung. Bemerkenswert ist die volkstümliche Darstellung der Steinigung des Erzmärtyrers Stephanus auf einem Ölbild aus dem 18. Jahrhundert. Anstelle der 1974 gestohlenen barocken Gnadenstatue des hl. Ägydius wurde 1975 eine von einem Pottensteiner Künstler neu angefertigte Statue auf dem Hochaltar aufgestellt.

Die Bauern, die im Besitz von Rossen waren, haben hier auch auf die Fürbitte des ältesten und patroziniumsgeschichtlich hervorragendsten Pferdepatrons, des heiligen Erzmärtyrers Stephanus, vertraut.

Das Ziel der bäuerlichen Wallfahrer nach Schwarzensee war primär der heilige Ägydius. Ägydius, einer der 14 Nothelfer, der im Vergleich zu den anderen keinen Martertod starb, wird seit alters als Vieh- und Wetterpatron verehrt. Der um 720 verstorbene Ägydius war angeblich eine Zeit lang Einsiedler in der Provence. Die Legende berichtet, dass er sich nur von Kräutern und der Milch einer

Hirschkuh ernährt habe. Als eines Tages die Hirschkuh von Jagdhunden verfolgt wurde, suchte sie Schutz in der Höhle des Einsiedlers. Seit dem 9. Jahrhundert wird Ägydius als Heiliger verehrt. Auf Grund besagter Legende gilt er unter anderem als Patron der stillenden Mütter, des Viehs und der Jäger. Angerufen wird er auch bei Dürre, Feuer und Sturm. Sein Gedenktag, der 1. September, galt als bäuerlicher Herbstbeginn und Lostag: »Willst du Korn im Überfluß, sä' es zu Ägydius.« Am Ägidiustag wird mancherorts dem Vieh gesegneter Fenchel ins Futter gegeben.

Das Wallfahrtsmotiv der Bauern war und ist es, um den heiligen Ägydius zu bitten, dass ihr Vieh von Tierkrankheiten verschont bleibt bzw. geheilt wird. Von 1741 bis in die Regierungszeit Kaiser Josephs II. – dieser verbot Wallfahrten bekanntlich – fanden am Ägydi- und Stephanitag Prozessionen von der Mutterpfarre Alland nach Schwarzensee statt, mit dem Ziel, hier einen Pilgergottesdienst zu feiern. 1904 wallfahrten die Nöstacher und Hafnerberger hierher, um nach monatelanger Trockenheit Regen zu erbitten. Der Chronist vermerkt, dass viele Wallfahrer von nah und fern, sogar aus dem Burgenland, während des Ersten Weltkrieges und auch später noch kamen, insbesondere am

Kirche Hl. Ägydius

Gnadenstatue Hl. Ägydius

1. September, um den Viehpatron St. Ägydius um Fürbitte anzurufen. Nach dem Zweiten Weltkrieg zogen wieder Bittprozessionen nach Schwarzensee, um Ägydius' Fürsprache anzurufen.

Die Pilger trugen früher aus Eisen angefertigte Rinder, Rosse, Schweine und Schafe in Prozessionen um den Altar herum, später stellten sie diese gleich auf den Hochaltar. Von diesen unzähligen angesammelten Eisenvotiven sind beinahe alle aus der Kirche in der Zwischenzeit abhanden gekommen, heute gesellen sich nur mehr fallweise eiserne Rosse und Rinder dazu.

Wenngleich Schwarzensee als Ziel von Pilgern außerhalb der näheren Umgebung und auch dort oft unbekannt ist, ist der heilige Ägydius insbesondere an seinem Gedenktag Ziel für jene Menschen, die seine Fürsprache gegen Tierkrankheiten anrufen.

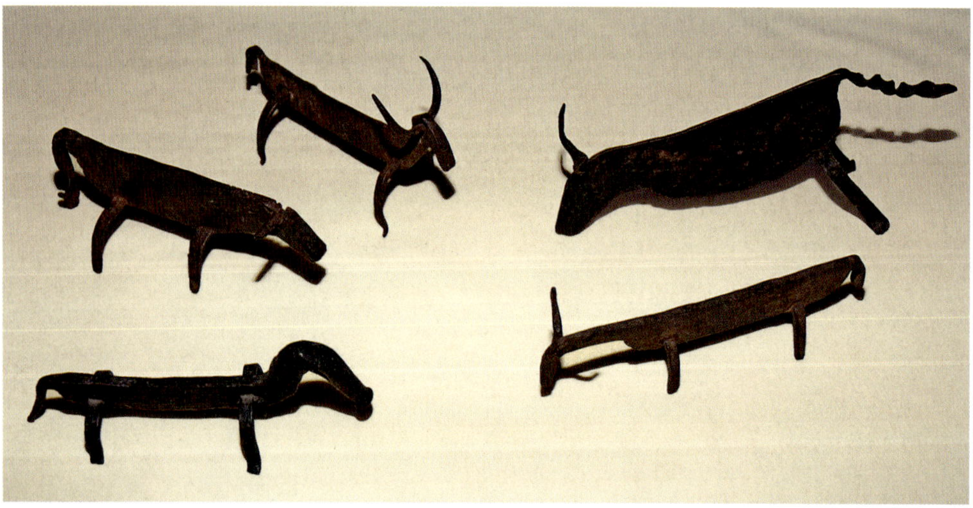

Eisenvotive

Gebet

Heiliger Patron und Nothelfer Ägydius!
Du warst in deinem irdischen Leben ein Mann des Gebetes und der Tat. Heute verehren wir dich als unseren Fürsprecher bei Gott und als einen bewährten Helfer in der Not. Wir vertrauen dir alle Menschen an, insbesondere jene, die auf deine Fürbitte vertrauen. Wir bitten dich aber auch für die Tiere und alle, die sie hegen und pflegen: Halte deine schützende Hand über sie! Lass uns immer mehr erkennen, wie sehr wir einander gegeben und aufgegeben sind, weil wir ja alle Gottes geliebte Geschöpfe sind. Das erbitten wir von dir, hl. Ägydius, der du bei Gott für die Not leidenden Menschen und die bedrohte Tierwelt eintrittst, heute, morgen und in Ewigkeit. Amen.

Pfarrer Edmund Muhrer, Pfarre zum Hl. Ägydius in Altaussee/Stmk., erstellte das Gebet für dieses Buch im Jahr 2008.

Schwarzensee, Kirche ⇨ Maria Raisenmarkt, Pfarrkirche

Variante PKW:

Mit dem Auto benötigt man für die 3 km nur knapp fünf Minuten. Man fährt auf der Straße Schwarzensee weiter. Dann biegt man links Richtung Schwarzensee (zu beachten: hier haben viele Straßen den gleichen Namen) ab und fährt auf der Straße Schwarzensee geradeaus weiter. Nun folgt man dem Holzschlag und dann der Straße Maria Raisenmarkt. Man muss sich links halten, um auf der Straße Maria Raisenmarkt zu bleiben. Bei der Kirche von Maria Raisenmarkt kann man das Auto parken.

Variante öffentliche Verkehrsmittel:

Diese Strecke ist wieder sehr ungeeignet für die öffentlichen Verkehrsmittel. Erst nachdem man knapp eine halbe Stunde zu Fuß zur Haltestelle Raisenmarkt Wendestelle/Obermeierhof gegangen ist, kann man mit dem Bus zur Haltestelle Raisenmarkt Ortsmitte fahren. Zu Fuß geht man zuerst auf Schwarzensee, dann weiter auf der Schwarzenseer Straße, biegt nach wenigen Metern aber schon nach links Richtung Schwarzensee (zu beachten: hier haben viele Straßen denselben Namen) ein. Nun folgt man der Straße Schwarzensee, dann dem Holzschlag und schließlich der Straße Maria Raisenmarkt.

Variante Fußmarsch:

Für die rund 3,5 km braucht man zu Fuß eine knappe Stunde.

Der Fußmarsch ist recht angenehm, weil es stets bergab geht. Von der Kirche in Schwarzensee geht man Richtung Norden auf Schwarzensee. Am Ende des Ortes biegt man rechts ab. Man befindet sich nun auf dem Wanderweg 448, dem man kurz folgt. Bald zweigt links ein gelb markierter Weg ab, den man einschlägt. Nach kurzem trifft man auf einen Weg mit der Bezeichnung Holzschlag. Diesem folgt man bis nach Maria Raisenmarkt. Im Ort muss man nur mehr der Hauptstraße bis zur Pfarrkirche folgen.

MARIA RAISENMARKT

Am nördlichen Teil der Ausläufer des Peilstein sind die Ruine Arnstein und in der Nähe die Arnsteinhöhle vorzufinden. Die 1170 erstmals urkundlich erwähnte Burg der Herren von Arnstein war ab dem 14. Jahrhundert landesfürstlich und wurde 1529 durch die Türken zerstört. Von weitem sichtbar ragt in diesem Ensemble ein nadelförmiges Felsgebilde, die Arnsteinnadel, über den Ort Maria Raisenmarkt. 1989 wurde das 1285 erstmals urkundlich erwähnte Dorf von Raisenmarkt auf Maria Raisenmarkt umbenannt. Die Herren von Arnstein, die wahrscheinlich zwischen 1150 und 1180 eine Kirche zu Füßen der Burg hatten errichten lassen, haben gewissermaßen den Grundstein für Maria Raisenmarkt gelegt. Durch den südöstlich von Alland im Bundesland Niederösterreich und in der Erzdiözese Wien gelegenen Kirchweiler fließt der namensgleiche Raisenbach.

Pfarrkirche St. Philipp und Jakobus der Jüngere Wallfahrtskirche zu Unserer Lieben Frau in Lourdes

Der schlichte josephinische, im Kern mittelalterliche Bau mit Schopfwalmdach und einem Kirchturm in Form eines Dachreiters unter einer Zwiebelhaube lässt auf Grund seiner äußeren Erscheinung Assoziationen zu einer Gebirgskirche aufkommen. Das 1783 zur Pfarrkirche erhobene Gotteshaus erfuhr von 1883 bis 1889 einen umfassenden Umbau. Der aus dem Stift Heiligenkreuz stammende klassizistische Hochaltar wurde im 19. Jahrhundert hierher überbracht. Auf zwei

Kirche St. Philipp und St. Jakobus der Jüngere

Gnadenstatue
Unsere Liebe Frau in Lourdes

Glasfenstern aus dem Ende des 19. Jahrhunderts sind die beiden Kirchenpatrone dargestellt. Vor dem Seitenaltar, einem barocken Holzmodell des ehemaligen Hochaltares der Stiftskirche Heiligenkreuz, befindet sich seit 1977 eine Kopie der Gnadenstatue »Unserer Lieben Frau in Lourdes«.

Der seinerzeitige Wallfahrtsdirektor von Maria Roggendorf/NÖ Msgr. Dr. Hans Hermann Groer, der spätere Wiener Erzbischof und Kardinal, der als Wegbereiter für die Gottesdienstform der Monatswallfahrten gilt, hat den seinerzeitigen Pfarrseelsorger von Maria Raisenmarkt Pater Beda Zilch OCist (=Zisterzienser) bestärkt, in seiner Pfarre eine Monatswallfahrt zu institutionalisieren.

Am 13. April 1977 fand die erste Monatswallfahrt nach Maria Raisenmarkt statt. Damit war das offizielle Zeichen für das Pilgern zu Maria, »Unserer Lieben Frau in Lourdes«, gegeben. Kurz darauf wurde analog zum ersten Erscheinungstag in Lourdes am 11. Februar 1858 die Monatswallfahrt auf jeden Elften des Monats festgelegt. Lourdes ist jener Ort in Frankreich, an dem die Gottesmutter Maria der hl. Bernadette Soubirous erschien und sich als »Die Unbefleckte Empfängnis« offenbarte. Dieser größte marianische Wallfahrtsort Europas ist ein Gnadenort, wo Kranke Heilung erhoffen und manche auch erfahren. Ausgehend von der mit Lourdes untrennbar verbundenen Gottesdienstfeier hat die Krankensegnung an vielen Orten der Welt Einzug gehalten. Am 8. September 1987 erhob Erzbischof Hans Hermann Kardinal Groer die Pfarrkirche Maria Raisenmarkt zum Sanctuarium, d. h. zur Wallfahrtskirche.

Am 11. jeden Monats wird also die Monatswallfahrt gefeiert. Um 18.30 Uhr wird mit dem kirchlichen Abendgebet, der Vesper, begonnen. Anschließend folgen das Rosenkranzgebet, die Feier der hl. Messe, die Krankensegnung und die Segnung der Andachtsgegenstände. In den wärmeren Monaten findet eine Lichterprozession zur nahegelegenen Mariengrotte statt.

Der derzeitige Pfarrseelsorger von Maria Raisenmarkt, P. Benedikt Stary OCist, schreibt dem Verfasser dieses Buches am 11. Oktober 2008: »*Immer schon sind viele Fußwallfahrer an unserer Kirche vorbeigekommen und haben still in unserer Kirche verweilt. In den letzten Jahren hat der Strom der Fußwallfahrer noch stark zugenommen. Immer wieder halten die Wallfahrer an und feiern hl. Messen oder Andachten in unserer Kirche.*«

Gebet

Mit allen unseren Schwestern und Brüdern,
mit den Völkern, die nicht in Frieden und Gerechtigkeit leben,
mit den jungen Menschen, die ihren Weg suchen,
die du dich ganz jung der jungen Bernadette gezeigt hast,
mit denen, die mit Trauer, mit Krankheit,
mit einer Behinderung oder mit einem Misserfolg leben,
mit denen, die Grund zur Verzweiflung hätten,
Unsere Liebe Frau von Lourdes,
beten wir zu dir!

Der Text stammt aus dem offiziellen Jubiläumsgebet, das im Jahr 2008 anlässlich des 150. Jubiläums der Erscheinung in Lourdes gebetet wurde.

Maria Raisenmarkt, Pfarrkirche ⇨ Hafnerberg, Pfarrkirche

Variante PKW:

Für die rund 12 km lange Strecke benötigt man zirka 15 Minuten. Man fährt auf der Straße Maria Raisenmarkt, auf der man gekommen ist, weiter. Dann setzt man die Fahrt auf der Straße Untermeierhof fort. Man fährt durch den Ort Mayerling. Bei der B210/Badner Bundesstraße/Mayerling biegt man links ab und fährt auf der B210 weiter. Nun kommt man durch Alland. Bei der B11/Heiligenkreuzer Straße biegt man links ab, genauso wie dann bei der B11/Hauptstraße/Mödlinger Bundesstraße. Die Fahrt führt durch Dörfl und Nöstach. Bei der Straße Nöstach biegt man rechts ab und fährt dann auf der Straße Hafnerberg weiter, wo man bei der Kirche von Hafnerberg parkt.

Variante öffentliche Verkehrsmittel:

Die reine Fahrtzeit mit den öffentlichen Verkehrsmitteln beträgt 20 Minuten. Man benützt den Bus von Raisenmarkt, Ortsmitte bis Alland Hauptplatz. Dort steigt man um und fährt bis Hafnerberg, Kirche.

Variante Fußmarsch:

Zu Fuß sollte man für die knapp 6 km lange Strecke 1 h 30 einplanen.

Zu Beginn schlägt man den Weg links von der Kirche in Hafnerberg ein. Gleich darauf biegt man nochmals links ab und schon befindet man sich auf der gut markierten Via Sacra. Erreicht man die erste Gabelung, hält man sich links. Auf diesem Weg kommt man nahe der Arnsteinhöhle vorbei. Direkt erreicht man sie nicht, weil man nicht den Weg zu dieser einschlägt, sondern sich rechts hält. Bei der nächsten Weggabelung biegt man links auf den Weg Holzschlag. Ab hier geht es bergab. Jenseits der Straße führt die Via Sacra links wieder von der Straße weg. Man gelangt zu einem Bildstock und zur Mostschenke. Kurz darauf kommt man wieder an einem Bildstock vorbei. Der Weg führt ein Stück entlang der Mödlinger Bundesstraße. Dann biegt man links auf Nöstach ein. Bei der nächsten Kreuzung, bei der sich ein Wegkreuz befindet, geht es nach links. An einem Bildstock marschiert man noch vorbei, dann erreicht man Hafnerberg. Etwas vor der Kirche von Hafnerberg befindet sich noch einmal ein Wegkreuz.

HAFNERBERG

Die in der Literatur anzutreffenden Schreibweisen »Hafnerberg-Nöstach« oder »Nöstach-Hafnerberg« sind auf den Umstand zurückzuführen, dass der Ort den Namen Nöstach und die Pfarre mit der Pfarr- und Wallfahrtskirche den Namen von Hafnerberg trägt. Der Bergsattel des östlichen Ortsteiles Hafnerberg ist seit eh und je ein wichtiger Übergang in das Triestingtal. Nöstach liegt an einer wichtigen Durchzugsstraße des Wienerwaldes im Bundesland Niederösterreich in der Erzdiözese Wien. Der Kirchweiler Nöstach wird urkundlich im Jahr 1136 als Standort der Schwarzenburg erwähnt. Die Stammburg des Geschlechts von Schwarzenburg ist im 14. Jahrhundert ausgestorben. Die Burgruine mit der ehemaligen Kirche zum Hl. Pankraz auf dem Pankraziberg ist nach 1806 immer mehr verfallen, seit dem Jahr 1979 werden aber Konservierungsarbeiten vorgenommen. Zum Verfall hat nicht zuletzt die Aufhebung der Burgkapelle durch Kaiser Joseph II. im Jahr 1784 beigetragen. Spärliche Mauerreste der im Jahr 1157 urkundlich erwähnten Burg Vestenberg auf dem Festenberg weisen auf die letztmals um 1360 genannte Anlage hin. Im Zentrum des Ortes, inmitten des Dorffriedhofes, steht auf einem Hügel die Kirchenruine der ehemaligen Pfarrkirche zum Hl. Martin. Im Jahr 1256 wird das Kirchengebäude urkundlich genannt, und bereits 1273 ist eine Pfarre an ihm errichtet worden. Im Zuge der josephinischen Kirchenpolitik sind die Pfarrrechte im Jahr 1783 auf die Wallfahrtskirche auf dem Hafnerberg übertragen worden. Der Beginn der Wallfahrt auf den Hafnerberg in Nöstach ist mit der Errichtung der Mariensäule im Jahr 1653 anzusiedeln.

Wallfahrts- und Pfarrkirche Unsere Liebe Frau

In den Jahren 1713 bis 1716 ist über der Mariensäule im heutigen Ortsteil Hafnerberg eine Kapelle erbaut worden, die aber in kurzer Zeit für den Pilgerzustrom zu klein wurde. Im Jahr 1726 wurde der Bau einer Marienwallfahrtskirche vom Abt von Klein-Mariazell, Ildephons von Mannagetta, geplant. In den

Jahren von 1729 bis 1740 wurde nach Plänen von Daniel Dietrich aus Wien ein barocker Zentralbau errichtet, der 1745 eingeweiht wurde. Die Klosteranlage aus dem Jahr 1739 ist an die Kirche angebaut. Das vom Benediktinerkloster Klein-Mariazell aus gegründete Kloster wurde unter Joseph II. aufgehoben und von Weltpriestern, dazwischen im 20. Jahrhundert u. a. von der Ordensgemeinschaft der Herz-Jesu-Priester, betreut. Seit dem Jahr 2007 sind das Kloster und die Pfarr- und Wallfahrtsseelsorge der Gemeinschaft »Brüder Samariter der Flamme der Liebe des Unbefleckten Herzens Mariens« anvertraut, die hier im September 2008 das Noviziat ihrer Gemeinschaft für den deutschsprachigen Raum eröffnet hat. Die einheitliche Barockeinrichtung- und ausstattung der Kirche erfolgte in den Jahren 1741 bis 1771. Das grandiose Kuppelfresko mit dem zentralen Thema der Aufnahme Mariens in den Himmel aus dem Jahr 1743 ist das Hauptwerk des Tiroler Malers Joseph Ignaz Mildorfer. Mildorfer zeichnet auch für die meisten Wandmalereien in der Kirche verantwortlich. Die Innenarchitektur wird von reichen Stuckdekorationen aus der Hand von J. G. Reßler gekennzeichnet, der im Jahr 1745 die in herrlichem Grünton gehaltene, vergoldete Hängekanzel schuf. Von den vier Seitenaltären zeigt das Altarbild des »Donatusaltares« die wahrscheinlich älteste Darstellung der Hafnerberger Wallfahrtskirche. Der heilige Donatus wird im Allgemeinen um Schutz vor Unwetter angerufen. Das Gemälde von Mildorfer aus dem Jahr 1752 zeigt den Heiligen, wie er während eines Gewitters um Schutz für den Wallfahrtsort bittet. Der in den Farben Rot, Weiß und Gold gestaltete Hochaltar aus den Jahren 1743/1744 verbirgt hinter dem freistehenden Altartisch und dem darauf aufgesetzten Tabernakel die steinerne Mariensäule aus dem Jahr 1653. Im noch nicht vollendeten Bau des Gotteshauses war im Jahr 1735 diese originale, in Barockmanier bemalte und ge-

Kirche Unsere Liebe Frau

krönte steinerne Gnadenstatue aufgestellt worden. Sie wurde zentral unter einem Baldachin in den Hochaltar eingefügt, wobei vom Kirchenschiff aus nur der obere Teil, die Statue selbst, nicht aber die Säule zu sehen ist. Die mit zahllosen Votivgaben bedachte Wallfahrtskirche zeigt zwei kostbare Votivbilder im Altarraum. Sowohl das Votivbild der Gemeinde Grossau aus dem Jahr 1741 als auch jenes von Siegenfeld aus dem Jahr 1762 zeigen die Landbevölkerung mit Rindern und Pferden. Die Bauern bitten Maria, dass ihre Orte vor Viehseuchen und -sterben bewahrt bleiben.

Gnadenstatue Unsere Liebe Frau

»Der Ursprung des Gnadenortes reicht bis zum Jahre 1653 zurück, in welchem Jahre der Müllermeister zu Fischamend, Pankraz Reichard, in Erfüllung eines Gelöbnisses, die gegenwärtig hinter dem Hochaltare der Kirche angebrachte steinerne Säule mit der darüber befindlichen Marienstatue errichten ließ. Reichard war bei einer Fahrt nach Mariazell durch Scheuwerden und Fortstürmen seiner Pferde, auf dem damaligen steilen und schmalen Wege des Hafnerberges [jetzt »der alte Weg« genannt, Anm. d. Verf.] *in augenscheinliche Lebensgefahr geraten, und hatte nach glücklicher Rettung und in Erinnerung eines anderen Versprechens, das die Inschrift der Säule andeutet, das erwähnte Liebfrauenbild hierorts aufstellen lassen.«* Diese Beschreibung über den Ursprung des Gnadenortes ist im 1913 erschienenen Buch »Des Österreichers Wallfahrtsorte« nachzulesen.

In einer Aufzeichnung aus 1899 wird festgehalten, dass zahlreiche Wallfahrer aus den Orten des Triesting- und Schwechattales sowie Scharen aus Ungarn und Mähren zur Gnadenmutter vom Hafnerberg kommen. Um 1910 werden jährlich 5000 Wallfahrer und etwa 100 Prozessionen gezählt, später wird ein leichter Rückgang an Pilgern verzeichnet, dafür ein Anstieg von Touristen. Der Rückgang an Fußwallfahrten wird dem Umstieg der Pilger auf die Eisenbahn zugeschrieben, sodass viele Mariazeller Wallfahrten am Hafnerberg ausbleiben.

Von Interesse ist die Zuordnung nach der Sprachzugehörigkeit. Demnach sind die Hälfte deutschsprachige, 30 Prozent slawischsprachige und 20 Prozent ungarischsprachige Pilger. Gustav Gugits schreibt in seinem Buch über die österreichischen Gnadenstätten: »*Jetzt als Wallfahrt wenig begangen. Nur mehr eine Prozession aus Sulz. Für den einst starken Zuzug zeugen noch reiche Stiftungen.*« In einem Buch über Marienwallfahrtskirchen aus dem Jahr 1982 wird kurz festgehalten, dass es keine bestimmten Wallfahrtstage mehr gibt und nur noch angemeldete Autobuswallfahrten kommen. Die Einzelpilger finden keine Erwähnung. Als Hauptfest des Wallfahrtsortes wird bis heute das Kirchenpatrozinium Maria Himmelfahrt gefeiert. Das Hauptwallfahrtsmotiv ist seit der Entstehung die Abwehr von Viehkrankheiten und Schicksalsschlägen.

Monsignore Pichler charakterisiert in seinem Buch über die österreichischen Wallfahrtsorte im Jahr 1953 treffend den Wallfahrtsort: »*Der Hafnerberg ist eines der zahlreichen Bergheiligtümer des südlichen Niederösterreichs. … Als Gnadenbild erscheint eine 1 m hohe Madonnenstatue. … Es ist der Gegenstand tiefen Vertrauens für die Bauernbevölkerung des südlichen Wienerwaldes.*«

Gebet

O glorreiche Gottesgebärerin! Unsere mächtige Frau und Fürsprecherin! So viele Menschen kommen zu Dir, um Dich in allerlei Nöten zu bitten und Dir für manche Gnadenerweisungen, welche sie durch Deine Fürbitte erreicht haben, zu danken; darum eile auch ich zu Dir und bitte Dich: Bringe meine Bitten bei Deinem Sohne in allen meinen Bedürfnissen der Seele und des Leibes dar! Schirme in jeder Gefahr und erbitte für mich den Erlass der Sünden und die Beharrlichkeit im Guten! Du verlassest keinen, der zu Dir seine Zuflucht nimmt, denn Du bist ja die Helferin der Christen, der Trost der Betrübten und die Zuflucht der Sünder. Erhöre mein Flehen und stehe mir bei, besonders aber in der Stunde des Todes, dass ich, versöhnt mit Deinem Sohne, in Gottes Gnade sterbe. Amen.

Das Gebet hat Pater Karl-Heinz Wiegand, Wallfahrts- und Pfarrseelsorger von Hafnerberg, im Jahr 2008 übermittelt.

Hafnerberg, Pfarrkirche ⇨ Dornau, Kirche

Variante PKW:

Mit dem Auto ist man gut 5 Minuten unterwegs. Zuerst fährt man auf der Straße Hafnerberg weiter. Sobald man die B18/Altenmarkt an der Triesting erreicht, biegt man rechts ab und fährt auf der B18 weiter. Man passiert Altenmarkt an der Triesting, bevor man nach Dornau/Thenneberg kommt.

Variante öffentliche Verkehrsmittel:

Mit den öffentlichen Verkehrsmitteln benötigt man diesmal nicht viel länger als mit dem Auto. Nach guten zehn Minuten hat man sein Ziel erreicht. Man fährt mit dem Bus von Hafnerberg, Kirche nach Thenneberg, Friedhof. Von dort geht man bis zur Kirche zu Fuß.

Variante Fußmarsch:

Diese Wanderung ist mit 1 h 30 von mittlerer Dauer. Dabei bewältigt man über 6 km. Man steigt zirka 80 Höhenmeter hinauf, um dann wieder 150 hinunterzugehen.

Der Weg, den man gekommen ist, setzt sich nach der Kirche von Hafnerberg weiter fort. Dafür biegt man nach links (Hafnerberg) ein und folgt dem rot markierten Weg bergab. Man darf jedoch nicht nach links auf den Weg Festenberg abbiegen, sondern muss geradeaus weitergehen, bis man zur Straße (Nöstach) gelangt. Man biegt nun nach rechts auf diese ein. Nach wenigen Metern, bei einem Bildstock, folgt man dem markierten Wanderweg, der links wegführt. Recht eben gelangt man zur Straße Altenmarkt an der Triesting. Bei dieser biegt man links ab. So gelangt man an einem weiteren Bildstock vorbei. Weiter geht es gerade bis zur B18, der Hainfelder Bundesstraße. Auf diese biegt man rechts ein. Dann wählt man die zweite Gasse auf der linken Seite und folgt den markierten Wanderwegen 4 und 404. Diese steigen stark an. Bei der Weggabelung geht man gerade bis leicht rechts (Weg 448). Dieser Weg biegt bald nach rechts ab. Ab hier fällt er und führt direkt nach Dornau/Thenneberg. Trifft man im Ort auf die B18, die Hainfelder Bundesstraße, so biegt man links auf sie ein und folgt ihr bis zur Kirche von Thenneberg.

DORNAU

Dornau, im Bundesland Niederösterreich in der Erzdiözese Wien an der Triesting gelegen, ist das Zentrum der Katastralgemeinde Thenneberg, die wiederum Teil der Marktgemeinde Altenmarkt an der Triesting ist. Der Ort Altenmarkt an der Triesting ist kein Wallfahrtsort, sehr wohl aber alle anderen Orte der Marktgemeinde. Die Wallfahrtsorte Dornau/Thenneberg, Hafnerberg/Nöstach, Klein-Mariazell und St. Corona am Schöpfl verleiteten den Wiener Wallfahrer Wolfgang Schön zum Spruch: »*Wenn Tirol ›das Heilige Land‹ ist, dann ist Altenmarkt ›die Heilige Gemeinde‹*«. Thenneberg, urkundlich um 1155 erstmals erwähnt, verdankt seine Bedeutung als Wallfahrtsort dem am alten Pilgerweg nach Mariazell gelegenen Standort. Die mitten durch den Ort fließende Triesting trennt Thenneberg, sodass der eine Teil dem Wienerwald zugehörig ist und der andere dem Alpenvorland. Streng genommen steht die Kirche in der Dornau haarscharf noch im Alpenvorland, kulturgeschichtlich ist sie aber in Verbindung mit dem ehemaligen Benediktinerstift Klein-Mariazell als Wallfahrtsort des Wienerwaldes einzureihen. In diesem Zusammenhang ist zu sehen, dass die Seelsorge in der Dornau gegenwärtig von jenen Patres ausgeübt wird, die auch seit kurzem im reaktivierten Wienerwaldkloster von Klein-Mariazell leben. Im Jahre 1637 ist von Wiener Männern, zwei von ihnen waren Leutnants der »kais. Stattquardi«, eine Steinsäule mit der Statue Leidender Heiland in der Dornau aufgestellt worden.

Kirche Zum Leidenden Heiland

Wallfahrtskirche Zum Leidenden Heiland

Als einmal der Abt des Benediktinerklosters Klein-Mariazell Jacob Pach mit einem Rossegespann nächst der Steinsäule vorbeifuhr, scheuten die Pferde. Zum Dank, dass er die lebensgefährliche Situation heil überstanden hat, ließ Jacob Pach eine hölzerne Kapelle erbauen. Kurze Zeit später veranlasste der Klein-Mariazeller Abt den Bau einer gemauerten Kapelle. Bedingt durch den Pilgerzustrom erfolgte bereits in den Jahren 1764 bis 1766 der Ausbau zur Kirche. Im Weihejahr 1766 erfolgte am 21. September die Transferierung der Steinsäule in die Kirche. Der spätbarocke Kirchenbau beeindruckt im Inneren durch zwei Pendentifkuppeln. Die josephinische Kirchenreform bewirkte, dass die Kirche 1782 zu einer Lokalpfarre erhoben und von einem Priester des aufgehobenen Stiftes Klein-Mariazell betreut wurde. 1808 wird auch die Lokalpfarre aufgehoben und die Kirche samt Ort der Pfarre Altenmarkt an der Triesting einverleibt. Die bemerkenswerten Wand- und Deckenmalereien stammen aus der Bauzeit. Hinter dem spätbarocken Hochaltar ist seit dem Jahr 1766 die Steinsäule mit der Figur »Christus in der Rast« aufgestellt. In der Anfangsphase kamen so viele Pilger hierher, dass nicht nur alle Kosten für den Kirchenbau gedeckt wurden, sondern mit dem finanziellen Überschuss ein eigener Seelsorger für die Kirche besoldet werden konnte. Im Zusammenhang mit dem Wallfahrtszug wurden auch Votivbilder, wie zum Beispiel jenes von der Gemeinde Alland aus dem Jahr 1868, und etliche silberne Herzen, Augen und Füße gestiftet. Am 3. Jänner, am Schmerzensfreitag und am Karfreitag kamen verstärkt Pilger hierher. In den fünfziger Jahren des 20. Jahrhunderts wird berichtet, dass der

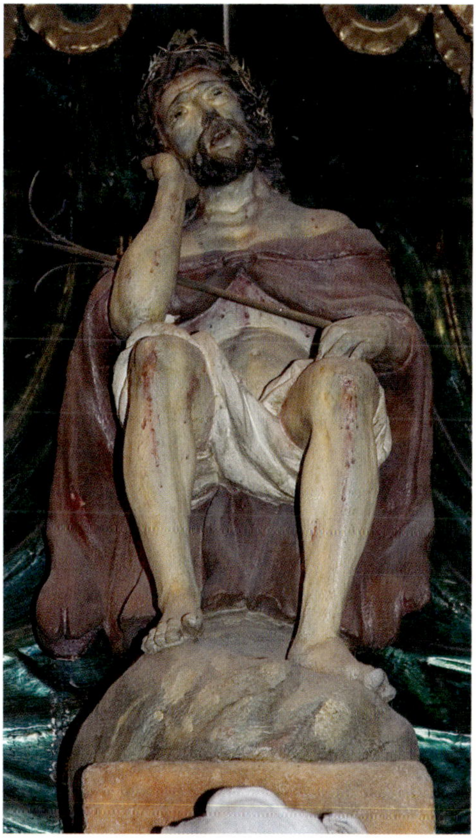

Gnadenstatue Leidender Heiland

Zuspruch durch Wallfahrer nur mehr gering ist. Seit einigen Jahren ist wieder ein stetiger Wallfahrtsaufschwung zu verzeichnen, vor allem bei Pilgern, die auf dem Weg nach Mariazell sind oder anlässlich des Besuches einer Wallfahrtskirche der Umgebung auch nach Dornau kommen. Nur wenige Pilgergruppen, wie die alte Gelöbniswallfahrt zum Schutz vor Hagelunwetter des Ortes Kaumberg alljährlich im Juni, haben den Gnadenort als Ziel der Wallfahrt. Die Wallfahrtskirche »Zum leidenden Heiland in der Dornau« ist für Pilger ein Ort, um über einen Weg der Bewältigung oder der Annahme des eigenen Leids oder das eines nahen Mitmenschen im Gebet zu reflektieren.

Der leidende Heiland in der Dornau.

Gebet

Leidender Heiland in der Dornau, Quelle alles Guten,
ich bete Dich an, ich glaube an Dich, ich hoffe auf Dich,
ich liebe Dich und bereue alle meine Sünden.
Dir schenke ich mein armes Herz.
Mach es demütig, geduldig, rein
und in allem Deinen Wünschen entsprechend!
Gib, o guter Jesus, dass ich in Dir und Du in mir lebst.
Beschütze mich in Gefahren, tröste mich in Trübsal und Betrübnissen!
Gewähre mir die Gesundheit des Leibes und der Seele,
Deinen Segen für alle meine Werke und die Gnade eines heiligen Todes!
Amen.

Das Gebet übermittelte der Prior des Klosters Klein-Mariazell, Pater Alois Hüger, im Jahr 2008 für dieses Buch (vgl. Breve von Benedikt XV.).

Dornau, Kirche ⇨ Klein-Mariazell, Basilika

Variante PKW:

Mit dem Auto bewältigt man die 4 km lange Strecke in guten 5 Minuten. Zuerst geht es auf der B18/Thenneberg ein Stück zurück in Richtung Thenneberg. Bei Altenmarkt an der Triesting biegt man links ab und bei der Straße Thenneberg rechts. Weiter geht es auf Klein-Mariazell zu, wobei man nach rechts abbiegen muss, um auf dieser Straße zu bleiben.

Variante öffentliche Verkehrsmittel:

Mit den öffentlichen Verkehrsmitteln benötigt man diesmal nicht viel länger als mit dem Auto. Man fährt von Thenneberg, Kirchenplatz nach Klein-Mariazell. Nach nur zehn Minuten erreicht man sein Ziel.

Variante Fußmarsch:

Diese Wegstrecke ist recht gemütlich zu Fuß begehbar, weil es ziemlich eben die knapp 4 km bis Klein-Mariazell entlanggeht. Nach einer knappen Stunde Fußmarsch hat man sein Ziel erreicht.

Von der Kirche schlägt man wieder die Hainfelder Straße ein und folgt in der Richtung, aus der man gekommen ist. Dort, wo man den markierten Weg verlassen hat, schlägt man ihn wieder ein, jedoch geht man nicht nach rechts, von wo man gekommen ist, sondern links. Dieser führt entlang der Bahn. Nach kurzem biegt er nach links ab und wird zu einem rot markierten Weg. So gelangt man wieder zur B18, zur Hainfelder Bundesstraße, in die man rechts einbiegt. Bei Altenmarkt an der Triesting, hier befindet sich ein Bildstock, biegt man links ein und folgt dem Weg 448 nach Klein-Mariazell.

KLEIN-MARIAZELL

WallfahrtsWeg
WienerWald

Die Klostersiedlung liegt in einem stillen Seitental des Triestingtales inmitten des Bundeslandes Niederösterreich in der Erzdiözese Wien. Das Charakteristikum des kleinen Wienerwalddorfes ist das 1136 gestiftete Kloster. Wer weiß schon, dass der Ort früher »Mariazell in Österreich« genannt wurde und älter als das im Jahr 1157 gegründete »Mariazell in Steiermark« ist. In diesem Zusammenhang ist auch die bei den Ungarn früher gebräuchliche Bezeichnung »Alt-Zell« für den niederösterreichischen Gnadenort zu verstehen. »Mariazell in der Steiermark« ist heute als größter Wallfahrtsort Österreichs unter dem Namen »Mariazell« international bekannt. Dem Benediktinerkloster in Klein-Mariazell unterstand bis zu seiner Aufhebung durch Kaiser Joseph II. im Jahr 1782 der obere Teil des Triestingtales und die Gebiete des kaiserlichen Waldes in St. Corona am Schöpfl. Im Jahr 2005 wurde ein neu gebautes Kloster eingeweiht und der 1982 gegründeten Gemeinschaft »Brüder Samariter der Flamme der Liebe des Unbefleckten Herzens Mariens« übergeben. Nach 203 Jahren ist das Klosterleben in Klein-Mariazell mit einem Prior als Klostervorsteher reaktiviert worden. Mit Ausnahme von dem in der Diözese St. Pölten gelegenen Kaumberg betreut die neue Gemeinschaft seelsorglich all jene Orte, die in vergangenen Zeiten vom Benediktinerstift betreut wurden. Die offizielle Abkürzung der Gemeinschaft »Sam.Fluhm« verleitete Jugendliche zu dem Spitznamen »Fluhmis«, wie Prior Alois Hüger mit feinem Humor mitteilte.

Wallfahrts-Basilika Unsere Liebe Frau von Mariazell in Österreich Kloster- und Pfarrkirche Maria Himmelfahrt

In der Umgebung befand sich die Schwarzenburg-Stammburg eines gleichnamigen Geschlechtes und jetzt Ruine auf dem Gipfel des Pankraziberges in Nöstach. Als Dank zur Versöhnung nach einem lang andauernden Streit gründeten im unwegsamen Gelände im Jahr 1136 Rapoto und Heinrich von Schwarzenburg das Kloster »Cella Sancte Marie« (»Zelle der heiligen Maria«), wo sich bereits ein Flurheiligtum, eine kleine Zelle mit einer Marienskulptur an einer Quelle, befand. Die Archäologen haben den Bestand einer durch Brandrodung angelegten Siedlung von Holzbauten, darunter eine Kirche vor 1136, ergraben. Markgraf Leopold III., der Gründer der Wienerwaldklöster Heiligenkreuz und Klosterneuburg, hatte auch den Wunsch, an jener Stelle ein Kloster zu errichten, und stiftete in seinem Todesjahr 1136 ein Benediktinerstift. Die aus dem bayrischen Nieder-Altaich angesiedelten Benediktiner begannen noch im Jahr 1136 mit der Urbarmachung des Landes und des Klosterbaus auf dem von Leopold III. geschenkten landesfürstlichen Grund. In den Jahren 1250 und 1252 zerstörten die Ungarn das Kloster. Die Klostergemeinschaft ermöglichte aber mit ihrem Fleiß die Weihe der Kirche durch den Passauer Bischof Otto von Lonsdorf im Jahr 1256 sowie den Ausbau der Klosteranlage im 13. und 14. Jahrhundert. In den Jahren 1454 und 1464 kam es hierorts abermals zur Plünderung und Zerstörung durch aus entlassenen Söldnern bestehende Räuberbanden, die auf Grund ihrer Herkunft »Ungarische Brüder« bezeichnet wurden. Bei der Wiedereinweihung der Stiftskirche im Jahr 1466 wurde erstmals die gotische Pfarrkirche zum Hl. Thomas erwähnt. Nach der ersten Türkenbelagerung nutzte man die Kirche als Binderwerkstätte. Nach dem Brand von 1603 erfolgten der Wiederaufbau und im Jahr 1609 die Einweihung der Stiftskirche. Im 17. Jahrhundert setzte nach Behebung der durch die zweite Türkenbelagerung entstandenen Schäden der Auf- und Ausbau mit voller Kraft ein. Im Zentrum standen die Klosterkirche Maria Himmelfahrt und früher eben die Pfarrkirche St. Thomas. Die Wiederaufbaukosten und hohe Wildschäden in der Landwirtschaft haben zu einer Verschuldung des Klosters geführt. Der aus dem Benediktinerstift Kremsmünster kommende neue Abt, Jacob Pach, fand neben den wirtschaftlichen Sorgen zudem eine Klostergemeinschaft vor, um die es schlecht bestellt

Basilika Maria Himmelfahrt

war. Sein Herkunftskloster unterstützte ihn mit Geldmitteln und mit qualifizierten Ordensmännern. Pach gelingt es in kurzer Zeit die ökonomische Situation in den Griff zu bekommen und zudem in den Jahren 1752 bis 1759 vor allem die Kirche prunkvoll zu barockisieren. Die Zustände spitzen sich immer mehr zu. Der Abt wird von den eigenen Mitbrüdern zweimal verklagt. Während die weltlichen Instanzen für einen Weiterbestand des Klosters plädieren, spricht sich die geistliche Hofkommission für eine Aufhebung aus. Nicht zuletzt hat die josephinische Reform 1782 zur Aufhebung des Klosters geführt. Es dauerte nicht lange und die Aufteilung des Klosterbesitzes setzte voll ein. In der Folge gab es wechselnde Besitzer des Klostergebäudes. Für die Erhaltung der Kirche stand kein Besitz mehr zur Verfügung, und selbst eine im 19. Jahrhundert klein angelegte Kirchenrenovierung war für die wenigen Ortseinwohner nicht finanzierbar. Aber unter den Wallfahrern gab es großzügige Wohltäter, denen am Bestand der Kirche gelegen war und die die Sanierungsmaßnahmen unterstützten. Nachdem bereits im Jahr 1843 der Nordflügel des Kreuzganges abgerissen worden war, kam es im Jahr 1964 zum Abriss eines Großteils der desolaten Klosteranlage. Lediglich die Klosterkirche und ein Teil des Kreuzganges überstanden die Zeit. Der für Klein-Mariazell zuständige Diakon Prof. Franz Eckert zeigte sich anfangs zutiefst über den desolaten Zustand der Kirche und der alten Gebäudereste betroffen. In mühsamen Verhandlungen ist es ihm gelungen, ein großes Paket für den Wiederaufbau und den Neubau eines Klosters, einer Krypta und des Veranstaltungszentrums St. Leopold zu schnüren. In nur vier Jahren, von 1994 bis 1998, brachte er das Meisterstück zusammen, 120 Millionen Schilling aufzutreiben und ein Baujuwel erster Klasse erstrahlen zu lassen. Mit den hochwertigen Restaurierungs- und Neubaumaßnahmen hat Eckert Kunst- und Kulturbewusstsein gezeigt. Im Verein mit den baulichen Maßnahmen ist auch die Wallfahrt nach Klein-Mariazell verstärkt gefördert worden. Die Ansiedlung einer Klostergemeinschaft sichert seit langem nicht nur wieder einen Priester vor Ort, sondern durch den Konvent an der Wallfahrtskirche kann die Seelsorge für die steigende Zahl von Pilgern gewährleistet werden.

Die prachtvolle Barockausstattung der Basilika mit Fresken von 1764/65 (1759?) [genaue Datierung ungewiss, Anm. d. Verf.] gilt als Hauptwerk von Johann Wenzel Bergl. Der Hochaltar beherbergt in einem Strahlenkranz das nachgotische Marien-Gnadenbild. Die Marienskulptur aus Holz wird mit 1609 datiert, wird aber erstmals 1694 erwähnt. Die vier Altarblätter der Seitenaltäre stammen aus der Hand Bergls. Der Seitenaltar, der die Marter des heiligen Thomas zeigt, nimmt bewusst Bezug auf die ehemalige Thomaskirche. Die Steinbüste der seligen Restituta Kafka von Oskar Höfinger aus dem Jahr 1996 ist ein Zeugnis für eine Märtyrerin des 20. Jahrhunderts. In der 1996 fertiggestellten Krypta sind die Gründer, die Brüder Schwarzenburg, bestattet. Der Zwillingstein in der Krypta erinnert an die Versöhnung der beiden Brüder. Über den Stein fließt jenes Quellwasser, das schon vor tausend Jahren beim Flurheiligtum geflossen ist. In der Mönchshalle aus dem 12. Jahrhundert ist ein neu angefertigter Reliquienschrein mit etwa 500 Reliquien aufgestellt worden. Das Hauptportal und das Nordportal aus dem 13. Jahrhundert sind bestechende Zeugnisse der Romanik.

Gnadenstatue Unsere Liebe Frau von Mariazell in Österreich

Dank der Förderung des Wallfahrtslebens durch die Benediktiner hat der Gnadenort schon im 12. Jahrhundert Pilger angezogen. Kaiser Leopold I. zeigte seine Vorliebe für den Wallfahrtsort durch sein dreimaliges Kommen in den Jahren 1675 und 1679. Pia Maria Plechl zitiert in ihrem 1978 erschienenen Buch »Wallfahrtsstätten in Niederösterreich« den Benediktinerhistoriker Westermayr, der im Jahr 1694 notiert: »*In diesem Kloster wird ein aus Holz geschnitztes unserer Frauen Gnadenbild verehrt, welches ehe die weltberühmte Wallfahrt zu Mariazell in Steiermark ihren Anfang genommen, nicht allein von der Hauptstadt Wien, sondern von allen herumliegenden Orten processionaliter besucht wurde.*« Demzufolge kamen die meisten Pilger von Klein-Mariazell, aus der Umgebung und aus Wien. Selten aber doch kamen Mitglieder des Kaiserhauses in diesen malerisch gelegenen Gnadenort. Am 3. Oktober 1890 feierten Erzherzogin Maria Karoline und Erzherzog Rainer mit seiner Gattin die heilige Messe am Gnadenaltar mit. Um 1900 werden nur mehr einige tausend Besucher und zwischen 25 und 43 Wallfahrtsgruppen gezählt. Es wird ein von Jahr zu Jahr fallender Besuch verzeichnet und vermerkt, dass die meisten Prozessionen nur mehr kommen, weil sie Station auf dem Weg nach Mariazell machen. Insbesondere von Interesse ist die Registrierung der Pilger nach Nationalitäten. Demzufolge sind von allen Pilgern 80 Prozent slowakisch, 15 Prozent ungarisch und fünf Prozent deutschsprachiger Herkunft. Der ehemalige Mesner Rudolf Lintinger erinnert sich beim Gespräch im Jahr 2008 an die »Kroatenwallfahrten« seiner Ministrantenzeit in den dreißiger Jahren: »*Die Kroaten, es waren oft nur Frauen, sind auf den Knien vom Eingangsbereich vorgerutscht bis zum Hochaltar.*« Der Zustrom von Ungarn und Slowaken ist nach dem Ersten Weltkrieg stark zurückgegangen und ist, in Folge der geänderten politischen Situation in ihren Heimatländern, nach dem Zweiten Weltkrieg ausgeblieben. Im Buch »Wege zu Hoffnung und Gnade« aus dem Jahr 1953 ist nachzulesen: »*Klein-Mariazell ist leider ein Beispiel einer allmählich absterbenden Wallfahrt.*« Lintinger erzählte, dass in der Zeit ab 1945 jedes Jahr angemeldete Wallfahrtsgruppen kamen, aber im Großen und Ganzen war es um Klein-Mariazell still. Da der Pfarrer von Hafnerberg Klein-Mariazell mitbetreute, feierten in der Regel die Pilger die heilige Messe in der Wallfahrtskirche am Hafnerberg und wechselten danach nach Klein-Mariazell, wo Lintinger sie begrüßte. Der Mesner kann sich recht gut noch an den Besuch des im österreichischen Exil lebenden ungarischen Primas József Kardinal Mindszenty um 1970 erinnern. Der derzeitige Wallfahrtssekretär Erwin Sattler weiß, dass ab dem Jahr der Wiedereinweihung 1998 ein sprunghafter Wallfahrerzustrom zu verzeichnen ist und vermehrt wieder ungarische und slowakische Pilgergruppen kommen. Wie in den Vorzeiten finden sich viele Wallfahrer auf dem Weg nach Mariazell hierorts ein. Das rasche Aufblühen der Wallfahrt führte im Jahr 2007 zur Erhebung der Pfarr- und Wallfahrtskirche zur Basilika. Den Festgottesdienst zur Basilikaerhebung zelebrierte der Wiener Erzbischof Christoph Kardinal Schönborn bezeichnenderweise am 15. November 2007, dem Fest des österreichischen Landespatrons, des hl. Leopold, der auch der Stifter von Klein-Mariazell ist. Klein-Mariazell zeigt, dass im Fall eines lang anhaltenden Tiefs des Wallfahrtswesens an einem Gnadenort auch nur wenige Pilger für das kontinuierliche Bestehen dieses Ortes ausreichend und wichtig sind. Es ist möglich, dass diese Pilger in den letzten Jahrzehnten um

eine Neubelebung der Wallfahrt nach Klein-Mariazell gebetet haben. Wer hätte vor gut fünfzehn Jahren geglaubt, dass der Ort ab 1998 starken Zuspruch bei Kunstliebhabern, aber mehr noch bei Pilgern finden wird?

Angelus *(Der Engel des Herrn)*
Vorbeter: *Der Engel des Herrn brachte Maria die Botschaft.*
Alle: *Und sie empfing vom Heiligen Geist.*
Vorbeter: *Gegrüßet seist du, Maria …* Alle: *Heilige Maria, …*
Vorbeter: *Maria sprach: Siehe, ich bin die Magd des Herrn!*
Alle: *Mir geschehe nach deinem Wort.*
Vorbeter: *Gegrüßet seist du, Maria …* Alle: *Heilige Maria, …*
Vorbeter: *Und das Wort ist Fleisch geworden.*
Alle: *Und hat unter uns gewohnt.*
Vorbeter: *Gegrüßet seist du, Maria …* Alle: *Heilige Maria, …*
Vorbeter: *Bitte für uns, o heilige Gottesmutter!*
Alle: *Auf dass wir würdig werden der Verheißungen Christi.*
Vorbeter: *Lasset uns beten! – Allmächtiger Gott, gieße deine Gnade in unsere Herzen ein. Durch die Botschaft des Engels haben wir die Menschwerdung Christi, deines Sohnes, erkannt. Lass uns durch sein Leiden und Kreuz zur Herrlichkeit der Auferstehung gelangen. Darum bitten wir durch Christus, unseren Herrn.*
Alle: *Amen.*
Am Abend wird für die Verstorbenen hinzugefügt:
Alle: *Vater unser im Himmel … Gegrüßet seist du, Maria, …*
Vorbeter: *Herr, gib allen Verstorbenen die ewige Ruhe!*
Alle: *Und das ewige Licht leuchte ihnen!*
Vorbeter: *Herr, lass sie ruhen in Frieden!*
Alle: *Amen.*

Das Angelus-Gebet ist laut Prior Alois Hüger in Klein-Mariazell eine besondere Art, die Marienverehrung zu fördern. Zur dankbaren Erinnerung an das Geheimnis der Menschwerdung des Gottessohnes hat die katholische Kirche das tägliche dreimalige »Angelus-Läuten«, auch als »Gebets-Läuten« oder »Ave-Läuten« bekannt, eingeführt. Das Gebet wird morgens, mittags und abends gebetet. Früher war es üblich, dass der Angelus an den Werktagen kniend und an den Sonn- und Feiertagen stehend gebetet wurde. Der Papst betet den Engel des Herrn jeden Sonntag um 12 Uhr vom Fenster seiner Wohnung aus mit den zum Gebet versammelten Menschen.

Klein-Mariazell, Basilika ⇨ St. Corona am Schöpfl, Pfarrkirche

Variante PKW:

Nach 8 km und etwa 10-minütiger Fahrt erreicht man schon das nächste Ziel der Tour. Man fährt zurück bis zur Ortstafel und biegt dort rechts ab. Zunächst fährt man auf der Straße Klein-Mariazell und dann auf St. Corona am Schöpfl. Nun braucht man sich nur mehr links zu halten, um auf St. Corona am Schöpfl zu bleiben.

Variante öffentliche Verkehrsmittel:

Von Klein-Mariazell, Kirchenplatz ist man mit dem Bus in wenigen Minuten in St. Corona am Schöpfl.

Variante Fußmarsch:

Obwohl die Entfernung der beiden Punkte der Route »nur« knapp 6 km beträgt, ist man doch fast 1 h 45 unterwegs, weil man einen Höhenunterschied von 150 Metern zu bewältigen hat.

Zu Beginn folgt man der Straße, auf der man gekommen ist. Bei der ersten Möglichkeit biegt man links ab und befindet sich auf der markierten Via Sacra, auf der man bleibt. Nachdem man eine Höhe von 500 Metern erreicht hat, geht es ein Stück relativ eben weiter. Gelangt man zur St. Coroner Straße, überquert man sie und folgt der Via Sacra auf der anderen Straßenseite, jedoch entlang der Straße weiter. Bevor die Via Sacra (die man ab hier nicht mehr wählt) nach links abzweigt, steigt der Weg noch ein letzes Mal. Man bleibt auf der Straße, die nach St. Corona führt. Im Ort wählt man bei der Kreuzung die linke Straße und folgt ihr bis zur Kirche von St. Corona am Schöpfl.

ST. CORONA AM SCHÖPFL

WallfahrtsWeg
WienerWald

Am Fuße der höchsten Erhebung des Wienerwaldes, des Schöpfl, westlich von Altenmarkt an der Triesting liegt im Bundesland Niederösterreich in der Erzdiözese Wien das höchstgelegene Dorf des Wienerwaldes. Dieser Gebirgsdorfcharakter versprühende Kirchweiler kann im Winter schon zu einem faszinierenden Schneeparadies werden. Ein alteingesessener Einwohner formulierte es so: »*Wenn in Altenmarkt drei Zentimeter Schnee liegt, gehen wir im Schnee unter.*«

Beide Türkenbelagerungen hinterließen Spuren. 1694 erfolgte auf Grund kaiserlicher Anordnung die Besiedlung durch Holzhackerfamilien aus den Alpenländern der Monarchie, um Einnahmen durch die Nutzung des großen Waldbestandes zu erzielen. In der josephinischen Fassion wird 1788 festgehalten, dass der Ortsplatz aus zerstreuten Hütten besteht. Herr Walter Gruber, ein Kenner der Ortsgeschichte, dessen Vorfahren 1700 von Tirol aus als Holzhacker angesiedelt wurden, hat eine leidenschaftliche Schilderung von »Heiligenbrunn« mit seiner durch die abgeschiedene Lage bedingten Prägung geliefert. Die ehemalige Holzhackersiedlung, seine Bewohner sowie die klimatischen Verhältnisse unterscheiden sich demzufolge bis heute sehr von den umliegenden Ortschaften. Gruber nennt sich mit Vorliebe »Heiligenbrunner« und verweist gerne auf den ursprünglichen und im Volksmund noch immer gebräuchlichen Ortsnamen. Die für das »Gebirgsdorf« verwendeten Namen stellen gleichzeitig die Wallfahrtsziele vor: Heiligenbrunn und St. Corona.

Kirche St. Corona

Wallfahrts- und Pfarrkirche St. Corona

Die Kirche hat ihren Namen von einer hölzernen Kapelle, die 1444 zu Ehren der heiligen Corona und der heiligen Anna eingeweiht wurde. St. Corona am Schöpfl ist das älteste Heiligtum der heiligen Corona in Niederösterreich. 1529 wurde die Kirche durch die Türken zerstört und nicht mehr aufgebaut. 1719–1722 wurde die heutige Pfarr- und Wallfahrtskirche im barocken Stil neu erbaut und am 16. Mai 1722, wie der Vorgängerbau, der heiligen Corona und der heiligen Anna geweiht. Der Hochaltar wurde 1864/65 aus mehreren uneinheitlichen Elementen neu gestaltet. Das linke Seitenaltarbild mit der Darstellung der heiligen Corona wird als Gnadenbild verehrt. Das rechte Seitenaltarbild mit der Darstellung des Erzmärtyrers Spaniens, des heiligen Vinzenz von Saragossa, ist sinngebend für den Ort, zumal der Heilige in den österreichisch-bayrischen Alpenländern vielfach als Patron der Holzfäller gilt. Beide Seitenaltarbilder wurden 1865 von Leop. [vermutlich Leopold, Anm. d. Verf.] Till geschaffen.

Heiliger Brunnen

»Seit urdenklichen Zeiten«, also schon vor der Errichtung des Heiligtums zu Ehren der heiligen Corona im Jahre 1444, war der Heilige Brunnen geschichtliche und religiöse Wurzel des Ortes. Die heutige Brunnenfassung mit einer vergoldeten Plastik der Heiligsten Dreifaltigkeit über einem gusseisernen Baldachin mit neugotischem Dekor stammt aus 1877. Die Einweihung erfolgte am 9. September des gleichen Jahres.

Wallfahrt

Vom »Heiligen Brunnen« in der heutigen Ortsmitte wird berichtet, dass seit urdenklichen Zeiten Wallfahrer gekommen sind, um durch den Gebrauch des als heilsam geltenden Wassers, mehr aber noch durch das vertrauensvolle Gebet Heilung und Linderung ihrer Leiden zu suchen. Das zinnfarbene Wasser wurde vor allem bei Augenleiden und bei Viehkrankheiten verwendet und findet heute noch Zuspruch. Ob eine Quelle Heilwasser hervorsprudeln lässt, ist vom medizinischen Gesichtspunkt aus zu klären. Wasser, wie hierorts, im Blickwinkel des

Christentums verstanden, soll nicht primäres Pilgerinteresse sein, sondern vielmehr soll es ein »dienendes« Zeichen für die Wundertaten Gottes darstellen. Der Christ, in dessen Glaubensleben die Vernunft einen wichtigen Bestandteil bildet, wird daher alles von Gott ausgehend und zu ihm hingewandt betrachten. Die daraus resultierende Sichtweise wird daher zu jeder Zeit abergläubischen Anwandlungen standhalten. Damit meine ich, nicht das Wasser bringt aus sich wunderbare Kräfte hervor, sondern es ist ein Teil der Schöpfung Gottes und das ist das Wunder. An manchen Orten lädt uns Gott ein, seine Nähe besonders wahrzunehmen, und gibt uns dazu sichtbare Zeichen, wie zum Beispiel eine Quelle. Wenn wir zuallererst Gott als den Heiligen ansehen und anbeten, dann können wir das Wasser in St. Corona aus dem »Heiligen Brunnen« schöpfen. Der Brunnen wurde seit alters auch »Gesundbrunnen« oder in einem Stiftsbrief von 1724 »Kayser Brunnen« genannt. Zahlreiche Votivgaben, darunter die Krücken eines Knaben, der hier wundersam von seiner Lähmung geheilt worden sein soll, befinden sich in der Pfarr- und Wallfahrtskirche.

Heiliger Brunnen

Die Legende berichtet von einem Benediktinermönch des nahegelegenen Klosters Mariazell, der 1683 eine Monstranz vor den anmarschierenden Türken retten wollte, indem er sie im Heiligen Brunnen versenkte. Kaum war die feindliche Reiterschar angekommen, sanken die Pferde vor diesem Brunnen anbetend in die Knie. Laut Erzählung wurde die Monstranz nach dem Türkenabzug wieder geborgen, die darin befindliche Hostie war nach 60 Jahren noch unversehrt. In der Kirche deutet eine alte Holzschnitzerei diese Szene.

Zur Legende ist, um keine Verwechslung mit dem heute unter

Gnadenbild St. Corona

Mariazell bekannten Wallfahrtsort in der Steiermark aufkommen zu lassen, erklärend hinzuzufügen, dass St. Corona ursprünglich seelsorglich vom seinerzeit existierenden Benediktinerstift Mariazell in Österreich (heute als Klein-Mariazell bekannt) betreut wurde.

Bedingt durch die Wallfahrten zum Heiligen Brunnen wurde 1444 eine hölzerne Kapelle zu Ehren der Mutter Mariens, der heiligen Anna, und der frühchristlichen Märtyrerin, der heiligen Corona, geweiht. Zur Erinnerung an dieses Ereignis wurde künftig die Siedlung auch St. Corona genannt; diese Bezeichnung ist heute der offizielle Ortsname. Eine Verehrung der heiligen Mutter Anna durch die Pilger dürfte nie der Fall gewesen sein, und auch als Kirchen- und Pfarrpatrozinium wird offiziell allein die heilige Corona angeführt. Über die heilige Corona existieren zahlreiche Legenden. Der Name Corona ist vermutlich die Latinisierung der griechischen Passio, die von Victor und Stephana spricht. Das griechische Wort Stephanos bedeutet »Kranz«. Corona soll als sechzehnjährige Ehefrau bei der Hinrichtung eines heiligen Victor unter dem römischen Kaiser Antonius (138–161) selbst verurteilt worden sein. Die Heilige wurde an die Baumspitzen zweier niedergebeugter Palmen gebunden und durch das Zurückschnellen zerrissen. Es ist daher nachzuvollziehen, dass Corona auf dem Hochaltarbild der hiesigen Wallfahrtskirche zusammen mit dem heiligen Victor dargestellt wurde. Bei dem in St. Corona am Schöpfl von den Pilgern verehrten Gnadenbild wird sie zwischen zwei Palmen angebunden dargestellt.

Corona-Wallfahrten reichen im Allgemeinen sehr weit zurück. Die heilige Corona (lateinisch, deutsche Bedeutung ist »Krone«) ist auf Grund der Namensgleichheit mit der alten Währung »Krone« Patronin in Geldangelegenheiten und der Schatzgräber. Angeblich kamen früher Schatzgräber nach St. Corona am Schöpfl, um die Fürsprache der Heiligen für ihre Unternehmungen zu erbitten.

Der früher in der Volksfrömmigkeit weitverbreitete Pilgerzuspruch beschränkt sich heute auf einige wenige Orte. Auch St. Corona am Wechsel zeugt als Wallfahrtsort im Süden Niederösterreichs von der Beliebtheit dieser Heiligen.

In St. Corona am Schöpfl findet am letzten Sonntag im Monat eine Monatswallfahrt statt. Dieser Abendgottesdienst vereint die Pilgerziele zum Heiligen Brunnen und zur heiligen Corona. Nach der heiligen Messe und Andacht mit eucharistischem Einzelsegen in der Wallfahrtskirche St. Corona findet eine Lichterprozession zum Heiligen Brunnen statt. Dort wird der »Engel des Herrn« gebetet (Morgens, mittags und abends ruft das »Gebetläuten« zu diesem an die Menschwerdung Christi erinnernden Gebet.), der Schlusssegen erteilt und die Mitfeiernden werden mit dem Brunnenwasser besprengt.

Tradiertes Corona-Lied aus St. Corona am Schöpfl

1. Corona, wir dich grüßen, du stiller Zufluchts-Ort.
Wir liegen dir zu Füßen, du gnadenreicher Hort.
Refrain: Patrona, St. Corona, beschütze uns vor Not.
Patrona St. Corona, bitt' für uns bei Gott.

2. Du hast für uns gelitten, gepeinigt und gequält,
hast du den Weg beschritten, hinauf zum Himmelszelt.
Refrain: Patrona, St. Corona …

3. Auf allen unsern Wegen, in Krankheit und Gefahr,
erbitt' für uns den Segen, zur Zeit und immerdar.
Refrain: Patrona, St. Corona …

St. Corona am Schöpfl, Pfarrkirche ⇨ Klausen-Leopoldsdorf, Pfarrkirche

Variante PKW:

Die Fahrtzeit für die 10 km beträgt dieses Mal knapp 15 Minuten. Die Strecke ist sehr kurvig. Zuerst fährt man Serpentinen hinauf, dann hinunter.

Man folgt zunächst der Straße St. Corona am Schöpfl. Weiter geht es auf der Straße Riesenbach. Bei der Fahrt passiert man den Ort Riesenbach, von wo es weiter auf der Straße Schöpflgitter in den Ort Schöpflgitter geht. Die Reise führt weiter nach Lammerau. Nun fährt man auf der Straße Klausen-Leopoldsdorf. Man muss rechts abbiegen, um auf dieser Straße zu bleiben. Bei der Straße Hainbach biegt man links ein und parkt das Auto.

Variante öffentliche Verkehrsmittel:

Die Benützung von öffentlichen Verkehrsmitteln ist auch für diese Strecke ungeeignet.

Variante Fußmarsch:

Zu Fuß sollte man rund 3 h 15 für die zirka 13 km lange Strecke einplanen. Bis auf kurze Stücke, die bergauf führen, geht man insgesamt über 200 Höhenmeter bergab.

Von der Kirche in St. Corona am Schöpfl kommend biegt man nach links ab. Hier ist die erste kurze Steigung zu bewältigen. Um auf der Straße St. Corona am Schöpfl, auf der man sich gerade befindet, zu bleiben, muss man rechts abbiegen. Kurz darauf scharf links. Bei der 2. Möglichkeit biegt man nach rechts auf einen kleinen Weg ein. Nun geht es kurz eben, dann steigt und fällt der Weg immer wieder leicht. Bei der nächsten Gabelung wählt man den rechten Weg. Kurz darauf würde links ein Weg wegführen, den man noch nicht einschlägt. Erst bei der nächsten Gelegenheit biegt man links ab. Es geht nun ein Stück bergab. Bei der nächsten Wegkreuzung gerade. Dasselbe bei der übernächsten. Man bleibt stets auf diesem Weg, bis man zur Wegkreuzung kommt, wo sich der Weg mit dem Wanderweg 448 kreuzt. Diesen schlägt man in linker Richtung ein. So gelangt man nach Grottenbach und danach nach Dörfl. In diesem Ort muss man sich rechts halten. Bei der Agnesgasse biegt man links ein und am Ende der Gasse biegt man rechts ab.

KLAUSEN-LEOPOLDSDORF

WallfahrtsWeg
WienerWald

Das ehemalige kaiserliche Jagdgebiet, heute im Bundesland Niederösterreich in der Erzdiözese Wien gelegen, wird als Gemeinde neben 80 % Waldanteil durch seine Quellen und Bäche als wasserreiches Gebiet geprägt. Der Umstand, dass die Schwechat hierorts durch das Zusammenfließen mehrerer Bäche ihren Ursprung hat, bewegte Kaiser Leopold I. die ersten Holzknechte anzusiedeln. Darauf ist auch der Ortsname »Leopoltsdorff in der Claussen«, später »Klausen-Leopoldsdorf« genannt, zurückzuführen. Die einzige forstwirtschaftlich sinnvolle Möglichkeit, das geschlägerte Holz nach Wien zu transportieren, war der Wasserweg auf der Schwechat. Fachleute aus dem Salzkammergut wurden für die Einrichtung eines Holzschwemmbetriebes geholt, um Klausen- und Rechenanlagen zu erbauen. Die erste Holztrift auf der Schwechat fand hierorts am 15. Oktober 1667 statt. 1720 wurde mit 100 000 m^3 die größte Jahresholzmenge getriftet. 1939 findet die letzte Trift auf der Schwechat statt. Als bemerkenswerte einmalige historische Holztriftanlage gilt die vor dem Beginn des »Ingenieur-Zeitalters« anstelle eines Vorgängerbaus 1756 erbaute Hauptklause. Die Hauptklause und die Nebenklausen an den Quellbächen der Schwechat sind Zeugen einer Waldnutzungsform der vergangenen Jahrhunderte, die laut Auskunft des Obmanns des Dorferneuerungsvereins Klausen-Leopoldsdorf, Horst Schmid, im Wienerwald heute einzigartig ist.

Wallfahrts- und Pfarrkirche Heiliger Leopold

1754 wurde in Klausen-Leopoldsdorf erstmals eine kleine Holzkirche gebaut, die 1757 durch einen Steinbau ersetzt wurde. Es war natürlich naheliegend, die Kirche dem Namenspatron Kaiser Leopold I., dem heiligen Leopold, zu weihen. 1766 wurde das Gottesdiensthaus zur Pfarrkirche erhoben. Den seelsorglichen Anforderungen entsprechend erfolgte 1780 die Erweiterung zu ihrem heutigen Erscheinungsbild. Der einfache barocke Bau mit einem Dachreiter als Glockenturm aus 1840 beinhaltet einen schlichten Hochaltar mit einem Altarblatt des heiligen Leopold aus 1830. Das in der Nähe des Hochaltarbildes angebrachte Gemälde des heiligen Vinzenz von Saragossa, des Patrons der Holzhacker, erfährt bis heute von der Pfarrbevölkerung Verehrung.

Kaiser Leopold I. erhob den Babenberger und Markgrafen von Österreich Leopold III. zum österreichischen Landespatron. Beim heiligen Leopold denken wir in erster Linie an die über die Landesgrenzen bekannten Wallfahrten zu seinem Grab in Klosterneuburg und an seinen Gedenktag, den 15. November. Kaum bekannt ist jedoch, dass Pilger den österreichischen Landespatron im Wienerwaldort Klausen-Leopoldsdorf um Fürbitte anrufen. Dechant Josef Kantusch, der vor seiner Ernennung zum Pfarrer von Klausen-Leopoldsdorf einen Bauernhof dortselbst bewirtschaftete, ist ein profunder Kenner der Orts- und Kirchengeschichte seiner Pfarre. Über die Wallfahrt schreibt er dem Verfasser am 8. September 2008: »*Diese Kirche ist eine der ganz wenigen in unserer Erzdiözese Wien, die dem hl. Leopold geweiht ist. Wir finden am Hochaltar- und Gnadenbild den hl. Leopold, dargestellt über unserem Ort, wobei auf der linken Seite die Kirche mit einigen Häusern zu sehen ist und auf der rechten unteren Seite die Hauptklause. Deshalb ist das Hochaltarbild direkt für unsere Kirche gemalt worden. Aus der Zeit meiner Kindheit kann ich mich noch erinnern, dass auch Wallfahrergruppen herkamen, die hier zu Ehren des hl. Leopold, des Landespatrons, Gottesdienst gefeiert haben. Auch gab es im September alljährlich Fußwallfahrer, die in die ›Dornau‹*

Kirche Hl. Leopold

(Thenneberg) zum ›Leidenden Heiland‹ und dann nach Heiligenkreuz zum Kreuzerhöhungsfest unterwegs waren und auch hier Station machten.

Aber auch in unserer Zeit kommen immer wieder einzelne Pilger zum hl. Leopold, dem Landespatron, und auch jedes Jahr mehrere Fußwallfahrergruppen auf ihrem Pilgerweg nach Mariazell, die hier Station und Rast machen, hl. Messe feiern, beten, zur hl. Beichte gehen und dann ihren Fußweg fortsetzen nach Mariazell.

Gnadenbild Hl. Leopold

Um den hl. Leopold besonders zu ehren, wird sein Fest (15. 11.) mit einem festlichen Gottesdienst begangen, bei dem eigene ›Leopoldilieder‹ gesungen werden. Auch gibt es eine Leopoldiandacht. Inmitten der Wiesen im Ort steht auch ein Leopoldimarterl, bei dem alljählich auch eine Maiandacht gefeiert wird. Sicherlich gibt es auch viele Anliegen unserer Welt und Zeit, welche die Fürbitte des hl. Leopold bei Gott dringend benötigen. Überlegenswert wäre darum auch, öfter als nur am Leopolditag einen Gottesdienst zu Ehren des hl. Leopold zu feiern.«

Im persönlichen Gespräch bekundet Dechant Kantusch seine Freude, dass in letzter Zeit, ähnlich wie in seiner Kindheit, wieder etliche Menschen zum heiligen Leopold nach Klausen-Leopoldsdorf pilgern. Seine Gedanken sprühen vor Initiativen, wie die Botschaft des Lebens des hl. Leopold in der heutigen Zeit der erhofften steigenden Zahl an Klausen-Leopoldsdorf-Wallfahrern erschlossen werden kann.

Gebet

Herr, unser Gott, du hast den hl. Leopold inmitten seiner weltlichen Geschäfte zu einem Zeichen deiner Liebe gemacht, der in deinem Namen zum Segen unserer Heimat viel Gutes getan hat. Wir bitten dich, schaue in Güte auf uns und gib, dass wir das Erbe unserer Ahnen bejahen, nach dem Glauben leben und diesen in Treue weitertragen! Schenke allen Menschen festen Glauben, Sicherheit, Wohlergehen und Frieden! In allen unseren geistigen und leiblichen Nöten, sowie in den Freuden unseres Lebens, lass uns nach dem Vorbild des hl. Leopold unser Tun ausrichten, auf dass wir einst in dein himmlisches Reich des Lichtes und des Friedens gelangen!
Darum bitten wir durch Christus unsern Herrn.
Amen.

Dechant Josef Kantusch verfasste das Gebet für dieses Buch im Jahr 2008.

Klausen-Leopoldsdorf, Pfarrkirche ⇨ St. Christophen, Pfarrkirche

Variante PKW:

Diese Wegstrecke ist mit 20 km schon etwas länger. Man benötigt in etwa 30 Minuten. Zu Beginn fährt man die Straße Hainbach entlang in Richtung Klausen-Leopoldsdorf. Dort biegt man nach rechts ab. Weiter geht die Fahrt auf der Straße Agsbach. Bei Lengbachl biegt man links ab und fährt durch den Ort. Nun kommt man nach Hochstraß. Dann fährt man auf der Gschaidstraße und später auf der Badner Straße weiter. Bei der Hauptstraße hält man sich links. Nun folgt man der Kaiserhöhenstraße. Bei der Hauptstraße von Steinhäusl hält man sich rechts. Folgt man der Hauptstraße von Altlengbach, gelangt man in diesen Ort. Bei der Trojanstraße biegt man rechts ab. Sobald man die Reitermühlstraße erreicht hat, hält man sich links. Auf dieser Straße fährt man weiter, bis man zur B19/Tullner Straße gelangt, bei der man sich rechts hält. Folgt man der B19, durchquert man Leitsberg, Nest und schließlich Unterthum. Zu guter Letzt nimmt man bei der Tullner Bundesstraße die 4. Ausfahrt (Hauptstraße nach St. Christophen). Von dort erkennt man schon die Kirche von St. Christophen.

Variante öffentliche Verkehrsmittel:

Die reine Fahrtzeit mit den öffentlichen Verkehrsmitteln beträgt 1 h 20. Man legt den Fußmarsch bis zur Haltestelle Klausen-Leopoldsdorf, Fahrenberger in 2 Minuten zurück (Richtung Westen auf Klausen-Leopoldsdorf). Von dort benützt man den Bus bis Alland Hauptplatz. Von Alland fährt man mit dem Bus bis zum Bahnhof von Hainfeld, wo man ein letztes Mal umsteigt. Schließlich verlässt man den Bus bei der Haltestelle St. Christophen Kreisverkehr. Von dort sind es noch 5 Minuten bis zur Kirche von St. Christophen. Um zu dieser zu gelangen, geht man wenige Meter auf der Tullner Bundesstraße Richtung B19/Leithenstraße. In diese biegt man nach rechts ein. Gelangt man zur Hauptstraße, biegt man links ab.

Variante Fußmarsch:

Mit einem Fußmarsch von ungefähr 19 km gehört diese Strecke zu den längsten der Route. Man benötigt dafür zirka 5 Stunden.
Zunächst wählt man die leicht ansteigende Straße Agsbach. Man befindet sich schon auf einem markierten Weg. Bald kommt man beim Klausner Hof vorbei. Erreicht man Klein-Krottenbach, biegt man links ab. Nun ist es ein Stück eben, bevor es abermals leicht steigt. Man befindet sich jetzt auf der Platzberg-Strecke. Folgt man stets dem Weg, gelangt man zum Wirtshaus Burda. Hier teilt sich der Weg. Links führt der Wanderweg 404 auf den Hasenriegl hinauf. Diesen wählt man. Bald teilt sich der Weg abermals. Nun schlägt man den rechten ein und kommt nach einiger Zeit nach Schlottleiten, ab wo es bergab geht. Bei der nächsten Gabelung biegt man wieder rechts ab und kommt am Waldhof vorbei. Wieder erreicht man eine Weggabelung, bei der man den rechten, rot markierten Weg wählt. Bald gelangt man nach Großgrabenhof. Auch dort biegen wir nach rechts, auf den WIR-Rundwanderweg ein. Dieser steigt ein wenig. Es geht durch Steineckl, an einem Bildstock vorbei nach Altlengbach. Dorthin gelangt man jedoch nur, wenn man dem markierten Weg, der nach links abzweigt, folgt. Auf diesem Weg erreicht man die Kirche von Altlengbach. An dieser führt ein rot markierter Weg links vorbei. Diesem folgt man bergauf zum Flurdenk mal Rotes Kreuz. Nach kurzem kommt man wieder hinunter nach Altlengbach. Man überquert die Hauptstraße und schlägt jenseits von ihr den blau markierten Mountainbikeweg ein. Bei der nächsten Weggabelung biegt man rechts in Richtung Mannersdorf ein. Erreicht man Mannersdorf, überquert man die B19, die Tullner Bundesstraße, und folgt dem rot markierten Weg entlang der Hagenstraße. In Gottleitsberg wird der rot markierte zu einem blau markierten Weg. Hier biegt man links ab. Dieser Weg führt leicht bergauf nach Unterthun. Dann kommt man an einer Ruine vorbei. Bei der nächsten Wegkreuzung biegt man rechts ab und geht eben nach St. Christophen.

ST. CHRISTOPHEN

WallfahrtsWeg
WienerWald

Als eine der letzten bzw. einer der ersten Abfahrts- und Auffahrtsmöglichkeiten der Westautobahn in der Nähe von Wien – es kommt auf die Fahrtrichtung an – ist St. Christophen seit 1958 vielen Kraftfahrern ein Begriff. Dennoch geht die Bedeutung des im Bundesland Niederösterreich in der Diözese St. Pölten gelegenen Wienerwaldortes als geistige »Tankstelle« für Autofahrer bereits auf die Zeit vor dem Autobahnbau zurück. Dem heute harmlos scheinenden Laabenbach, der im Unterlauf »Große Tulln« heißt, hat St. Christophen wahrscheinlich seine ersten urkundlichen Erwähnungen 1177 bzw. 1192 zu verdanken. Die Änderung des Namens von Christofen auf St. Christophen erfolgte 1934.

An einer Furt des bisweilen reißenden Baches errichtete man in der Zeit der Romanik eine Kirche zu Ehren des heiligen Christophorus, der als einer der 14 Nothelfer unter anderem bei Bedrohungen durch Wasser angerufen wird. Dass der Heilige auch gegen die Pest angerufen wird, war für den Ort mehr als eine Notwendigkeit. In den Sterbematriken werden im Pestjahr 1713 nämlich 60 Todesfälle verzeichnet.

Ab der Schenkung an das Stift St. Pölten im Jahr 1040, bereits als Pfarre genannt, bis zur Aufhebung des Stiftes 1784 durch Kaiser Joseph II. war die Kirche aufs engste mit dem Stift verbunden. Als Sommersitz der Chorherren des Stiftes St. Pölten erbaute der Barockbaumeister Jakob Prandtauer den heutigen zweigeschoßigen Pfarrhof. Seit 1785 ist die Pfarre eine Weltpriesterpfarre der neu gegründeten Diözese St. Pölten. Die ehemalige Kirche des Chorherrenstiftes in St. Pölten fand als Bischofskirche der neu errichteten Diözese Verwendung.

Wallfahrts- und Pfarrkirche St. Christophorus

Die im Kern romanische, durch sukzessive Erweiterungsbauten von der Gotik des 14. bis zum Barock des 18. Jahrhunderts zur dreischiffigen Pseudobasilika ausgebaute Kirche besticht durch den um 1730 errichteten barocken Hochaltar im Presbyterium. Das Hochaltarbild von Daniel Gran, um 1727/30 angefertigt, ist ein Meisterwerk des großen Barockmalers. Das Hochaltarbild mit einer Darstellung des Kirchenpatrons war im 19. Jahrhundert Vorlage für eine in der Kirche verwahrte Prozessionsfahne. Die Kirche sticht in ihrer erstklassigen künstlerischen Innenausstattung von den umliegenden Gotteshäusern ab, was auf den Umstand, dass die Chorherrn von St. Pölten hierorts ihren Sommersitz hatten, zurückzuführen ist.

An einem Sommertag des Jahres 1928 läutete der junge Chauffeur Viktor Heidrich beim Pfarrhof in Christofen an und bat Pfarrer Karl Koch, ihm seinen neuen Wagen zu segnen. Der Pfarrer hatte zuvor noch nie von einer Autosegnung gehört. Der Chauffeur aus Wien erzählte dem Priester von dem Brauch, den er in Frankreich kennengelernt hatte, und konnte diesen von seinem Vorhaben regelrecht begeistern. Pfarrer Koch beeindruckte die in Frankreich praktizierte Verehrung des heiligen Christophorus als Patron der Autofahrer so, dass er umgehend den Wagen des jungen Mannes segnete. Der Wienerwaldort ist mit dieser ersten Fahrzeugsegnung Österreichs in die Geschichte eingegangen.

Kirche St. Christophorus

Wer war eigentlich dieser heilige Christophorus? Über den Märtyrer, dessen Namen aus dem Griechischen übersetzt Christus-Träger bedeutet, wissen wir historisch nichts. 452 wurde ihm in Chalkedon gegenüber Istanbul eine Kirche geweiht, im Morgen- und Abendland ist er hochverehrt. Abgeleitet von seinem Namen und der Legende, dass er das Jesuskind auf der Schulter durch einen Fluss getragen hat, haben sich viele Patrozinien hergeleitet, wie das neueste

Gnadenbild St. Christophorus

für den Verkehr allgemein und die Verkehrsteilnehmer. Der Gedenktag des Heiligen wird in der katholischen Kirche am 24. Juli gefeiert.

Bei der Christophorusfeier am 20. Juli 1930 zählte man sensationellerweise 102 Automobile und 48 Motorräder mit Beiwagen. 1932 wurden 500 Kraftfahrzeuge und erstmals einige aus dem Ausland verzeichnet. 1933 kam erstmals der Wiener Erzbischof Theodor Kardinal Innitzer zu dieser »Autoweihe«, die in kürzester Zeit über die Landesgrenzen hinaus bekannt wurde. Von Innitzers Besuch existiert auch ein Filmdokument. Dem kirchlichen Verständnis nach handelt es sich um eine Segnung, umgangssprachlich wird sie aber nach wie vor als »Autoweihe« bezeichnet. Das Jahr 1934 stellte durch die Bekanntgabe der Ortsnamensänderung in »St. Christophen« durch einen Vertreter des Landes Niederösterreich und durch die erstmalige Segnung eines Segelflugzeuges einen außerordentlichen Höhepunkt in der Geschichte der Christophorusfeiern dar. Der Zweite Weltkrieg brachte einen Niedergang des frischgebackenen Pilgerortes. Der Ortspfarrer Matthäus Mörwald zählte zu jenen, die glaubten, bei der Christophorusfeier 1947 würden nicht mehr als zehn Autos kommen. Als Kardinal Innitzer die Reihen der aufgefahrenen Wagen zur Segnung durchschritt, waren jedoch 200 zu verzeichnen. In den folgenden Jahren begünstigten die zunehmende Motorisierung und die neue Autobahnabfahrt St. Christophen den Zustrom in den »Wallfahrtsort der Kraftfahrer«. 1962 fand erstmals ein Automobil-Festkonvoi von Wien nach St. Christophen zur Autosegnung statt. Das achtzigjährige Jubiläum der Christophorusfeier führte im Jahr 2008 eine große Wallfahrtsgruppe in Oldtimerautos nach St. Christophen.

Das heute als Autofahrerwallfahrtsort bekannte Dorf könnte durchwegs einen Meilenstein in der Weiterentwicklung des Christophoruspatroziniums in Hinblick auf Schöpfungsverantwortung setzen. Als Wallfahrtsort für den Verkehr im Allgemeinen und die Verkehrsteilnehmer im Speziellen könnte ein bewusster und sinnvoller Einsatz der Verkehrsmittel, vom Fahrrad bis zum Lastwagen alle Fahrzeuge eingeschlossen, in den Mittelpunkt der Segensfeier gestellt werden. Gleichwie man auf den Straßen unterwegs ist, die Fürsprache des heiligen Christophorus wird an dem nach ihm benannten Gnadenort hoffentlich weiterhin das Ziel der Wallfahrer sein.

Gebet

Allmächtiger Gott, auf unserem Lebensweg bedrohen uns viele Gefahren.
Höre auf die Fürsprache des heiligen Märtyrers Christophorus!
Gib, dass wir Christus in uns tragen und mit unseren Weggefährten
sicher zu dem Ziel gelangen, für das wir geschaffen sind!
Darum bitten wir durch ihn, Jesus Christus.

Dies ist das Tagesgebet der heiligen Messe am Gedenktag des hl. Christophorus.

St. Christophen, Pfarrkirche ⇨ Neulengbach, Dreiföhrenkapelle

Variante PKW:

Das nächste Ziel erreicht man nach gut fünf Minuten, weil es nur 3 km entfernt ist. Zuerst geht es auf der Hauptstraße ein Stück zurück, bis man zum Kreisverkehr gelangt. Bei diesem wählt man die dritte Ausfahrt (Mühlenstraße). Weiter geht es auf der Hainfelder Straße. Erreicht man die Stifterstraße, biegt man rechts ab. Dann biegt man nach links in die Schedlstraße ein. Schon nach 50 Metern biegt man erneut ab. Dieses Mal nach rechts in die Marconigasse. Nun muss man nur mehr bei der Garnisonstraße rechts abbiegen und dieser bis zum Ende folgen. Die letzten Meter durch den Wald bis zur Dreiföhrenkapelle bewältigt man zu Fuß, weil das Fahren mit dem PKW dort nicht mehr erlaubt ist.

Variante öffentliche Verkehrsmittel:

Man fährt mit dem Bus von der Haltestelle St. Christophen, Kirche nach Neulengbach Stadt, Bahnhofstraße (Alter Markt) knapp 10 Minuten. Von dort muss man zu Fuß bis zur Dreiföhrenkapelle gehen. Dafür benötigt man zirka 20 Minuten. Man biegt bei der Gasse Alter Markt links ab, dann geht man auf der Hainfelder Straße weiter. Bei der Haager Straße biegt man links ab. Sobald man die Garnisonstraße erreicht, biegt man rechts in diese ein und folgt ihr bergauf, vorbei an der Garnison, bis zur Dreiföhrenkapelle.

Variante Fußmarsch:

Während die vorige Wegstrecke lang war, kommt jetzt eine deutlich kürzere zur Erholung. Die Dreiföhrenkapelle liegt nur 3 km von der Kirche in St. Christophen entfernt. Nach rund 45 Minuten ist man am Ziel.

Zuerst marschiert man die Hauptstraße ein Stück zurück, bis man zu einem Kreisverkehr gelangt. Bei diesem wählt man die Straße, die nach Hochlichberg führt. Es geht stets leicht bergauf. Man durchquert den Ort Hochlichberg. Außerhalb des Ortes biegt man bei der ersten Weggabelung links ab und bei der nächsten rechts. Gleich darauf geht es wieder nach links. Nun befindet man sich auf einem rot markierten Wanderweg, der leicht fällt. Diesem folgt man, bis links die Dreiföhrenkapelle auftaucht.

ALTLENGBACH/ NEULENGBACH

WallfahrtsWeg
WienerWald

Altlengbach, urkundlich 1040 erwähnt, war im 11./12. Jahrhundert mit seiner heute noch als Ruine erhaltenen Burg der Stammsitz der Lengenbacher. Diese hatten anschließend bis in das 13. Jahrhundert ihren Sitz in Neulengbach, urkundlich 1197 erwähnt. Die Pfarrkirche in Altlengbach, die den Aposteln Simon und Judas geweiht wurde, bildet im 11. Jahrhundert zusammen mit dem Pfarrhof (im Kern 12./13. Jh.) eine das Ortsbild prägende Burg-Kirchen-Anlage. Das Schloss Neulengbach ragt heute weit sichtbar als mächtiger, schmuckloser Spätrenaissancebau auf einem Bergkegel über die im Jahr 2000 mit dem Stadtrecht ausgestattete, jüngste Stadt des Wienerwaldes. Der Maler Egon Schiele lebte von 1910 bis 1912 in Neulengbach, davon verbrachte er im Jahr 1912 im dortigen Gefängnis 21 Tage in Untersuchungshaft. Die Custozza-Kaserne, im Heimatstilbau von 1912 erbaut, beherbergt einen Führungssimulator des Österreichischen Bundesheeres, der es ermöglicht, verschiedene Krisen- und Katastrophenszenarien im Simultationsbereich bewältigen zu lernen, und war im Hinblick auf Neulengbach namensgebend für die Bezeichnung Garnison und Garnisonsstraße.

Dreiföhrenkapelle Wallfahrtskirche zur Heiligen Familie

Zu welcher Gemeinde gehört die Dreiföhrenkapelle eigentlich? Von der alten Wallfahrtsliteratur ausgehend bis hin zu aktuellen lokalen Publikationen scheint das inmitten des Waldes gelegene Kirchlein unter Neulengbach auf. Die Pfarrseelsorger von Altlengbach und Neulengbach bestätigten, dass das kleine, nächst dem Hocheichberg gelegene Gotteshaus pfarrmäßig zu Neulengbach zählt. Sowohl der Altlengbacher Bürgermeister Wolfgang Luftensteiner als auch der Neulengbacher Stadtamtsdirektor Leopold Ott teilten jedoch mit, dass die an der Gemeindegrenze von Neulengbach und Altlengbach vorzufindende

Dreiföhrenkapelle

Kapelle samt dem dortigen kleinen Gasthaus gerade noch im Gemeindegebiet von Altlengbach liegt. Im Bewusstsein der Ortsbevölkerung werde das Gotteshaus jedoch meist zu Neulengbach gerechnet. Der Neulengbacher Altbürgermeister Josef Mayer ist mit einigen Helfern um die Pflege der Dreiföhrenkapelle bemüht. Dieser außergewöhnliche Umstand hat mich veranlasst, den im Bundesland Niederösterreich in der Diözese St. Pölten liegenden Gnadenort unter zwei Ortsnamen einzureihen.

Die Wallfahrt zu einer Marienkapelle zu den drei Föhren bestand, wie angeblich ein Andachtsbild aus dem 18. Jahrhundert bezeugen soll, bereits zu dieser Zeit. Die heutige Kapelle wurde 1856 erbaut und ist der Heiligen Familie geweiht. Die treppenförmige Giebelfassade mit ihren Aufsätzen, die für die Erbauungszeit typisch sind, haben die wiederholten Male durchgeführten Instandsetzungsarbeiten überstanden. Auf den seitlichen Aufsätzen befinden sich noch barocke Sandsteinbüsten, die vermutlich aus dem Park der heute nicht mehr existierenden Goldburg in Murstetten stammen. Der heutige Kirchenbau geht auf eine Stiftung des Tuchmachergewerbes zurück, das sich auf dem Areal der heutigen Sparkasse in Neulengbach befunden hat und mit einer Regina (Rosina) Karner in Verbindung zu bringen ist. Im Innenraum weisen die Initialen »R 1856 K« auf dem Lanzengitter auf Regina Karner hin. 1896 ging die Sparkasse die grundbüchlich eingetragene Verpflichtung ein, »*die bei den 3 Föhren im Eichbergwald erbaute Kapelle immer im guten Bauzustand zu erhalten*«. Die Kapelle steht auf sehr feuchtem Waldboden, wie man sich leicht überzeugen kann, und demzufolge sind das Mauerwerk und die Einrichtung oft von der Nässe in Mitleidenschaft gezogen worden. Altbürgermeister Mayer schreibt im Blickpunkt auf die anstehenden Renovierungsmaßnahmen Ende der neunziger Jahre des 20. Jahrhunderts: »*Nach den Sanierungsarbeiten im Jahre 1975, die zum 50-jährigen Priesterjubiläum von Dechant Josef Klamminger erfolgten und bei denen die 4 Fenster, die Eingangstüre und der Steinboden erneuert wurden, war nun die Zeit für eine grundlegende Sanierung gekommen. Der Anlass dazu war das 25-jährige Jubiläum von Pfarrer Peter Sterkl als Pfarrer von Neulengbach.«* Die Sparkasse Herzogenburg-Neulengbach übernahm die Baumeister-, Spengler- und Malerarbeiten von ATS 133 180, und vom Sparbuch Dreiföhrenkapelle der Pfarre Neulengbach wurden die Tischler-, Schlosser- und Steinmetzarbeiten von ATS 34 593 abgedeckt. Anstelle der zuletzt fehlenden Föhren wurden wieder drei neue ausgepflanzt. Die feierliche Segnung der renovierten Kapelle fand am 30. April 2000 durch Pfarrer Sterkl statt.

Das Gnadenbild in der Dreiföhrenkapelle befindet sich in einem Stuckrahmen mit wuchtigen Ornamenten und wird von einer Vorhangdraperie umgeben. Das zwischen 1830 und 1860 datierte Bild, in Öl auf Leinwand ausgeführt, misst mit dem Rahmen eine Höhe von 60 cm und eine Breite von 40 cm. Das Diözesanmuseum St. Pölten teilt 2008 zur Ikonographie mit: *»Darstellung der Heiligen Familie. Maria Muttergottes im Vordergrund im roten Kleid und mit blauem Mantel, das (in weißes Tuch) eingewickelte Jesuskind auf dem linken Arm haltend und fütternd. Dahinter Josef, Nährvater Jesu, in dunklem Kleid und hellem Umhang mit weißem Vollbart, sich nach vorne zu den beiden beugend. Alle drei sind mit Heiligenschein dargestellt.«*

Das Gnadenbild wurde zuletzt im Jahr 2000 von dem in Neulengbach ansässigen akademischen Maler Franz Drapela kostenlos restauriert.

Der kleine und für viele unbekannte Wallfahrtsort war früher von größerer Bedeutung, wie die verhältnismäßig zahlreich vorhandenen unterschiedlichen Andachtsbildchen folgern lassen. Ein in der Zwischenzeit verstorbener Wiener Pilger hat einen für ihn beachtlichen Pilgerzustrom in Erinnerung.

Gnadenbild Heilige Familie

Im Mai lädt die Pfarre Neulengbach zu Maiandachten in der Dreiföhrenkapelle ein. Dechant Franz Schuh hat vor einiger Zeit neben seiner Pfarre Maria Anzbach auch kurzfristig die von Neulengbach mitbetreut. Schuh ist bekannt, dass immer wieder Fußwallfahrer einzeln oder in Gruppen an der Dreiföhrenkapelle anzutreffen sind. Ihm zufolge unternimmt alljährlich die Pfarre Pressbaum eine Wallfahrt nach Maria Anzbach, die zur Dreiföhrenkapelle weiterführt. Die Heilige Familie, als Vorbild für die Familie, könnte durchwegs Jung und Alt zu einer Wallfahrt für die Anliegen der Familien motivieren. Die Dreiföhrenkapelle ist zu jeder Zeit ein aktueller Familienwallfahrtsort!

Gebet

Heilige Familie, Ikone und Vorbild jeder
menschlichen Familie,
hilf jedem im Geist von Nazareth
zu wandeln; hilf jeder Familie
ihre Sendung in Kirche und Gesellschaft
durch das Hören des Gotteswortes,
das Gebet und das brüderliche Leben
miteinander zu vertiefen.

Das Gebet zur Hl. Familie ist aus der Novene für die Familie entnommen.

Gedanken des österreichischen Familienbischofs und St. Pöltner Diözesanbischofs Klaus Küng

»Mehr als 150 Jahre lang haben Gläubige in der Dreiföhrenkapelle bei Neulengbach die dort im Gnadenbild dargestellte Heilige Familie verehrt: Mit Dank oder in der Not sind sie mit Vertrauen hingegangen und haben den Schutz der Gottesmutter, des hl. Josef und des Jesuskindes erbeten.
In unserer Zeit, wo es neben vielen intakten Familien solche in großen Schwierigkeiten gibt, sollten genauso und vielleicht noch mehr die Nähe und Fürsprache der Heiligen Familie gesucht und gefunden werden. Auch Menschen, deren Wunsch nach Familie nie in Erfüllung gegangen oder deren Familie zerbrochen ist, werden in ihrem Leid die Hilfe der Heiligen Familie erfahren.
Durch ihre bedingungslose Liebe und ihre Offenheit für den Willen Gottes sind Jesus, Maria und Josef ein Vorbild auch für unsere heutigen Familien.
Das Hinpilgern zu Orten wie der Dreiföhrenkapelle, um dort für die Familien zu danken und zu bitten, wird auch heute allen Familien die notwendige Kraft und Gnade von der Heiligen Familie zukommen lassen.«

Bischof Klaus Küng verfasste diese Gedanken für dieses Buch im Jahr 2008.

Neulengbach, Dreiföhrenkapelle ⇨ Maria Anzbach, Pfarrkirche

Variante PKW:

Nach Maria Anzbach sind es nur gut 5 Minuten. Schon nach 4 km erreicht man die Pfarrkirche von Maria Anzbach. Zuerst muss man die Garnisonsstraße zurückfahren. Bei der Haager Straße biegt man links ab. Erreicht man die Hainfelder Straße, biegt man rechts in diese ein. Nun muss man sich rechts halten, um auf dieser Straße zu bleiben. Bei der Gasse Alter Markt hält man sich ebenfalls rechts. Gelangt man zur B44/Bahnstraße, biegt man rechts ab und fährt immer dem Straßenverlauf folgend auf der B44. Man passiert Hofstatt und gelangt schließlich nach Maria Anzbach.

Variante öffentliche Verkehrsmittel:

Nach einem Fußmarsch von 20 Minuten bis zum Bahnhof von Neulengbach fährt man mit dem Zug bis Maria Anzbach. Um zum Bahnhof zu gelangen, muss man einfach den Weg zur Bushaltestelle, an der man zuvor ausgestiegen ist, zurückgehen. Von dort folgt man der Bahnstraße bis zum Bahnhof.

Vom Bahnhof in Maria Anzbach sind es noch gut 5 Minuten bis zur Pfarrkirche. Man folgt der Kronestraße in Richtung Oskar-Kokoschka-Gasse. Bei der Schwabstraße biegt man nach rechts ab und bei der B44/Hauptstraße nochmals.

Variante Fußmarsch:

Der Fußmarsch dieser rund 3,5 km langen Strecke beträgt ungefähr 50 Minuten.

Leider gibt es hier bis jetzt keine Wanderwege, daher muss alles entlang der Straßen gegangen werden. Man wählt zunächst die Garnisonsstraße, die von der Dreiföhrenkapelle wegführt. Bei der Haager Straße biegt man links ab. Erreicht man die Hainfelder Straße, biegt man rechts in diese ein. Gelangt man zum Alten Markt, muss man sich rechts halten. Auf diesem Weg kommt man zur B44, der Bahnstraße, in die man rechts einbiegt. Weiter geht es durch Hofstatt nach Maria Anzbach.

MARIA ANZBACH

WallfahrtsWeg
WienerWald

Im westlichen Wienerwald an der Westbahn im Bundesland Niederösterreich befindet sich der einzige Marienwallfahrtsort des Wienerwaldes, der der Diözese St. Pölten zugehört. Der am Anzbach gelegene Ort wurde bereits im Jahr 998 als *Amizinesbach* erstmals in einer Schenkungsurkunde Kaiser Otto III. an einen gewissen Engelrich urkundlich erwähnt. Engelrichs Nachfahren nannten sich nach dem Namen des Baches Herren von Amicinesbach und galten um 1200 als ausgestorben. Einige Reste erinnern an die ehemalige Burg Wasen, die öfters die Besitzer wechselte und im Jahr 1683 durch die Türken zerstört wurde. Das »Grafenhaus«, ein schlichter Renaissancebau aus der 2. Hälfte des 16. Jahrhunderts, ist um einen mittelalterlichen Wohnturm des 12./13. Jahrhunderts erbaut worden. Im 18. und 19. Jahrhundert erfolgten Erweiterungsbauten. Die gegenüberliegende ehemalige »Flöck-Schmiede« mit einem eingemauerten Männerkopf aus der 2. Hälfte des 16. Jahrhunderts und die urkundlich im Jahr 1555 genannte »Schönbeck-Mühle« bildeten eine wirtschaftliche Einheit mit dem »Grafenhaus«. Die Kapelle des hl. Martin in unmittelbarer Nähe zur Pfarrkirche mit dem Beinraum im Untergeschoß ist ein spätgotischer Bau zu Beginn des 16. Jahrhunderts. Der ummauerte Bereich der Pfarrkirche und der Martini-Kapelle ist ein Hinweis, dass sich hier einst der Friedhof befand. Maria Anzbach entwickelte sich um 1900 zur Sommerfrische, heute sind noch immer ungefähr 90 Prozent der Gemeindefläche als Grünland ausgewiesen. Im Jahr 1898 erwarben die Barmherzigen Schwestern im Ortsteil Meierhöfen den »Zwicklhof« und bauten im Jahr 1972 das Erholungsheim zum Altersheim St. Louise um. Im Vergleich zu anderen Wienerwaldorten gibt es hierorts noch relativ viele landwirtschaftliche Betriebe. Der Verfasser hat zu Fronleichnam 2008 das Hochamt und die von der Pfarrkirche zum Altersheim führende Fronleichnamsprozesssion mitgefeiert. Die weite Streckenführung der Flurprozession, teilweise entlang des Anzbaches, ließ auf Grund der Lebendigkeit der bäuerlich geprägten Tradition die fortgeschrittene Zeit vergessen. Die neue Gestaltung des Ortzentrums anlässlich des Milleniumsjahres 1998 ist ein gelungenes Beispiel einer Dorferneuerung. Der in diesem Zusammenhang von Hans Muhr entworfene Brunnen auf dem Marktplatz charakterisiert treffend die Verbindung von Markt und Wallfahrtsort mit dem Anzbach.

Wallfahrts- und Pfarrkirche Maria, Mutter der Barmherzigkeit

An der alten Wehrkirche mit ihrem Turm aus dem 14. Jahrhundert wird bereits im Jahr 1311 ein Pfarrer genannt. Die mächtige spätgotische Staffelkirche wurde in den Jahren 1468 bis 1491 über einem romanischen Vorgängerbau errichtet. Über dem Nordportal ist mit gotischer Inschrift das Kirchenpatrozinium »*Mater Misericordie 1471*« – Mutter der Barmherzigkeit – eingemeißelt. Das dreischiffige, mit Netz- und Sternrippengewölben errichtete gotische Langhaus wirkt auf den Besucher wie ein den Verhältnissen angepasster »Dom auf dem Land«. Durch die Türken wurde der Kirchenbau im Jahr 1529 zerstört, hundert Jahre später 1629 wieder errichtet und als Wehrkirche adaptiert. Links, beim Altarraumpfeiler, ist ein Vitrinenkästchen angebracht, das eine nicht verbrannte Fackel beinhaltet. Als im Jahr 1683 die Türken das Gotteshaus in Brand stecken wollten, warfen sie in die damals existierende Holzkanzel eine brennende Fackel, die jedoch auf unerklärliche Weise erlosch. Die älteste Wandmalerei sind Fragmente, den Marientod darstellend, um 1370/1380 in der Sakristei. Der barocke und frühklassizistische Hochaltar ist mit 1771 bezeichnet. Im Zentrum des Hochaltares befindet sich die fast lebensgroße Gnadenstatue. Die Skulptur wird in mancher Publikation als »eine stark

Kirche
Maria, Mutter der Barmherzigkeit

barock überarbeitete geschnitzte spätgotische Madonna« aus der ersten Hälfte des 15. Jahrhunderts, vom Bundesdenkmalamt als »Gnadenmadonna 1. Hälfte 17. Jh. (?)« [Datierung ungewiss, Anm. d. Verf.] eingereiht. Die Statue des hl. Leopold aus der Donauschule um 1510/1520 im Altarraum, zwei spätgotische Opferstöcke und die frühklassizistische Kanzel um 1790 sind besonders erwähnenswert.

Über die Marienwallfahrt vor dem 17. Jahrhundert gibt es keine Nachricht, jedoch verweisen Publikationen wie die des renommierten Gustav Gugits (»Österreichs Gnadenstätten in Kult und Brauch«) auf eine »... *alte Marienverehrung, über deren Wallfahrtscharakter nichts bekannt ist. ... Neuer Einsatz der Wallfahrt seit der Pestzeit 1679 und dem Türkeneinfall von 1683*«. Der berühmte Hofprediger Abraham a Sancta Clara hielt am Fest Mariä Geburt des Jahres 1677 in der Pfarr- und Wallfahrtskirche in Anspielung an den Ortsnamen die berühmt gewordene Predigt »Der glückliche Fischzug in Anzbach«, woran auch eine Gedenktafel in der Kirche erinnert. Eine zweite im Jahr 1745 gedruckte Predigt unter dem Titel »Ehren-Rede über das Freudenreiche Geburts-Fest der allerseeligsten Jungfrau Mariae u. von dero berühmten Gnadenbild der Mutter Gottes der Barmherzigkeit zugenannt; in der Pfarr-Kirche zu Antzbach« stammt von Pater Manzador. Zwei im Jahr 1783 anlässlich der Jubiläumswallfahrten der Pfarren Ollern und Langenrohr gemalte Leinwandbilder sind unter die schönsten Votivgaben in der Kirche einzureihen. Sie sind auch kirchengeschichtlich von Interesse, zumal in der Zeit des allgemeinen Wallfahrtsverbotes von Kaiser Joseph II. die beiden Tullnerfelder Pfarren ihrem Gelöbnis treu geblieben sind. Die Legende berichtet, dass in Ollern die Pest wütete und viele Ortsbewohner an der Seuche starben. Vier Ehepaare unternahmen eine Wallfahrt nach Anzbach und als sie heimkehrten, eilten ihnen die zurückgelassenen Pestkranken gesund entgegen und die Seuche war im Dorf erloschen. Seit 1683 findet die Gelöbniswallfahrt von Ollern und Langenrohr zur Mutter der Barmherzigkeit statt. Bei der 325. Jubliläumswallfahrt im Jahr 2008 kamen ungefähr 120 Pilger aus Ollern am 3. Mai und ungefähr 150 Pilger aus Langenrohr am 18. Mai. Die Wallfahrtsmotive waren nach Gugits Pestabwehr, Türkenabwehr, Kinderkrankheiten, Fraisen, Augenkrankheiten und gefährlicher Hundebiss. In den fünfziger Jahren des 20. Jahrhunderts wurden elf Prozessionen mit etwa 500 Personen verzeichnet und als Haupteinzugsgebiet die Umgebung, das Tullnerfeld und Wien genannt. Im Jahr des 250. Gedenkens der Türkenbelagerung von 1683, 1933, wird dem Ort das bis zum Jahr 1555 aufrechte Marktrecht wieder verliehen. Im Zuge der

Feierlichkeiten erfolgt die Ortsnamensänderung auf »Maria Anzbach«. Der Wallfahrts- und Pfarrseelsorger Dechant Wilhelm Schuh zur Wallfahrtsseelsorge im Jahr 2008: »*Seit der Zeit des Zweiten Weltkrieges gibt es am 15. August am Nachmittag eine festliche Wallfahrerandacht, zu der vor allem die Pfarrangehörigen aus unserem Dekanat kommen (oft mehr als 500 Personen). Manche Pfarren kommen regelmäßig, z. B. Asperhofen am 2. Septembersonntag, Pressbaum am 3. Septembersonntag. Wenn Wallfahrer in Gruppen kommen und angemeldet sind, wird mit diesen – je nach Wunsch – eine Marienandacht oder eine Wallfahrermesse gefeiert – oft von mir als Ortspfarrer zelebriert; manchmal kommt auch ein eigener Priester mit.*« Der einzelne Pilger findet tagsüber die lichterfüllte Kirche zum Gebet einladend offen. Unter anderem kann ein neu aufgelegtes Andachtsbildchen mit Wallfahrtsgebet als Andenken mitgenommen werden. Dem jungen Dechanten ist die Wallfahrtsseelsorge ein Anliegen. Auch die sich immer wieder einfindenden einzelnen Pilger beten vor der Gnadenstatue darum, dass Barmherzigkeit bedeuten möge, sein Herz für Gott, sich selber und den Menschen zu öffnen. Christoph Kardinal Schönborn bei seiner Katechese im Wiener Stephansdom im Mai 2008: »*In der Tiefe betrachtet zeigt sich die Gleichgestaltung des Herzens Mariens mit dem ihres Sohns. Sein Verlangen wird ihr Verlangen: das Heil aller Menschen. Sie hat dafür die spontanen mütterlichen Herzensneigungen zu ihrem Kind hingegeben. Sie hat seelisch ihren Sohn völlig ›freigegeben‹, damit er seine Sendung erfüllen kann. Dazu hat sie selber zum Kreuz ja gesagt, das unvorstellbarste Opfer. Deshalb ist sie am Kreuz von Jesus zur Mutter aller seiner Jünger gemacht worden. Deshalb wurde sie unter dem Kreuz zur ›Mutter der Barmherzigkeit‹.*«

Gnadenstatue
Maria, Mutter der Barmherzigkeit

Gebet

Sei, Mutter der Barmherzigkeit,
Sei, Königin, gegrüßt,
Du Lebenstrost, Du Süßigkeit,
Die sich auf uns ergießt;
Zu Dir, o Mutter, rufen wir,
mit Tränen seufzen wir zu Dir.
O wende doch Dein Angesicht,
auf uns vom Himmelsthrone;
Versag uns Deine Fürbitt' nicht,
bei Jesus, Deinem Sohne;
nach diesem Elend zeig uns Ihn,
milde, gütige Mittlerin.
In aller Trübsal, Angst und Not
und in allen Leiden,
komm uns zu Hilfe und bitt' bei Gott.
Wenn wir von hinnen scheiden,
stärke uns im letzten Streit,
o Mutter der Barmherzigkeit!

Gnadenmutter von Maria Anzbach
»Mutter der Barmherzigkeit«,
bitte für uns!

Das Gebet hat das Pfarramt Maria Anzbach auf einem aktuellen Andachtsbildchen abdrucken lassen.

Maria Anzbach, Pfarrkirche ⇨ Purkersdorf, Pfarrkirche

Variante PKW:

Für diese 21 km lange Strecke sollte man 30 Minuten einplanen. Man fährt auf der B44, der Hauptstraße von Maria Anzbach weiter in Richtung Marienplatz. Man folgt der B44/Neulengbacher Bundesstraße. Dabei passiert man drei Kreisverkehre (jeweils die 2. Ausfahrt). Die Fahrt führt durch Maierhöfer, Unter-Oberndorf, Furth, Rekawinkel, Pressbaum, Tullnerbach und Neupurkersdorf. In Purkersdorf biegt man bei der Kaiser-Josef-Straße links ab. Auf der rechten Seite erkennt man die Kirche von Purkersdorf.

Variante öffentliche Verkehrsmittel:

Ohne Wartezeit auf den Zug braucht man nach Purkersdorf 35 Minuten. Von der Kirche in Maria Anzbach bis zum Bahnhof sind es wieder gut 5 Minuten. Man wählt die B44/Hauptstraße in Richtung Schwabstraße. Nach etwa 100 m erreicht man die Schwabstraße, bei der man links einbiegt. Bei der Kronestraße biegt man nach links.

Mit dem Zug fährt man bis Purkersdorf-Gablitz. Von dort sind es noch 5 Minuten zur Kirche von Purkersdorf. Man macht sich zunächst auf in Richtung Karl Kurz-Gasse. Beim Hauptplatz biegt man links ab. Gelangt man zur Kaiser-Josef-Straße, hält man sich rechts.

Variante Fußmarsch:

Nachdem die beiden vorigen Wanderungen kürzer ausgefallen sind, folgt nun wieder eine sehr ausgiebige. Man ist auf den 21 km über 6 Stunden unterwegs. Betrachtet man die Höhendifferenz der beiden Orte, so könnte man annehmen, dass man eben marschiert. Dem ist aber keinesfalls so. Man wandert rund 300 Meter hinauf und dann wieder hinunter.
Zunächst spaziert man auf der Hauptstraße von Maria Anzbach weiter (nicht in die Richtung, von der man gekommen ist). Bald erreicht man einen Kreisverkehr, bei dem man die dritte Ausfahrt (Groß-Raßberg-Straße) nimmt. Nun befindet man sich schon auf einem markierten Wanderweg, der kontinuierlich steigt. Auf diesem Weg gelangt man nach Groß Raßberg. Folgt man stets dem Straßenverlauf, erreicht man Hof. Bei der Dornbergstraße biegt man links ein. Verlässt man den markierten Weg nicht, kommt man bei der Pepi Tante vorbei nach Dornberg. Dieses Stück ist relativ eben. Durch diesen Ort marschiert man gerade durch. Bald verlässt der markierte Weg die Straße und zweigt nach links zum Kronsteinstüberl ab. Erreicht man Kronstein, überquert man die Rekawinkler Straße, weil sich der Weg auf der anderen Seite in Richtung Penzing fortsetzt. Jetzt ist wieder eine Steigung zu bemerken. Beim Roten Kreuz schlägt man den Weg auf den Hinteren Bonnaberg ein. Bevor man diesen in einer Höhe von 417 m erreicht, gelangt man an einem Bildstock vorbei. Folgt man dem Weg über den Berg, gelangt man in den Ort In der Au. Man durchquert den Ort. Bald lässt sich wieder ein grün markierter Weg erkennen. Diesen geht man entlang, bis man bei einer Weggabelung auf einen rot und blau markierten Weg trifft. Hier schlägt man den linken Weg ein. Bei der nächsten Gelegenheit schlägt man wieder den linken Weg ein. Dieser sollte blau markiert sein. So kommt man beim Hotel Wienerwaldhof am Strohzogl vorbei. Von dort folgt man einem rot markierten Weg. Man passiert ein Wegkreuz. Dann erreicht man die Troppenbergstraße, die man überquert. Jetzt geht es auf den Troppenberg (542 m) hinauf. Von dort wählt man den grün markierten Weg, der am Roten Kreuz vorbei über den Buchberg bergab führt. Nach einiger Zeit erreicht man nochmals ein Wegkreuz, bevor man nach Purkersdorf gelangt. Über die Neugasse geht es nach links in die Kaiser-Joseph-Straße bis zur Kirche von Purkersdorf.

PURKERSDORF

Die Entstehung eines Ortes geht höchstwahrscheinlich auf die zweite bayrische Kolonisation um 1000 n. Chr. zurück, die erste urkundliche Erwähnung ist um 1130 einzureihen. Purkersdorf liegt im Bundesland Niederösterreich in der Erzdiözese Wien. 1333 wurde die bereits bestehende Kirche und Pfarre Purkersdorf zur landesfürstlichen Patronatskirche- und pfarre erklärt. Der waldreiche Wienerwaldort hat bis heute nicht nur für die Forstwirtschaft, sondern auf Grund seiner Lage für wichtige Verkehrsverbindungen Bedeutung. Nach der Einrichtung eines ständigen Postdienstes zwischen Wien und Brüssel war 1558 Purkersdorf auf der Strecke erste Poststation mit der Möglichkeit Pferde zu wechseln oder weitere vorzuspannen. Die klassizistische Hauptfassade der ehemaligen Poststation auf dem Hauptplatz ist sichtbares Zeichen dieser Vergangenheit. Die heute durch Purkersdorf geführte Bundesstraße 1 war die ehemalige Haupt-, Post- und Commerzialstraße. Durch Purkersdorf führt die Westbahn, und in der Nähe beginnt die Westautobahn A1. Die im Baukern hochmittelalterliche ehemalige Burg mit Wasserschloss nächst der Pfarrkirche diente für die Wienerwaldgebiete von 1500 bis 1788 als landesfürstliches Waldamt. Das ehemalige Schloss ist seit 1925 im Besitz der

Kirche St. Jakob der Ältere

Österreichischen Bundesforste und heute auch Ort des Bezirksgerichtes und des Heimatmuseums. In unmittelbarer Nähe zum Schlossgebäude befindet sich in einem interessanten Neubau, der den Verwendungszweck spiegelt, seit 2002 die Generaldirektion der Österreichischen Bundesforste. Als non plus ultra der Bauobjekte Purkersdorfs gilt das vom Architekten Josef Hoffmann von 1904 bis 1905 im Jugendstil errichtete Sanatorium Purkersdorf. Purkersdorf, erst 1929 zum Markt und 1966 zur Stadt erhoben, hat in den letzten Jahren einen Aufschwung als Stadt und für die Wienerwaldregion erfahren. Die offizielle Eröffnung des Bundesgymnasiums und Bundesrealgymnasiums im Jahr 2002 ist ein Beispiel für die Entwicklung der Stadt.

Stadtpfarrkirche St. Jakob der Ältere Wallfahrtskirche zur Maria, Trösterin der Betrübten

Die Stadtpfarrkirche ist dem heiligen Jakobus dem Älteren geweiht. Der Begräbnisort des Apostels, Santiago de Compostela in Spanien, ist zugleich einer der altehrwürdigen Wallfahrtsorte Europas. In ganz Europa erfreuen sich in letzter Zeit die alten und neu entstandenen Jakobswege zunehmender Beliebtheit. So naheliegend die Vermutung ist, Purkersdorf war, soweit bis heute bekannt ist, nie ein Jakobus-Wallfahrtsort. Der im Kern gotische, barockisierte Saalbau der Purkersdorfer Kirche ist wahrscheinlich mit dem Schloss als Burg-Kirchen-Anlage entstanden. Nach der zweiten Türkenbelagerung 1683 erfolgte die Barockisierung. Die 1935/1936 erweiterte Kirche wurde am 12. Juli 1936 eingeweiht.

Seit 1727 beinhaltet der unmittelbar davor geschaffene Hochaltar das Gnadenbild »Maria, Trösterin der Betrübten«. Auf dem um 1700 angefertigten Gemälde in reicher barocker Umrahmung wird Maria beim Stillen des Kindes (Maria lactans) dargestellt. Als Vorlage für das Bild diente das Bild Maria lactans aus der Wiener Jesuitenkirche, das selbst eine Kopie des Gnadenbildes der Donna Maria Uzategui in der Kirche Santa Rosa in Lima/Peru aus dem 16. Jahrhundert ist. Interessanterweise befindet sich nach Auskunft des Pfarrers von St. Georgen an der Leys/NÖ in seiner Pfarrkirche eine Kopie des Purkersdorfer Gnadenbildes. Eine Legende berichtet, dass der Müller Wedl aus Purkersdorf auf der Flucht vor den Türken 1683 für drei Tage und drei Nächte unter einer Brücke Zuflucht fand. Er gelobte der Muttergottes ein Zeichen des Dankes zu errichten. Von den Türken verschont, wollte er von seinem Gelübde nichts mehr wissen. Im Jahre 1709

Gnadenbild
Maria, Trösterin der Betrübten

schwemmte das Hochwasser auf der Wien ein Marienbild an, das die Gattin des Müllers, Magdalena Wedl, auffand. Die Besitzerin der Stiegelmühle an der Wien konnte auf Grund des Widerstandes ihres Gatten das Bild im Haus nicht aufstellen. Die Stiegelmüllerin verschaffte dem Marienbild an einer Weide einen Platz und betete gerne vor dem Bild. Das Pestjahr 1713 forderte in Purkersdorf 94 Tote. Pfarrer Josef Maurer schreibt für das 1899 erschienene Buch »Marianisches Niederösterreich«: *»Die Stiegelmüllerin hatte ihre Erhaltung während der Pestzeit ihrer Andacht zum Marienbild am Weidenbaume zugeschrieben und betete nun aus Dankbarkeit jeden Samstag vor demselben mit ihren Hausleuten den Rosenkranz, an welchem bald andere Vorübergehende, dann aber die meisten Bewohner von Purkersdorf theilnahmen. Die Opfergelder vermehrte der Obervater des Wiener Bürgerspitales, Josef Maier, und baute damit für das vielverehrte Bild neben dem Weidenbaume eine hölzerne Kapelle, worauf die Besucher des Bildnisses noch zahlreicher wurden.«* Die kirchlichen Stellen befahlen die Schließung des nicht bewilligten Kapellenbaus. Das Marienbild übernahm der landesfürstliche Förster in Purkersdorf zur Verwahrung. Aber bereits 1721 erlaubte die kirchliche Obrigkeit den Bau einer Marienkapelle aus Stein und gestattete die Feier der heiligen Messe. Die 1721 erbaute Gnadenkapelle (Ursprungskapelle) wurde 1959 im Zuge des Baus der Umfahrungsstraße leider abgerissen. Beispiele aus Geschichte und Gegenwart zeigen, dass die Transferierung eines Baus prinzipiell sehr wohl möglich wäre, sofern Interesse besteht. Eine barocke Grabplatte an der Rückwand der 1965 erbauten »Deutschwaldkapelle« und im Heimatmuseum aufbewahrte Sakralgegenstände der Inneneinrichtung sind von der abgerissenen Ursprungskapelle erhalten geblieben. Begeben wir uns wieder in die erste Hälfte des 18. Jahrhunderts! Die Zahl der zur Gnadenkapelle strömenden Pilger nahm immer mehr zu, sodass am 5. Mai 1727 das Marienbild in die Pfarrkirche übertragen wurde. Es wird überliefert, dass Kaiserin Maria Theresia »Maria, Trösterin der Betrübten« in Purkersdorf oft und gerne besuchte. Pfarrer Maurer vermerkt dazu: »*Am 12. September 1779 feierte der Pfarrer Franz Tobias Haas sein fünfzigjähriges Priesterjubiläum in Verbindung mit dem fünfzigjährigen Jubiläum der Übertragung des Gnadenbildes von der Marienkapelle an der Wien in die Pfarrkirche, das er um zwei Jahre verschob. Die Kaiserin nahm an diesem Doppelfeste mit ihren zwei Töchtern, Elisabeth und Marianne, die beide Äbtissinnen wurden, in Begleitung des ganzen Hofstaates theil. Die Kirche war mit kostbaren Teppichen aus dem kaiserlichen Schlosse Schönbrunn behängt. Eine Abtheilung der Schweizergarde besetzte die Eingänge der Kirche, um zu großes Gedränge fernezuhalten. Die Predigt hielt der Propst Parhammer. Die Kaiserin hieng dem Jubilar eine schwere goldene Medaille um den Hals. Alle Bewohner von Purkersdorf wurden bewirtet. Als Maria Antoinette als Braut nach Paris reiste, kehrte sie im Pfarrhofe von Purkersdorf ein, um sich den Segen des greisen Pfarrers zu erbitten.*« Trotz der empfindlichen Einschnitte des Wallfahrtslebens unter Kaiser Joseph II. und der Schikanen des Nationalsozialismus ist Purkersdorf bis heute ein beliebter, wenn auch kleiner Wallfahrtsort, der in den letzten zehn Jahren wieder mehr Zuspruch findet. Seit 1999 findet jeweils am 1. Samstag im Monat eine Monatswallfahrt zur »Trösterin der Betrübten« statt. Wenn auch unterschiedliche Motive – die Pest ist gottlob kein Grund zur Wallfahrt mehr – die Pilger hierher führen, eines ist nach wie vor zentral: Die Darstellungsweise der Gnadenmutter von Purkersdorf zieht immer noch Menschen an, die um oder für ein Kind bitten.

Gebet

Heilige Maria, Mutter Gottes!
Du verstehst jeden, der zu Dir kommt.
Öffne unseren Mund,
damit wir Dir anvertrauen können, was uns bewegt!
Deiner mütterlichen Liebe und Fürsprache empfehlen wir alle,
die sich voll Zuversicht an Dich wenden.
Erbitte denen, die sich nach einem Kind sehnen, Gottes Hilfe!
Tröste jene, die einen Kinderwunsch bisher nicht erfüllt sehen!
Vor Deinem Gnadenbild haben schon viele Deine Hilfe erfahren.
Lass auch uns auf Deine Fürsprache
beim Gott allen Trostes
wieder Halt und Frieden finden!
Amen.

Das Gebet wurde von Monsignore Anton M. Guber, dem Pfarr- und Wallfahrtsseelsorger von Purkersdorf, 2008 für dieses Buch verfasst.

Purkersdorf, Pfarrkirche ⇨ Mariabrunn, Pfarrkirche

Variante PKW:

Der nächste Punkt der Tour wird nach 10-minütiger Fahrt nach 5 km erreicht. Zunächst fährt man auf der Kaiser-Josef-Straße weiter. Bei der B1/Wiener Straße biegt man rechts ab. Dann fährt man auf der B1 weiter. Sobald man die Hauptstraße von Maria Anzbach erreicht, biegt man links ab und fährt bis zur Pfarrkirche von Mariabrunn.

Variante öffentliche Verkehrsmittel:

Mit dem Bus braucht man von der Haltestelle Purkersdorf bei Wien, Kirche bis Mariabrunn, Kirche knapp 15 Minuten.

Variante Fußmarsch:

Nach der anstrengenden letzten Wanderung folgt nun eine kürzere Strecke zur Erholung. Der schnellste Weg wäre es, die B1/Wiener Bundesstraße bis nach Mariabrunn entlangzugehen. Für dieses gut 4 km lange Wegstück bräuchte man nur rund 1 Stunde.

Die schönere, jedoch auch etwas längere Wanderung führt über den Buchberg. Nach 1 h 50 ist man am knapp 6 km entfernten Ziel angelangt.

Man folgt zunächst der B1/Wiener Bundesstraße. Erreicht man die Herrengasse, biegt man links in sie ein. Bei der Wintergasse biegt man rechts ab und gleich darauf links in die Doktor-Hild-Gasse. Hält man sich rechts, so bleibt man auf dieser Gasse. Man befindet sich schon auf einem Wanderweg, der mit 444, 11 und 4 markiert ist. Diesem folgt man bergauf auf den Buchberg (465 m). Von dort schlägt man den mit der Nummer 45 markierten Weg nach rechts ein und gelangt über den Bürgerspitalwald nach Hadersdorf. Man marschiert die Buchbergstraße entlang, bis man die Loudonstraße erreicht, in die man nach links einbiegt. Über die Bahnstraße gelangt man zur Mauerbachstraße, bei der man rechts abbiegt. Sobald man die Hauptstraße erreicht, muss man nur mehr links abbiegen und schon sieht man die Kirche.

MARIABRUNN

Der alte Gnadenort liegt heute im Bezirksteil Hadersdorf-Weidlingau im 14. Wiener Gemeindebezirk in der Erzdiözese Wien. Oder doch nicht ganz? Die Katastralgemeinde Auhof, deren größten Teil der Lainzer Tiergarten bildet, liegt zum überwiegenden Teil im 13. Wiener Gemeindebezirk und nur ein ganz kleiner Teil, Mariabrunn, im 14. Wiener Gemeindebezirk. Das weitgestreckte Pfarrgebiet von Mariabrunn umfasst unter anderem einen Großteil des Lainzer Tiergartens. In dieser Verbindung sei auf die örtliche Nähe zwischen dem ehemaligen Zentrum der kaiserlichen Jagdreviere rings um Wien in Auhof und dem vom Kaiserhaus geschätzten Wallfahrtsort Mariabrunn hingewiesen. Die Entstehung des Ortsnamens geht mit der Entstehung der Wallfahrtskirche einher. Die Ausdehnung von Mariabrunn beschränkt sich im Großen und Ganzen auf die Klosteranlage. Im Sinne des heute noch ausgeprägten Dorfcharakters ist Mariabrunn zu Hadersdorf zu zählen. Die selbstständigen Gemeinden Hadersdorf, Weidlingau, Mariabrunn und Auhof wurden 1851 zur niederösterreichischen Wienerwaldgemeinde Hadersdorf-Weidlingau vereinigt und 1938 dem neu geschaffenen 14. Wiener Gemeindebezirk eingegliedert. Ein 1971 allgemein gefasster Diözesanbeschluss bedingte, dass die Pfarre Mariabrunn, im niederösterreichischen Dekanat Purkersdorf gelegen, in das Dekanat Wien 14 eingegliedert wurde. Die Hadersdorfer haben diese Entscheidung nicht gerade mit Begeisterung aufgenommen und demzufolge hatte es der Mariabrunner Pfarrer in dieser Zeit *»nicht immer ganz leicht«*.

Kirche Mariä Heimsuchung

Als Nachnutzung der mit der Kirche verbundenen Klosteranlage wurde 1813 eine Forstakademie gegründet, die seit 2005 unter dem Namen »Bundesforschungs- und Ausbildungszentrum für Wald, Naturgefahren und Landschaft« geführt wird. Im Forstmuseum Mariabrunn, das in der Anlage angesiedelt ist, wird der prominenteste Schüler der Forstschule, Josef Ressel, vorgestellt. Der spätere Erfinder der Schiffsschraube war nämlich als ausgebildeter Förster bei den Marineforsten eingesetzt.

Wallfahrtskirche zu Unserer Lieben Frau Pfarrkirche Mariä Heimsuchung

Im Zuge der Gegenreformation wurde die Ordensgemeinschaft der »Unbeschuhten Augustiner« nach Wien gerufen. Von 1636 bis 1828 wirkten die Augustiner in Mariabrunn, das durch die josephinischen Reformen 1784 zur Pfarre erhoben wurde und seitdem eine Weltpriesterpfarre der Erzdiözese Wien ist. Von 1639 bis 1655 wurde die frühbarocke Klosteranlage mit der Kirche erbaut. Das Kaiserhaus jagte nicht nur in der Gegend um Mariabrunn, sondern förderte die Wallfahrt und den Kirchenbau, wie wir an Hand der Innenausstattung des unter die »Hofkirchen« einzureihenden Gotteshauses nachvollziehen können. Der bemerkenswerte Hoch- und Gnadenaltar aus den 1730er Jahren beinhaltet die Gnadenstatue. Die nachgotische Mondsichelmadonna aus der 1. Hälfte des 16. Jahrhunderts wurde 1720 mit Mond, Kronen, Szepter und Strahlenkranz versehen. Ab der Barockzeit und bis in die zweite Hälfte des 20. Jahrhunderts war es in Mariabrunn Brauch, der Statue dem Kirchenjahr entsprechende Kleider anzulegen. Leider wurde ein Großteil der im Volksmund »Manterln« genannten Kleider zerstört, sodass Textilrestauratoren in den Jahren 1983/84 an Hand von Teilen nur mehr zwei Exemplare zusammensetzen konnten. Von der kunsthistorisch bedeutenden Kircheneinrichtung sei stellvertretend auf die aus der Barockzeit stammende Orgel, die Kirchenbänke, das Heilige Theater mit dem Heiligen Grab, die Helenakapelle und die prunkvolle Sakristei sowie den auf das kaiserliche Jagdgebiet bezugnehmenden Eustachius-Bruderschaftsaltar hingewiesen. In den Kirchenräumen zeugen zahlreiche Votivtafeln vom vergangenen Rang Mariabrunns unter den großen Wallfahrtsorten. Eine Gedenktafel an der Außenseite oberhalb des Kirchenportals erinnert an die Verabschiedung Papst Pius VI. durch Kaiser Joseph II. Eine rührselige Geschichte erzählt, dass der Kaiser sich danach umgedreht und das Kloster aufgehoben haben soll. Tatsache ist aber, dass die Augustiner erst Jahrzehnte nach dem Tod Josephs II. Abschied von Mariabrunn nahmen. Zeitgleich mit dem Kirchenbau wurde dem Ursprungsbrunnen barocke Gestalt verliehen. Die darin befindliche Sandsteinkopie der Gnadenmadonna im Prunkgewand stammt aus 1655. Im Zuge der Brunnenrestaurierung 1981 wurde mangelnde Trinkwasserqualität festgestellt, sodass seit dieser Zeit die Wasserentnahme nicht mehr möglich ist. Hoffen wir, dass die Zukunft Möglichkeiten erschließt, die eine Wasserentnahme am Ursprungsbrunnen wieder gewährleisten können.

Gnadenstatue Unsere Liebe Frau

Gleich beim Auffahren auf die Westautobahn nehmen viele Menschen den gut sichtbaren Kirchenbau wahr, ohne zu wissen, dass sie an einem Pilgerziel vorbeifahren. Der Auffassung der Wiener Diözesankonservatorin Hiltigund Schreiber nach ist Mariabrunn höchstwahrscheinlich der älteste Wallfahrtsort des Wienerwaldes und der Bundeshauptstadt. Schreiber, die sich viele Jahre um die Restaurierung Mariabrunns bemühte und im Zuge dessen über Wallfahrtsorte forschte, muss es ja wissen. Der Verfasser des 1913 herausgegebenen Buches »Des Österreichers Wallfahrtsorte«, Alfred Hoppe, war in jungen Jahren Kaplan in Mariabrunn. Über die Gründung des Gnadenortes und der damit verbundenen Gründungslegende berichtet er in seinem Werk: »*Das Gnadenbild dieser Kirche rühmt sich einer fast neunhundertjährigen Geschichte und gehört somit zu den altehrwürdigsten Stätten Niederösterreichs. Als im Jahre 1038 eine ungarische Königin namens Gisela, eine Schwester Heinrichs II., sich wegen ausge-*

brochener Unruhen aus Ungarn flüchtete, nahm sie ihren Wohnsitz in Wien. Kaum war sie dort angekommen, so erkrankte sie an einem bösartigen Fieber, von dem sie alle medizinischen Mittel nicht zu befreien vermochten. Am wohlsten fühlte sie sich noch in frischer, freier Luft, und darum unternahm sie, soweit es ihre Kräfte gestatteten, gerne Ausflüge in die schöne Umgebung der Stadt. Da traf es sich, daß sie in die Gegend des heutigen Mariabrunn kam und ermüdet unter einem Baume niedersank. Sie fühlte heftigen Durst. Um ihre Herrin zu erquicken, machten sich die Diener sofort auf, in dieser ihnen gänzlich unbekannten Gegend nach einer Wasserquelle zu forschen. Wirklich war einer von ihnen so glücklich, einen Brunnen ausfindig zu machen, den noch heute bestehenden Marienbrunnen vor der Kirche. Damals war er in einer dichten Gesträuchgruppe ganz verborgen. Da nun die Diener sich an das Wasserschöpfen machten, bemerkten sie zu ihrem großen Erstaunen eine Statue im Wasser, die sich bei näherer Untersuchung als eine Muttergottesstatue herausstellte. Selbstverständlich unterrichteten sie alsogleich ihre Herrin von diesem unerwarteten Funde. Diese aber war gar sehr darob erfreut und befahl, die Statue möge sofort aus dem Brunnen herausgezogen werden. Dies geschah denn auch und nun konnte man die Statue genau messen: sie hatte nach dem heutigen Maße eine Länge von 140 cm, war aus Lindenholz geschnitzt. Die Muttergottes trug das Jesukindlein auf dem linken Arme. Da sich die Königin beim Trinken des Wassers aus diesem Brunnen sofort wohler fühlte, schrieb sie mit dankbarer Gesinnung ihre Genesung einzig und allein der wundersamen Hilfe Unserer Lieben Frau zu, und entschloß sich, zum Danke dafür an jenem Fundorte eine Kapelle zu errichten und das neugefundene Bild allda zur öffentlichen Verehrung aufzustellen. Dies geschah in der Tat. Von diesem Zeitpunkte also datiert die Entstehung dieses alten Gnadenortes.

Ursprungsbrunnen, davor Hiltigund Schreiber, die in der Zeit vor ihrer Bestellung zur Diözesankonservatorin der Erzdiözese Wien die Restaurierungsarbeiten der Wallfahrtskirche geleitet und begleitet hat

Gar viele Kranke pilgerten nun hieher, und viel erbaten sich tatsächlich hier ihre Genesung.«

In einer Urkunde vom 5. Mai 1406 wird eine bereits bestehende Marienkapelle als Vorläufer des heutigen Kirchenbaus erstmals erwähnt. Natürlich bestand die Kapelle schon seit längerem, weil laut besagter Urkunde sogar ein eigener Seelsorger »*Unser Frawn Kapellen*« dokumentiert wird.

Eine zusätzliche Legende überliefert eine zweite wunderbare Auffindung der Statue im Ursprungsbrunnen. Als im Jahr 1467 die Soldaten des Ungarnkönigs Matthias Corvinius Richtung Wien zogen, verwüsteten sie auch die Gegend um Mariabrunn. Bei Hoppe hören wir über die Legende: »*Doch auf die felsenharten Herzen der Soldaten machte dieses Wunderzeichen keinen Eindruck; im Gegenteile, sie trieben ihren Spott vor dem Bilde, schleppten es mit sich gegen Wien und warfen es zuletzt, wohl weil sie der unbequemen Last überdrüssig geworden waren, in einen nahen Brunnen hinein. Aber siehe da, welch ein Zufall: es war jener Brunnen, in dem das Gnadenbild vor vierhundert Jahren aufgefunden worden war. – Die zweite Auffindung des Gnadenbildes. Einundzwanzig Jahre hindurch blieb das heilige Bild verschollen, und niemand wußte, wohin es gekommen war. Da hatte Erzherzog Maximilian einen wunderlichen Traum. Er hatte nämlich die Absicht, die Ungarn wieder aus dem Lande zu vertreiben und hatte sich deswegen in heißesten Bittgebeten an die allerseligste Jungfrau um ihre Hilfe und ihren Segen gewendet. Und siehe da, im Traume war es ihm, als sähe er die Muttergottes vor sich stehen, die ihm Trost und Mut zusprach und ihm den Sieg verkündigte. Und sie gab ihm ein Zeichen, an dem er die Wahrheit ihrer Versprechung erkennen sollte. Nämlich er werde, so sprach sie, sobald er in der Nähe Wiens angelangt sei, in einem Brunnen ein Marienbild finden, welcher ihrer jetzigen, ihm im Traume vorschwebenden Erscheinung gliche; dann sollte er alsbald diese Statue aus dem Wasser ziehen und zur öffentlichen Verehrung aufstellen. Nach solchen verheißenden Worten verschwand die herrliche Erscheinung den Augen des hochbeglückten Erzherzogs. Man begreift leicht, mit welcher Emsigkeit und mit welcher Umsicht der Erzherzog nach dem versprochenen Bilde Ausschau hielt. Aber es wollte sich lange nichts davon bemerklich machen. Da stand er schon nahe vor Wien. Plötzlich wurde ihm Überraschendes mitgeteilt: ein Krieger, der ermüdet zurückgeblieben und jetzt erst nachgekommen wäre, der hätte in einem Brunnen eine glänzende Statue gefunden, aber sie nicht aus dem Wasser zu heben gewagt. Ei, wie da Maximilian sofort aufsprang und alsogleich zum Brunnen hineilte, begierig, den Wunsch seiner mächtigen Schutzfrau zu erfüllen. Mit Ehrfurcht ließ er den ihm so teuren Schatz aus dem Brunnen nehmen.*« Hoppe berichtet über den Sieg des Habsburgers über die Ungarn und dass Maximilian eine »*zierliche Kapelle neben dem Brunnen«* erbauen habe lassen. Es dauerte nicht lange, bis Hilfsbedürftige in Scharen zum »Wunderbrunnen« strömten.

In der Gegenreformation fand seitens des Kaiserhauses die Wallfahrt große Förderung. Die erste urkundlich nachzuweisende Pilgerprozession nach Mariabrunn fand, ausgehend vom Schottenkloster in Wien, am 2. Juli 1610 statt. Das am 2. Juli gefeierte Fest Mariä Heimsuchung ist zugleich das Patrozinium der Mariabrunner Kirche. 1613 nahmen an der Wallfahrt, die von St. Stephan in Wien ausging, tausend Personen teil. Dabei wurde ein großes Kruzifix mitgetragen. Das Kreuz befindet sich heute noch beim Kreuzaltar in Mariabrunn. Die Gründungslegende wird seit eh und je von Wallfahrtskundigen, zuletzt von Diözesankonservatorin Schreiber, als Beginn der Pilgertätigkeit nach Mariabrunn gesehen. Was seit der ersten Hälfte des 11. Jahrhunderts angenommen und zunehmend überliefert wurde, hat mit Schreiben vom 11. Juni 1615 zur offiziellen Bewilligung der Wallfahrt durch den Wiener Diözesanbischof Melchior Kardinal Klesl geführt. Der berühmte Prediger Abraham a Sancta Clara hielt am 2. Juli 1672 die Festpredigt mit der Überschrift »Wer rein will seyn von Sünden-Schleim der suche diesen Bronnen heim«. Der wortgewaltige Augustiner war 1693 in Mariabrunn Prior.

Bei großen Epidemien wie Cholera, Pest oder bei Flurschäden kamen noch größere Pilgerscharen als sonst aus den oft bäuerlich geprägten Orten nach Mariabrunn. Bis heute haben sich nur wenige Gelöbniswallfahrten aus dieser Zeit erhalten. Die auf die Pest zurückzuführende Gelöbniswallfahrt des Ortes Maria Gugging aus dem Jahr 1796 ist ein Beispiel dafür. Die Orte Salmannsdorf, Neustift, Sievering oder Ottakring werden als Pilgernde verzeichnet, die um den Schutz ihrer Weingärten bitten. Die »Käferwallfahrt« der Ottakringer wurde 1674 erstmals dokumentiert und hatte zum Inhalt, dass der Verwüstung der Weingärten durch den Rebenstecher-Käfer Einhalt geboten werden soll. Das altbekannte Kinderlied »Frau'nkäferl, Frau'nkäferl, flieg nach Mariabrunn und bring uns heint und morg'n a wunderschöne Sunn« spiegelt die Beliebtheit Mariabrunns als Gnadenort in den bäuerlich geprägten Dörfern wider. Die Bauern betrachteten den Käfer als für die Landwirtschaft nutzvoll, glaubten, dass er ihnen von der Muttergottes geschenkt werde, und nannten ihn daher Marienkäfer oder Frauenkäfer. Dass Mariabrunn ab Ende des 19. Jahrhunderts einen Einbruch des Pilgerstroms hinnehmen musste, führt der erwähnte Priester Hoppe, der als junger Kaplan vier Jahre lang in Mariabrunn als Seelsorger wirkte, auf den Umstand, dass nur zwei Priester sowohl für die Wallfahrts- als auch für die Pfarrseelsorge zuständig sind, zurück: »*Da nun dem wallfahrenden Volke nicht hinreichend entgegengekommen wer-*

Gebeth

zu der

gandenreichen Mutter Gottes

Maria Brunn

O Maria! Du unsere Gnaden Mutter, und mächtigste Fürbitterin, bey Gott, Zu Dir flehe ich um Hilfe Du Trösterin der Betrübten, du Hilfe der Christen, deinem mütterlichen Schutze empfehle ich mich, und die Meinigen, ja mein ganzes Anliegen mit kindlichen Vertraun, da ich fest überzeugt bin, das kein Trauender ohne Trost, kein Leidender ohne Hilfe, von Dir Du Gnaden Mutter hinweg ging, ja ich rufe in Nahmen aller meinen Mitmenschen, Du warst und bist unsere mächtigste Fürbitterin, unser Trost, unsere helfende Mutter in allen Nöthen, wenn wir uns kindlich zu Dir wenden. Du meine barmherzige Mutter, siest an dieser Stelle meine Thränen fliessen, hörst mein Anliegen, vernähme nun.

auch mein Gelübde: Und Erbarme Dich meiner. O Himmels Königin Maria! Erbiette mir auch die Gnade bey Gott, das ich bey allen Thun stetz Gott vor Augen halte, im Glüke Gott stetz demüthig dankend, und meiner Leidenden Mitmenschen nicht vergesse, im Unglük aber, immer fest auf ihm Vertraun, und in Geduld den Kelch der Leiden bis auf den letzten Tropfen lehre, wenn es Gottes heiligster Wille ist, stetz soll der Gedanke mich beseelen, wer Gott liebt, den dienen alle Dinge zum besten laß mich, O himmlischer Vater! zu Dir flehe für alle meine Mitmenschen, hilf uns, O Vater! Das wir unser ewiges Ziell, stetz im Auge behalten, damit wir nie vergessen, das wir nur Wandersleute hir auf Erden sind.
Erbarme dich auch unserer Verstorbenen Ältern Geschwiester Freunde und aller Mitmenschen, auch derjenigen deren Niemand gedenkt, gib ihnen die ewige Ruhe, und das ewige Licht leuchte Ihnen, Laße sie Ruhen, in Frieden Amen.

den kann, da wenige heilige Messen sind und Schwierigkeiten bezüglich des Sakramentenempfanges herrschen, so bleiben natürlich die Fremden nach und nach weg. Dies ist des Rätsels höchst einfache Lösung.« Seit vielen Jahrzehnten ist der Pfarrer von Mariabrunn gleichzeitig Pfarr- und Wallfahrtsseelsorger. Der von 1972 bis 2003 wirkende Pfarrer Franz Weninger war nicht nur ein exzellenter Kenner der Chronik, sondern auch ein umtriebiger Wallfahrtspfarrer. Er scheute keine Mühe, um die Pilger ein Fest für Seele und Auge erfahren zu lassen.

Nach Mariabrunn kommen heute zum überwiegenden Teil Pilger, einzeln oder in Gruppen, die einer Tradition folgen. Der Gnadenort ist seit jeher Anziehungspunkt für Menschen, die sich hierorts Heilung und Hilfe sowie Schutz vor Katastrophen und Flurschäden erhoffen. Mag sein, dass neue Wege in der Pilgerpastoral verstärkt mehr Menschen einen Zugang zur Wallfahrt nach Mariabrunn erschließen. Der Grundstein für eine prosperierende Entwicklung des Wallfahrtslebens ist gelegt: Die Gnadenstatue von Mariabrunn liegt nicht mehr unentdeckt im Brunnen!

Gebet

Muttergottes, verehrt seit vielen Generationen in Mariabrunn!
Du Erhabene, erhöre unsere Bitten und Freuden, die wir zu Dir bringen!
So wie unsere Vorfahren seit Jahrhunderten vertrauen wir auf Deinen Segen und auf Deine Fürbitte bei Deinem Sohne.
Wir, die wir schwache Kinder Evas sind und ohne Hilfe von Dir keinen richtigen Halt in dieser Welt hätten. Zeig uns, ob wir auf dem richtigen Weg wandeln, bewahre uns davor, dass wir straucheln und fallen!
Richte uns auf in Trauer und Leid, gib uns Freude zur rechten Zeit!
Du, die du selber die Höhen und Tiefen erlebt und am eigenen Leib verspürt hast.
Aber wir wollen Dir gerade in Mariabrunn nicht nur Bitten um unsere Obsorge vortragen. Nein, wir bitten ganz inniglich um Deine Hilfe und Fürsorge für die kommenden Generationen – unsere Kinder und Enkelkinder – sei Du auch ihnen Mutter und Wegweiserin.
Um all dies bitten wir Dich, wenn wir klein und demütig vor Dir in Deinem Heiligtum stehen.
Amen.

Das Gebet wurde von Hofrat Gerhard Schreiber, dem ehemaligen langjährigen stellvertretenden Vorsitzenden des Pfarrgemeinderates Mariabrunn, für dieses Buch 2008 verfasst.

Mariabrunn, Pfarrkirche ⇨ Maria Gugging, Pfarrkirche

Variante PKW:

Die Wegstrecke zur Pfarrkirche in Maria Gugging beträgt 21 km. Der Weg führt größtenteils durch den Wald und ist sehr kurvenreich, daher sollte man 35 Minuten einplanen.
In Mariabrunn fährt man rund 100 m auf der Hauptstraße zurück. Dann biegt man nach rechts in die Mauerbachstraße ein. Nun gelangt man nach Vorderhainbach. Weiter geht es auf der Hauptstraße durch Untermauerbach und dann durch Mauerbach. Bei der Straße Hainbuch hält man sich rechts und passiert den Ort Hainbuch. Dann biegt man links in Richtung Unterkirchbacher Straße ab und fährt durch Unterkirchbach. Bei der Hauptstraße von Hintersdorf biegt man links ab. Nachdem man Hintersdorf hinter sich gelassen hat, fährt man auf der Haselbacher Straße nach Haselbach. Diese Straße wird zur Hintersdorfer Straße. In Maria Gugging biegt man bei der ersten Kreuzung nach links ab. Nach wenigen Metern folgt ein Kreisverkehr, bei dem man geradeaus fährt, um der Hauptstraße weiterhin zu folgen. Bald sieht man auf der rechten Seite die Pfarrkirche, bei der man parken kann.

Variante öffentliche Verkehrsmittel:

Reist man mit den öffentlichen Verkehrsmitteln, so muss man eine reine Fahrtzeit von 1 Stunde in Kauf nehmen. Man fährt mit dem Bus von Mariabrunn, Kirche bis zum Bahnhof Hütteldorf. Von dort fährt man mit dem Zug weiter bis Heiligenstadt (oder man fährt mit der U4 von Hütteldorf bis Heiligenstadt). Dort muss man wieder in den Bus umsteigen, mit dem man bis zur Haltestelle Maria Gugging, Pfarrkirche fährt.

Variante Fußmarsch:

Die Wanderung zum letzten Ort der Route bedarf wieder einer ausgedehnten Wanderung von 5h45. Man ist beinahe 20km unterwegs und überwindet dabei rund 275m im Aufstieg und zirka 250m im Abstieg.
Von der Kirche in Mariabrunn biegt man zunächst nach links in die Mauerbachstraße ein. Man gelangt ohne größere Steigungen nach Hadersdorf. Die Mauerbachstraße wird nun zur Forststraße. Bald zweigt rechts ein grün markierter Wanderweg ab. Diesem folgt man. So kommt man beim Dodererstein, bei den Türkensteinen und beim Gideon-Laudon-Grab vorbei. Folgt man dem Weg weiter, erreicht man das Gasthaus Grüner Jäger. Von dort wählt man den mit 8 oder mit 10 markierten Wanderweg, der deutlich steigt. Über den Greutberg (449m) gelangt man zum Wirtshaus Mostalm. Von hier marschiert man den Wanderweg 8 oder 10 weiter bergauf zur Franz-Karl-Fernsicht. Bei dieser sollte man sich links halten, um zum Hotel Sophienalpe zu gelangen. Hier wählt man den Wanderweg 45. Dieser führt zeitweise entlang der Wiener und niederösterreichischen Grenze bergauf. Erkennt man einen Bildstock, überquert man die Straße und setzt jenseits der Straße die Wanderung fort. So gelangt man in den Ort Scheiblingstein. Man marschiert die Tullner Straße entlang, die am Scheiblingstein (509m) vorbei führt. Nun geht es wieder ein wenig bergab. Man biegt nach rechts in die Weidlingbachstraße ein. Man befindet sich nun im Ort Steinriegl. Kurz darauf biegt man nach links in die Straße Am Steinriegl ein. Hier beginnt schon ein markierter Wanderweg, welchem man auch außerhalb des Ortes folgt. Auf diesem Weg gelangt man zu einem Wegkreuz (Rotes Kreuz). Bei diesem überquert man die Straße (Windischhütte) und schlägt den blau markierten Weg nach links ein. Nach einiger Zeit trifft man auf die Hauptstraße von Hintersdorf. Dieser folgt man. Ziemlich am Ende des Ortes biegt man nach rechts auf den Güterweg Plöcking ein. Dieser führt anfangs etwas bergab und dann leicht bergauf. Sobald man Maria Gugging erreicht hat, biegt man nach links in die Glockengasse ein. Dies ist eine Gasse, die steil hinunter führt. Gelangt man zum Glockenmarterl, biegt man rechts in die Hilbertpromenade ein. Dann überquert man eine kleine Brücke und folgt der Brunnengasse. Nun stößt man auf die Hauptstraße, die man nur mehr überqueren muss, um sein Ziel zu erreichen.

MARIA GUGGING

Maria Gugging liegt im Hagenthale inmitten des Wienerwaldes nächst der Stadt Klosterneuburg im Bundesland Niederösterreich in der Erzdiözese Wien. Der Maria Gugginger Sattel, am Beginn des Hagenthales, ist der erste und kleinste Alpenübergang. Bereits seit der erstmaligen urkundlichen Erwähnung im 11. Jahrhundert bis in das 19. Jahrhundert dominierte der Weinbau in Maria Gugging. Seit kurzem werden wieder Rebstöcke ausgesetzt; aus der Biedermeierzeit ist eine Weinhauertracht (donauländische Stiefeltracht/Sonntagstracht für Männer) überliefert. Vom 19. Jahrhundert bis in die Zwischenkriegszeit war der Ort eine begehrte Sommerfrische. Von 1885 bis 2007 existierte in Maria Gugging ein Landeskrankenhaus für Psychiatrie und Neurologie (erste moderne, im Pavillonsystem angelegte Psychiatrieklinik in Österreich). 1981 wurde das »Haus der Künstler« eröffnet, 2006 um ein Museum erweitert, das für die Art-Brut-Kunst von internationaler Bedeutung ist. Seit 2006 befindet sich auf dem Gelände des früheren Landeskrankenhauses das I.S.T. Austria (Institute of Science and Technology – Austria), die erste derartige Einrichtung in Österreich, die im Volksmund Elite-Universität genannt wird.

Wallfahrtsort

Die Österreichische Portiunkulakirche war der Ursprung einer Pilgertätigkeit nach Maria Gugging. Ihre Lage wird in Monsignore Pichlers Standardwerk »Wege zu Hoffnung und Gnade« aus dem Jahr 1953 als *»eine der schönsten Stellen des Wienerwaldes«* bezeichnet; die später errichtete Lourdesgrotte im Wienerwald verstärkte das Pilgeraufkommen enorm. Seit 1913, seit Beginn der Wallfahrtstätigkeit, ist Maria Gugging laut Franz Völker mit der Intention eines Missionswallfahrtsortes verknüpft, eines Ortes also, in dem für die Anliegen der Mission gebetet wird und materielle Mittel gesammelt werden. Bis zum Einmarsch der Nationalsozialisten war es üblich, dass die Pilger von der Österreichischen Portiunkulakirche (1939 zur Pfarrkirche der neu errichteten

Pfarre Maria Gugging erhoben) zur Lourdesgrotte im Wienerwald zogen und umgekehrt. Bedingt durch das große Pilgeraufkommen und die Bautätigkeiten an der Lourdesgrotte im Wienerwald kam es nicht nur zu einem Anstieg der Grundstückspreise in der Zwischenkriegszeit, sondern zeitweise gab es in Maria Gugging trotz allgemeiner großer Arbeitslosigkeit keinen einzigen Arbeitslosen. Durch das ansteigende Straßenverkehrsaufkommen ist es nach dem Zweiten Weltkrieg zur Verschiebung des gesamten Wallfahrerstromes zur Lourdesgrotte im Wienerwald gekommen. Seit den achtziger Jahren des 20. Jh.s und besonders nach der Erhebung zur Jubiläumskirche im Heiligen Jahr 2000 fand die Österreichische Portiunkulakirche verstärkt das Interesse der Wallfahrer. Seit dem Heiligen Jahr 2000 ist auch die Kirche St. Joseph auf dem heutigen Gelände des I.S.T. Austria in den Wallfahrtsort eingebunden. Vier unterschiedlich und neu angelegte Pilgerwege verbinden seit 2001 die Österreichische Portiunkulakirche mit der Lourdesgrotte im Wienerwald (einer führt über die Kirche St. Joseph). Der Wiener Erzbischof Christoph Kardinal Schönborn hat bei der Jubiläumswallfahrt im Heiligen Jahr 2000 in Maria Gugging gegenüber dem ORF den hohen Stellenwert des Wallfahrtsortes für die Erzdiözese Wien betont. Zudem bezeichnete Kardinal Schönborn die Jubiläumswallfahrt als einen Höhepunkt für die Erzdiözese Wien im Heiligen Jahr 2000. Heute zählt Maria Gugging zu den großen Wallfahrtsorten Österreichs und ist der meistbesuchte des Wienerwaldes und in der Erzdiözese Wien.

Österreichische Portiunkulakirche Maria, Königin der Engel

Österreichische Portiunkulakirche Wallfahrts- und Pfarrkirche Maria, Königin der Engel

Der frühere Leiter des Wiener Diözesanmuseums, Bernhard Rittinger, der zugleich ein ausgewiesener Fachmann, wenn nicht sogar d e r Fachmann für den Nazarenerstil war, vertrat 1992 in seinem Gutachten die Ansicht, dass die Österreichische Portiunkulakirche Teil einer der spätesten und bis heute weitgehend erhaltenen Gesamtausstattungen einer Kirche mit nazarenischer Malerei in Österreich ist. Die Wand- und Deckenmalerei stammt aus der Bauzeit (1910–1913) und von 1914–1918, ikonographisch ohne direkte Vorläufer und qualitätsvoll, und zeigt dem Patrozinium Maria, Königin der Engel, hl. Franz von Assisi, Herz Jesu, Maria und dem Land Österreich nahestehende Heilige und Engel. Die Malereien und das Hochaltar- und Gnadenbild Maria, Königin der Engel, wurden vom bekannten Nazarener Josef Kastner dem Jüngeren geschaffen.

Franz Völker, ein Wiener Kaufmann, wanderte an einem Spätsommertag im Jahre 1907 mit seiner Schwester von St. Andrä vor dem Hagenthale den Rosenkranz betend zu seinem Bruder nach Maria Gugging, der hier ein Sommerhäuschen hatte. Als die beiden in die Nähe des Ortes kamen, meinte Völkers Schwester: *»Schau nur, so ein netter Ort und keine Kirche, ja nicht einmal eine Kapelle haben sie hier!«* Völker hielt in seinen schriftlichen Erinnerungen fest, dass es ihn bei diesen Worten wie ein Blitz durchfuhr, und er beschloss sofort, seinen Kindheitstraum – nämlich ein Spital für Arme oder eine Kirche zu Ehren der Königin der Engel zu erbauen – Wirklichkeit werden zu lassen, indem er den Kirchenbau in Maria Gugging in die Tat umsetzte. Im Jahr des 60-jährigen Regierungsjubiläums Kaiser Franz Josephs I., 1908, fand die Baugrundsegnung statt, daher auch der Name Kaiser-Jubiläumskirche. Völker war als verheirateter Mann Mitglied des 3. Ordens des hl. Franz von Assisi (Franziskaner-Tertiar) und freute sich, dass sowohl der Maler des Gnadenbildes, Joseph Kastner, sowie der Spender auch Tertiare waren. Die dem hl. Franz von Assisi geschenkte Kirche »Hl. Maria von den Engel« in Assisi war die Lieblingskirche des Heiligen, und er nannte sie daher »porziuncula« (kleiner Anteil). Portiunkula wurde zum eigentlichen Ausgangspunkt der franziskanischen Bewegung sowie Pilgerort. Weltweit bemüht man sich, unabhängig von baulichen Eigenheiten, um Kirchengründungen im Geiste Franz von Assisis, auch in Österreich, aber allein jene in Maria Gugging darf den Ehrentitel »Österreichische Portiunkulakirche« tragen. Alle enormen Anstrengungen Völkers für den Kirchenbau hatten aber einzig den Zweck, dem

Gnadenbild im Gnadenaltar der Österreichischen Portiunkulakirche ein würdiges Haus zu geben und all jenen Pilgern, die es sich aus materieller Not nicht leisten können nach Assisi zu fahren, hier eine Wallfahrtsstätte vor den Toren Wiens zu errichten. Völker hält in seinen Erinnerungen fest, dass er der erste Wallfahrer nach Maria Gugging war: *»Unheimlich stieg zwar die Schuldenlast an, aber desto eifriger mußte ich um Wohltäter Umschau halten, um einer Katastrophe vorzubeugen. Selbst den Hochaltar bestellte ich. Die Mensa (Altartisch) mußte aus Marmor sein, der Aufbau in schöner Bildhauerarbeit aus Eichenholz. Das wundervolle Bild der ›Königin der Engel‹ am Hochaltare ließ ein Tertiare des hl. Franziskus malen. … Ob der vielen Schulden war mir angst und bange, und manche schlaflose Nacht verursachte mir diese Sorge. Da kam eines Tages vom Altar bauer ein Mahnschreiben auf Bezahlung, was mich sehr erregte, denn nicht nur, daß kein Geld in der Kasse war, gab auch ich von meinen Mitteln schon, was ich geben konnte. Dieser Umstand führte zur allerersten Wallfahrt nach Gugging. … Ich beschloß mein Anliegen selbst der Gottesmutter in Gugging vorzutragen und eine Wallfahrt in die neue, noch nicht geweihte Kirche zu unternehmen. Der Hochaltar war fertig und so schien mir in meinem Vorhaben kein Hindernis zu bestehen. Ich fuhr daher, wie ein Fremder, mit der Bahn nach St. Andrä-Wördern, ging von dort allein zu Fuß nach Gugging. Ohne mich aufzuhalten ging ich in die Kirche, kniete mich vor den Altar und sagte der seligsten Jungfrau ganz menschlich etwa folgendes Gebet: ›Liebe Mutter Gottes, ich bin zu dir um Hilfe gekommen. Ich weiß mir jetzt keinen Rat; eine Mahnung ist gekommen und ich habe kein Geld. Jetzt mußt du mir helfen, es ist ja dein Kirchlein, das ich erbaue, ich bitte um deine Hilfe.‹ – Dann ging ich, ohne Aufenthalt im Orte zu nehmen, nach Hause. … Nach*

Gnadenbild Maria, Königin der Engel genannt
Unsere Liebe Frau von Maria Gugging

einigen Tagen kam ein altes Mütterchen vom Marchfelde zu mir nach Wien, grüßte und sagte in freundlichem Tone: ›Ich bringe Ihnen eine Spende für den Hochaltar der Kirche in Gugging; wissen Sie,‹ meinte sie dann fortfahrend, ›schon zwei Jahre habe ich das Geld für den Zweck auf der Seite liegen, bin aber noch nicht dazugekommen, es Ihnen zu übergeben. Der Altar wird wohl schon fertig sein, aber ich habe nichts dagegen, wenn Sie das Geld für etwas anderes verwenden; brauchen werden Sie es schon können.‹ – Maria hatte augenscheinlich geholfen, denn nun konnte ich den Altarbauer befriedigen. … Der Spender des Altarbildes, ein alter, pensionierter Lehrer, widmete seine Gabe mit folgenden ergreifenden Worten: ›Die Mutter Gottes ist so gut, sie verdient es, daß die Menschen sie lieben.‹ … Eines aber kann ruhig gesagt werden: Diese Kirche erbaute die aufrichtige Liebe vieler glaubenstreuer Verehrer der seligsten Jungfrau. Jeder Stein des Gotteshauses scheint diese wunderbare Liebe zu atmen und das ist es vielleicht, was dem Kirchlein die so vielgerühmte Anmut verschafft und die Ursache ist, daß man in diesem Kirchlein so vom Herzen heraus andächtig beten kann. Darin liegt vielleicht auch der Grund, daß dieses bescheidene, arme Kirchlein so bald schon das Ziel vieler Wallfahrer wurde und viele, von Priestern geleitete Prozessionen herangezogen kamen zu ›Unserer Lieben Frau von den Engeln‹ im Österreichischen Portiunkulakirchlein.«

Am 6. September 1913 wurde die Österreichische Portiunkulakirche »Maria, Königin der Engel« von Msgr. Friedrich Tobler (Pfarrer von Mariabrunn/heute Wien 14 und zugleich Dechant des Dekanates Klosterneuburg) feierlich benediziert. Damit wurde offiziell der Grundstein für den Wallfahrtsort Maria Gugging gelegt.

Das von zwei schwebenden Engeln gehaltene und von einem vergoldeten Strahlenkranz umgebene gemalte Gnaden- und Hochaltarbild »Maria, Königin der Engel« zeigt die auf der Mondsichel stehende, mit königlichen Insignien angetane Gottesmutter mit dem göttlichen Kind auf dem linken Arm, umgeben von Engeln vor Goldgrund – drei Engel mit den Attributen Lilie, Kreuz und Strahlenkranz in den Händen weisen auf freudenreichen, schmerzhaften und glorreichen Rosenkranz hin – und zu ihren Füßen die Kirche von Maria Gugging. Kastner hat während des Malens immer wieder Pausen eingelegt, um im Gebet den Werdegang des Gnadenbildes zu erkennen; jeder Pinselstrich ist sinnbildlich vom Gebet durchdrungen.

Exkurs: 1993 wurde unter dem Slogan »Von Maria Gugging nach Benares« eine Kopie des Gnadenbildes in der neu eingeweihten Kathedrale von Varanasi (vormals Benares)/Indien als Hinweis auf den Missionszusammenhang in der Zwischenkriegszeit aufgestellt.

Die Aussagekraft des Gnadenbildes beschreibt Völker treffend: »*Erheben wir den Blick vom Altare weg nach aufwärts, so sehen wir ein Bild voll lieblicher Anmut. ... Fast überlebensgroß steht sie* [Maria, Königin der Engel, Anm. d. Verf.] *in lieblicher Anmut vor dem in Andacht versunkenen Beschauer, dem sie ihr göttliches Kind liebend entgegenhält. ... Der echte Goldgrund des Gemäldes läßt die heiligen Gestalten, besonders bei günstiger Beleuchtung, so plastisch erscheinen, daß es den Eindruck erweckt, als stünde die Gottesmutter wirklich da oben am Altare. ...Tatsächlich haben vor diesem Bilde schon viele Besucher ihr Herzeleid ausgeweint und süßen Trost gefunden im gläubigen Vertrauen auf die Hilfe der Engelskönigin. ... So möchte auch der Verfasser* [Franz Völker, Anm. d. Verf.] *die liebe Mutter Gottes aus ganzer Seele bitten, daß sie sein Lebenswerk, das Kirchlein in Gugging, zum Gnadenkirchlein mache, dann möge der liebe Gott sein Leben in Gnaden beenden.«* Das Fest »Unsere Liebe Frau von den Engeln zu Portiunkula« – in Maria Gugging heißt es auch »Unsere Liebe Frau von Maria Gugging« – wird weltweit am 2. August gefeiert. Zunehmend mehr Pilger, aber auch Kunstliebhaber schätzen dieses Kleinod vor den Toren Wiens.

Gebet

Herr und Gott, du unser Vater im Himmel,
in Jesus Christus sind wir untereinander zu Brüdern
und Schwestern geworden.
Wir preisen Maria, die Mutter deines Sohnes, als Königin der Engel.
In Assisi hat Franziskus mit seinen Brüdern in der Kirche
»Unserer Lieben Frau von den Engeln« der Welt das Zeugnis
des neuen Menschen gegeben.
Wir bitten dich, dass auch wir den Frieden,
den wir mit den Lippen verkünden,
zuerst in unserem Herzen haben, durch Christus, unseren Herrn.
Amen.

Der Text ist einem Andachtsbild des Wallfahrtsortes Maria Gugging aus dem Jahr 2000 entnommen.

Maria Gugging, Pfarrkirche ⇨ Maria Gugging, Kirche St. Joseph

Variante PKW:

Die Fahrtzeit mit dem Auto von der Pfarrkirche zur Kirche St. Joseph beträgt knapp fünf Minuten. Die beiden Kirchen sind rund 2 km voneinander entfernt. Man fährt von der Pfarrkirche wieder ein Stück auf der Hauptstraße retour, bis man den Kreisverkehr erreicht. Bei diesem wählt man die Ausfahrt I.S.T. Austria. Nun braucht man nur mehr dem Straßenverlauf zu folgen, um zur Kirche St. Joseph zu gelangen.

Variante öffentliche Verkehrsmittel:

Möchte man mit dem Bus fahren, steigt man bei der Haltestelle Maria Gugging, Pfarrkirche ein und fährt zwei Stationen zurück bis zur Haltestelle Maria Gugging, I.S.T. Austria. Von dort benötigt man noch rund zehn Minuten zu Fuß bis zur Kirche. Dafür geht man an der Eliteuniversität vorbei und folgt der Straße bergauf bis zur Kirche St. Joseph.

Variante Fußmarsch:

Der Fußmarsch von der Pfarrkirche zur Kirche St. Joseph ist über den PW 4 (Maria Gugginger Pilgerweg Nummer 4) in knapp 20 Minuten leicht zu bewältigen. Der Weg ist sehr gut beschildert.

Wallfahrtskirche St. Joseph

Am Fest des heiligen Joseph, des Bräutigams der Gottesmutter Maria, dem 19. März 1891, wurde die Kirche mit dem Patrozinium »Heiliger Joseph der Nährvater« eingeweiht.

Das Gebäude im Jugendstil mit qualitätsvollen Glasfenstern aus der Erbauungszeit weist eine zeitgenössische Innenausstattung auf. Die Einrichtung aus der Entstehungszeit wurde in den sechziger Jahren des 20. Jahrhunderts entfernt. Die Kirche diente von Anfang an als Kirche für das Landeskrankenhaus und jetzt für das I.S.T. Austria. Im

Kirche St. Joseph

Heiligen Jahr 2000 wurde St. Joseph als Kirche des Wallfahrtsorts einbezogen. St. Joseph am Maria Gugginger Pilgerweg beherbergt weder eine Gnadenstatue noch eine Reliquie, sondern ist als Sakralbau selbst Gnadenort.

Gebet

Heiliger Josef,
dein Auftrag war es,
Jesus und Maria zu behüten
und für sie einzustehen.
Wie du sie behütet hast,
so behüte auch uns
und steh für uns ein.
Amen.

Das Gebet verfasste der letzte an der Klinik wirkende Seelsorger, Hermann Krexner, im Jahr 2001.

Maria Gugging, Kirche St. Joseph ⇨ Maria Gugging, Lourdesgrotte

Variante PKW:

Um das letzte Ziel der Route zu erreichen, braucht man nur etwa 7 Minuten, weil die Grotte nur rund 3 km von der Kirche St. Joseph entfernt ist. Man fährt einfach wieder bis zum Kreisverkehr zurück. Bei diesem wählt man abermals die Ausfahrt B14/Hauptstraße. Auf diesem Weg fährt man an der Pfarrkirche vorbei. Man bleibt auf der B14/Hauptstraße, bis man zum Kreuzweg gelangt, bei dem man rechts abbiegt. Folgt man diesem, kommt man direkt zur Lourdesgrotte.

Variante öffentliche Verkehrsmittel:

Man folgt zunächst wieder dem Straßenverlauf zurück bis zur Haltestelle Maria Gugging, I.S.T. Austria (zirka 10 Minuten) und fährt von dort mit dem Bus bis zur Haltestelle Maria Gugging, Lourdesgrotte. Von dort geht man den Kreuzweg bis zur Grotte hinauf. Nach fünf Minuten ist man am Ziel.

Variante Fußmarsch:

Die Lourdesgrotte ist zu Fuß von der Kirche St. Joseph in gut 40 Minuten zu erreichen. Man braucht nur dem PW 4 (Maria Gugginger Pilgerweg Nummer 4) zu folgen. Dieser führt über Feld- und Waldwege direkt zur Lourdesgrotte.

Wallfahrtsstätte Lourdesgrotte im Wienerwald

Von der zwischen 1923 bis 1925 errichteten Wallfahrtsstätte, in Österreich die naturgetreueste Nachbildung des französischen Originals, sind insbesondere der Altar in der Grotte und die Marien- und Bernadettestatuen als naturgetreue Kopien – in Material (Marmor) und Ausführung – der seinerzeitigen Originale der Grotte von Lourdes zu erwähnen. Caspar Hutter, der erste Kirchendirektor und Wallfahrtsseelsorger der Österreichischen Portiunkulakirche, wollte nur das beste Material und die besten Künstler, und so wurden rechtzeitig zur Einweihung vom Dombildhauer Ludwig Sahadler aus Salzburger Marmor die Gnadenstatue und die Bernadette-Statue angefertigt. Der seinerzeit bekannte Lourdes-Pilgerführer Rudolf Zeilberger aus Steyr in Oberösterreich – er war ein großer Mentor von Hutter – stiftete die Marienstatue.

Beginnend vom Herz-Jesu-Monument an der Bundesstraße führt ein Rosenkranzweg bis zur Christophorus-Statue, wo der heilige Bezirk des Gnadenortes seinen Anfang nimmt. Als im Jahre 1928 der Kardinal von Paris zu Besuch in Wien weilte und die Lourdesgrotte im Wienerwald besuchte, gab er seinem freudigen Erstaunen darüber Ausdruck, hier eine so getreue Nachbildung der Gnadenstätte von Lourdes zu finden. Von 1968 bis 1969 wurde die 1973 benedizierte Kirche nächst der Lourdesgrotte errichtet.

Hutter war im Mai 1923 durch den Wald Richtung Hadersfeld gewandert und hatte dabei das Brevier gebetet. Plötzlich kam ihm bei einem aufgelassenen Steinbruch der Gedanke, hier eine Nachbildung von Lourdes zu schaffen. Das französische Lourdes, der heute größte Marienwallfahrtsort Europas, ist jener Ort, an dem Bernadette Soubirous am 11. Februar 1858 Maria erstmals erschien und sich ihr später mit den Worten »Ich bin die Unbefleckte Empfängnis« offenbarte. In seiner Studentenzeit war Hutter dreißig Tage lang zu Fuß von der Schweiz (Studienort) nach Lourdes im Süden Frankreichs gepilgert. Die erste große Hürde, die Hutter überwand, waren die Bedenken des Generalvikars Dr. Pfluger von der Erzdiözese Wien. Dieser äußerte erfahrungsbedingt seine Bedenken: *»Ja wer garantiert mir, dass aus Maria Gugging nicht ein Maria Ellend wird?«*, gab aber letztendlich die Zustimmung. Hutter sprach 1923 bei der evangelischen Herrschaft Pflaum in Altenberg vor. Martha Plaum überließ ihm am 12. September 1923 das Grundstück mit den Worten: *»Hochwürden, wenn Sie ein Heiligtum errichten wollen, das fürs Vaterland Segen bringt, bin ich gerne bereit, den Platz freizugeben.«* Viele Schikanen und Probleme bewältigte Hutter.

Über das Herannahen des Tages der Einweihung schreibt er in seinen Aufzeichnungen: »*Ein braver Bauer holte um Himmelslohn die gefertigte Marienstatue aus Wien, ein anderer bald darauf die Bernadette u. a. Beide Statuen waren mit Sehnsucht und frommer Neugierde von der Ortsbevölkerung erwartet, wurden aber nach der Aufstellung verhüllt bis zum Tag der Einweihung. … Die Bekanntmachung, dass Prälat Seipel, dieser so populär gewordene Staatsmann kommen werde, ließ gewiss viele Leute erwarten, aber der Menschenzustrom übertraf doch bei weitem unsere Erwartung.*« Am 10. Mai 1925 wurde die Lourdesgrotte im Wienerwald von Altbundeskanzler Prälat Dr. Ignaz Seipel im Beisein von 60 000 (!) Menschen eingeweiht. Völker schreibt in seinen Erinnerungen: »*Da der Platz vor der Grotte – obwohl sehr geräumig – nur einen winzigen Teil der Andächtigen fassen konnte, ergoß sich der ungeheure Menschenstrom auf das hügelige Waldgelände, das eine Seite der Grotte begrenzt. Unwillkürlich gemahnte dieser Anblick an die Bergpredigt Christi, und Dr. Seipel besprach während seiner Predigt diesen überwältigenden Zauber.*«

Gnadenstatue Unsere Liebe Frau in Lourdes

Bei der Einweihung der Lourdesgrotte war noch ein provisorischer Altar vorhanden. Die Altarweihe der naturgetreuesten Kopie des französischen Originals nahm Hutter am 12. September 1926 vor. Von älteren Pilgern wird berichtet, dass sie während der nationalsozialistischen Zeit eine Wallfahrt an die Lourdesgrotte im Wienerwald als Wanderung zur körperlichen Ertüchtigung tarnten und dabei »zufällig« am Gnadenort vorbeikamen.

Dem Wiener Erzbischof Theodor Kardinal Innitzer, der oft in Maria Gugging – »sein Wallfahrtsort« – weilte, wurde mit einem Kupferrelief oberhalb der Quelle ein Andenken gesetzt. Das Wasser an der Quelle – auch im französischen

Original gibt es eine Quelle – ist kein Heilwasser im Sinne der Medizin, sondern ist vor allem für jene bestimmt, die es in christlicher Gesinnung gebrauchen wollen. Viele Votivtafeln an der Klause erinnern daran, dass Menschen immer wieder ihre Bitten und ihren in Stein gemeißelten Dank zum Ausdruck bringen. Die bisher wohl bekannteste Votivgabe ist die Bernadette-Statue von einem jahrelang unfreiwillig kinderlos gebliebenen Ehepaar, das kurz nach der Stiftung ein Mädchen empfing und es auf den Namen Bernadette taufen ließ. Im Marianischen Jahr 1954 wurden 200 000 Pilger gezählt; 2008 sind es gut 80 000 mit steigender Tendenz. Auch Großveranstaltungen fanden in dem von älteren Wienern bezeichneten »Waldesdom« statt. Unter anderem wurde hier anlässlich des Besuches des sowjetischen Ministerpräsidenten Chruschtschow in Wien am 3. Juli 1960 ein Gedächtnisgottesdienst gefeiert, um einerseits für die in Russland gefallenen sowie dort behaltenen Österreicher und andererseits besonders für die verfolgten Christen in den kommunistischen Ländern zu beten und ihrem stummen Leid eine deutlich hörbare Stimme zu geben.

Das Fest »Unsere Liebe Frau in Lourdes« wird weltweit am 11. Februar gefeiert. Die hier verehrte Gnadenstatue »Unsere Liebe Frau in Lourdes« ist Tag und

Jubiläumswallfahrt mit Kardinal Schönborn im Heiligen Jahr 2000
Lourdesgrotte im Wienerwald

Nacht, Sommer und Winter Anziehungspunkt von einzelnen Pilgern, kleinen und großen Wallfahrtsgruppen. Einige Pfarren und Gemeinschaften kommen regelmäßig in Form einer Gelöbniswallfahrt. Das Haupteinzugsgebiet sind die Bundesländer Wien, Niederösterreich, Burgenland, Oberösterreich und die Steiermark. Auch die Angehörigen verschiedener in Österreich beheimateter Volksgruppen, v. a. Roma und Sinti, ebenso Polen, Filipinos, ja selbst Pilger aus afrikanischen Ländern, zählen zu den regelmäßigen Besuchern der Wallfahrtsstätte, was dessen internationalen Charakter, der ja ein wesentliches Anliegen des Begründers der Wallfahrt nach Maria Gugging gewesen ist, zusätzlich unterstreicht.

In Alfred Missongs »Heiliges Wien«, dem »Klassiker« der Wiener Kirchenführer, wird in Bezug auf die Lourdesgrotte von Maria Gugging die Bitte ausgedrückt: »*Möge die Unbefleckte Empfängnis von ihrer schönen Heimstätte im Herzen Österreichs recht viele Gnaden und Segnungen für das Vaterland erwirken!*«

Gebet

Allmächtiger Gott, durch die unbefleckte Empfängnis
der Jungfrau Maria hast du deinem Sohn
eine würdige Wohnung bereitet.
Durch ihre Erscheinung in Lourdes schenke uns
die Gesundheit des Leibes und das Heil der Seele.
Darum bitten wir, durch Christus, unseren Herrn. Amen.

Der Text ist einem Andachtsbildchen des Wallfahrtsortes Maria Gugging aus dem Jahr 2000 entnommen.

Gnadenstätten des Wienerwaldes mit erloschenem Wallfahrtszuzug

1. Baden, Annakapelle (Bundesland Niederösterreich/Erzdiözese Wien) – Wallfahrt zu einer aus Wachs gefertigten Gnadenstatue der heiligen Anna mit der heiligen Maria
2. Baden, ehemaliges Augustinerkloster (Bundesland Niederösterreich/Erzdiözese Wien) – Wallfahrt zu einem Gnadenbild und einer Gnadenstatue der heiligen Maria
3. Baden, Frauenkapelle mit Frauenbründl (Bundesland Niederösterreich/Erzdiözese Wien) – Wallfahrt zu einem unbekannten Kultgegenstand der heiligen Maria
4. Baden, Pfarrkirche St. Helena (Bundesland Niederösterreich/Erzdiözese Wien) – Wallfahrt zu einem Gnadenbild der heiligen Maria, das vom aufgelassenen Augustinerkloster in Baden hierher übertragen wurde
5. Baden, Pfarrkirche St. Stephan (Bundesland Niederösterreich/Erzdiözese Wien) – Wallfahrt zum Gnadenbild Mater amabilis (Liebenswürdige Mutter), genannt »Mariä Schnee«
6. Dornbach, St. Anna-Kapelle (Bundesland Wien/Erzdiözese Wien) – Wallfahrt zur heiligen Anna; Kultgegenstand Steinplastik Anna Selbdritt [eventuell handelte es sich auch um eine andere Anna-Darstellungsform, Anm. d. Verf.] Laut Auskunft im Jahr 2008 des Dornbacher Pfarrers Pater Giovanni Micco ist kein Wallfahrtszuzug mehr gegeben.
7. Gießhübl, Pfarrkirche zur Heiligsten Dreifaltigkeit (Bundesland Niederösterreich/Erzdiözese Wien) – Wallfahrt zum Gnadenbild Heiligste Dreifaltigkeit
8. Greifenstein, Pfarrkirche Maria Sorg (Bundesland Niederösterreich/Diözese St. Pölten) – Wallfahrt zur Unbefleckten Jungfrau und Gottesmutter Maria. Im Jahr 1957 wurde der Grundstein für den schlichten monumentalen Kirchenbau gelegt und im Jahr 1966 erfolgte die Einweihung. Die »aus dem Boden gestampfte« Wallfahrtskirche sollte an die Tradition der im Jahr 1946 zerstörten Kirche von Maria Sorg (im Gebiet der damaligen ČSSR gelegen) anknüpfen. Laut Auskunft im Jahr 2008 beim zuständigen Dechanten des

Dekanats Tulln, Franz Großhagauer, kamen anfangs einige Pilgergruppen, aber der Wallfahrtszuzug ist seit etwa zwei Jahrzehnten erloschen.

9. In der Krim, Pfarrkirche St. Judas Thaddäus (Bundesland Wien/Erzdiözese Wien) – Wallfahrt zu einer Gnadenstatue des heiligen Judas Thaddäus. Laut Auskunft des Pfarrers in der Krim im Jahr 2008, Pater Alois Haslbauer, ist schon seit längerem der Wallfahrtszuzug erloschen.
10. Kahlenbergerdorf, Pfarrkirche St. Georg (Bundesland Wien/Erzdiözese Wien) – Wallfahrt ursprünglich zu einer Gnadenstatue, später zu einem Gnadenbild des heiligen Georg
11. Mauerbach, sakrales Flurdenkmal Kreuzbrunnen (Bundesland Niederösterreich/Erzdiözese Wien) – Wallfahrt zur Gnadenstatue Christus am Kreuz mit Maria
12. Mödling, Pfarrkirche St. Othmar (Bundesland Niederösterreich/Erzdiözese Wien) – Wallfahrt zum Gnadenbild Die wundertätige Mutter Gottes Maria Trost und zum in Seidenstickerei angefertigten Gnadenbild Maria
13. Nöstach, Burgkapelle St. Pankraz in der Burgruine (Bundesland Niederösterreich/Erzdiözese Wien) – Wallfahrt zu einer Gnadenstatue des heiligen Pankrazius
14. Perchtoldsdorf, in der mittlerweile abgetragenen Leonhardikirche auf dem Leonhardiberg (Bundesland Niederösterreich/Erzdiözese Wien) – Wallfahrt zu einem Gnadenbild und einem Silberreliquiar des heiligen Leonhard
15. Tulbing, in der mittlerweile abgetragenen Kloster- und Wallfahrtskirche (Bundesland Niederösterreich/Diözese St. Pölten) – Wallfahrt zu einem Gnadenbild der heiligen Maria
16. Weidling, Agnesbründl auf dem Hermannskogel (Bundesland Niederösterreich/Erzdiözese Wien) – Wallfahrt zu einem Gnadenbild Maria Hilf.

Gnadenstatue Maria Sorg Greifenstein

Hinter der »Wallfahrt« versteckte sich abergläubisches und unseriöses geschäftemacherisches Treiben, worauf die staatlichen und kirchlichen Stellen das »Pilgern« verboten und die Anlage schleifen ließen. Der Klosterneuburger Chorherr Floridus Röhrig schreibt in einer Festschrift für den damaligen Wiener Erzbischof Hans Hermann Kardinal Groer im Jahr 1989 über das Agnesbründl: »*So hat auch die Perversion des Wallfahrtsgedankens in Klosterneuburg Verwirklichung gefunden.*«

Rosenkranzweg, Weinhaus

17. Weidling, Managettakreuz in der mittlerweile abgetragenen Heiligenkreuzkapelle (Bundesland Niederösterreich/Erzdiözese Wien) – Wallfahrt zu einem Kruzifix
18. Weinhaus, Pfarrkirche St. Joseph (Bundesland Wien/Erzdiözese Wien) – Wallfahrt zu einer Gnadenstatue des heiligen Joseph und dem um der Kirche angelegten Rosenkranzweg

Die Recherchen in Quellen/Literatur und aktuelle Auskünfte von fachkundigen Personen vor Ort haben ergeben, dass es einerseits nicht immer eindeutig möglich ist, alle Gnadenstätten mit erloschenem Wallfahrtszuzug zu erfassen, und hat andererseits die Erkenntnis gebracht, ob ein Wallfahrtszuzug als erloschen gilt. Entscheidend für die Abklärung, ob ein Wallfahrtszuzug gegeben ist oder nicht, war nicht die Feier eines Kirchenpatrons, sondern ob ein Pilgerzustrom ansatzweise als solcher zu verzeichnen ist. Es sei festgehalten, dass einige der kirchlichen Gebäude bzw. auch Gnadenbilder selbst nicht mehr existieren; Gnadenbilder wurden oft in ein anderes nahegelegenes Gotteshaus transferiert.

Devotionalienstände
Das kleine Andachtsbild und die Sammlung Schön

Wallfahrtsbücher sind heute Bücher, die im Gnadenort für den Pilger aufliegen, wo er seine Anliegen und seinen Dank eintragen kann. In früheren Zeiten gab es sogenannte Mirakelbücher, die in gedruckter Form die Entstehungsgeschichte und die Wunder des Wallfahrtsortes verbreiteten, und Gebet- und Liederbücher, die für den betreffenden Gnadenort – in manchen Epochen auf eine Zielgruppe ausgerichtet – abgestimmt waren.

Votivgaben drücken als Zeichen für erlangte Hilfe den Dank des Pilgers aus. Zu diesen zählten in früheren Zeiten gemalte Votivbilder, die oft das tragische Geschehnis und die wunderbare Rettung darstellten. Opfergaben aus Holz, Wachs, Ton oder Metall hatten oft die Form menschlicher Körperteile oder Tiergestalt und drückten die Rettung aus Not oder die Bitte um Beistand aus. Heute werden noch immer von Pilgern Votivtafeln aus Stein mit eingemeißeltem Schriftzug als Dank- und Bittausdruck an Wallfahrtsorten angebracht.

Mitbringsel sind beispielsweise Kaffeehäferln, kleine Vasen, Trinkgläser, Abziehbilder und Plaketten, Wimpel, kleine Geldbörsen, Naschereien und Getränke, die durch eine Aufschrift einen Bezug zum Wallfahrtsort herstellen und ein nachgeordneter Bestandteil des Verkaufsrepertoires der Devotionalienstände ist.

Devotionalien sind religiöse Andenken, die der Pilger für ihm nahestehende Menschen oder für sich selber von einem Wallfahrtsort mitbringt. Er erwirbt sie meist bei einem Devotionaliengeschäft im Gnadenort. Zu den Devotionalien zählen unter anderem Rosenkränze, Andachtsbildchen, Medaillons mit religiösen Motiven, wundertätige Medaillen, kleine Heiligenfiguren, Kruzifixe, Weihwasserkessel, Kerzen, Spruchtäfelchen wie zum Beispiel mit einem »Haussegen«, Gebetbücher, Wallfahrtsführer, im weitesten Sinne gewisse Postkarten mit Erinnerungssprüchen; früher waren auch Schluckbildchen und Wachsstöcke üblich.

Devotionalienstände in den Wallfahrtsorten des Wienerwaldes um 1910: am Hafnerberg 1, in Mariabrunn – an Sonn- und Feiertagen 8 und an Werktagen 1 – und in Maria Enzersdorf 27. Heute werden in fast allen Wallfahrtskirchen ein paar Devotionalien zum Verkauf aufgelegt. Auch bei Klöstern befindet sich meist ein Geschäft, wo Devotionalien erworben werden können. Als einziger Devotionalienstand im herkömmlichen Sinn hat sich im Wienerwald jener an der Lourdesgrotte in Maria Gugging erhalten. Dort ist seit der Einweihung der Lourdesgrotte im Jahr 1925 kontinuierlich ein Devotionalienstand in Betrieb.

Das kleine Andachtsbild

Das kleine Andachtsbild, auch Andachtsbildchen genannt, wurde meist in Gebetbücher eingelegt oder gerne auch in einem Kleidungsstück mitgetragen. Die ersten Hinweise auf das Andachtsbildchen reichen in das Mittelalter zurück, durch das Wallfahrtswesen erfuhr es zunehmend an Bedeutung. Waren es zuerst kunstvoll gemalte Bildchen, so wurden diese vom Holzschnitt und Kupferstich abgelöst. Im 17. und 18. Jahrhundert waren »Spickelbilder«, meist mit Silber- und Goldfolie unterlegte Stoffklebebilder, beliebt. Die Hochblüte erfuhr das kleine Andachtsbild im 18., 19. und bis in die ersten Jahrzehnte des 20. Jahrhunderts durch neue Drucktechniken wie Lithographie, Prägedruck oder Stahlstich, wobei sie zum Teil auch handkoloriert waren. Später hat das Andachtsbildchen in Zahl und Vielfalt rapid abgenommen und erlebt derzeit unter Zuhilfenahme der heutigen Druck- und Vervielfältigungstechniken langsam wieder eine Renaissance. Neben den kleinen Andachtsbildern gab es auch die sogenannten »großen Andachtsbilder«. Diese waren zu groß, als dass man sie mit sich getragen oder ins Gebetbuch gelegt hätte. Sie wurden vielmehr zur Verehrung zu Hause oder in der Kirche an die Wand gehängt.

Alter Devotionalienstand Lourdesgrotte im Wienerwald

Auslagenfenster des neuen Devotionalienstandes, Lourdesgrotte im Wienerwald

Die Sammlung Schön

Eberhard Schön wurde am 21. Dezember 1930 in Wien geboren und starb in Wien am 1. Juli 2006. Zusammen mit seinem am 2. August 1958 geborenen Sohn Wolfgang ist er als Meister des Kupferdrucks bekannt, zugleich gilt er als der letzte seines Faches in Europa für Drucksorten in der Technik des handgedruckten Kupferstiches. Die Kunstanstalt des Kupferdrucks im 1. Wiener Gemeindebezirk wird seit 2006 von Wolfgang Schön alleine geführt.

Der seit seiner Jugend passionierte Wallfahrer Eberhard Schön hat auch Gnadenorte aufgesucht, die nur mehr alten Wienern bekannt waren. Einmal suchte er eine Kirche auf, die dem neu eingesetzten Pfarrer als Pilgerziel unbekannt war. Als der Priester den Meister des Kupferdrucks wegen seiner Wallfahrtsrecherchen abwimmeln wollte, konnte er sich eine Standpauke anhören. Schön animierte den Pfarrer mit sanftem Nachdruck, im Pfarrhof nach Andachtsbildchen zu suchen. Wenn Schön jedoch in Wallfahrtsstätten auf Menschen traf, die für seine tiefgehende Pilgerfrömmigkeit Verständnis aufbrachten, dann spendete er gerne für einen Gnadenort oder ließ andere materielle Leistungen zuteil werden.

In den späten achtziger Jahren des 20. Jahrhunderts begann Eberhard Schön mit der systematischen Sammeltätigkeit von Andachtsbildchen. Anfangs wollte er berufsbedingt nur Kupferstiche sammeln, aus religiöser Motivation heraus sammelte er bald alle Druckverfahren. Die Sammelleidenschaft von Eberhard Schön ist laut Angabe seines Sohnes sowohl Liebhaberei als auch Ausdruck der persönlichen Frömmigkeit gewesen. Die Sammlung Schön ist auf ihre Art und Weise eine der bedeutendsten Andachtsbildchensammlungen in Österreich. Sie umfasst Andachtsbildchen vom 16. Jahrhundert bis zum Jahr 2006. Der Schwerpunkt der nach Wallfahrtsorten zusammengestellten Sammlung liegt bei den Kronländern der ehemaligen österreichisch-ungarischen Monarchie, gefolgt von Europa und der ganzen Welt. Nach dem Tod von Eberhard Schön haben Kenner der Sammlung Schön für renommierte Kunstsammlungen und Privatsammlungen Interesse beim Sohn angemeldet. Wolfgang Schön hat die Sammlung seines Vaters im Jahr 2006 dem Erzbischöflichen Dom- und Diözesanmuseum Wien geschenkt.

Die Sammlung wurde in ihrer Gesamtheit noch nie gezeigt, und bis dato ist auch kein Andachtsbildchen aus dieser abgedruckt worden. Im gegenständlichen Buch werden auf Grund ausdrücklicher Erlaubnis von Wolfgang Schön erstmals Andachtsbildchen aus der Sammlung seines Vaters veröffentlicht. Die mit der Schenkung einhergehende Erlaubnis von Wolfgang Schön ist mit der Bedingung seines verstorbenen Vaters verknüpft, Andachtsbildchen aus der Sammlung nur für eine Präsentation bzw. ein Werk zur Verfügung zu stellen, das eine »rein« katholische Linie »ohne esoterische und andere Einflüsse« verfolgt.

Wallfahrtsgasthäuser und Kulinarium

Die Strapazen einer Wallfahrt machen hungrig und durstig. Für viele Pilger war in früheren Zeiten nicht nur die Wallfahrt, sondern auch die damit verbundene Einkehr in einem Gasthaus etwas Besonderes. Die Menschen aus den Dörfern des Landes, auch die, die mit dem Geld streng haushalten mussten, leisteten sich fürwahr ein Festmahl. Ein Backhenderl mit Erdäpfelsalat war eine erlesene Speise im Wallfahrtswirtshaus. Bei der bäuerlichen Bevölkerung hatte das Huhn als Eierlieferant einen hohen Stellenwert und dementsprechend selten war es auf dem Mittagstisch vorzufinden. In manchen Bauernhäusern kamen nur ältere Suppenhühner oder Junghähne auf den Tisch. Wenn in einem Dorf im Sommer Kirtag gefeiert wurde, war es mancherorts üblich, dass ein Junghahn als Backhuhn – auf dem Land natürlich mit Haut – als traditionelle

Waldhof, Maria Gugging

Waldschenke zu den 3 Föhren Altlengbach/Neulengbach

Kirtagsspeise kredenzt wurde. Ein Wiener Schnitzel mit Salat zählte überhaupt zum gehobenen Pilgermahl. Für die kleinere Geldbörse war auch ein gebackenes Schweinsschnitzel mit Salat, ein Schweinsbraten mit Erdäpfelknödel und Sauerkraut oder ein Rindsgulasch mit Semmelknödel ein Festmahl. Die meisten Menschen am Land sind in früheren Zeiten großteils schweren körperlichen Arbeiten nachgegangen, konnten sich ein Stück gutes Fleisch aber kaum leisten. Vom Standpunkt der heutigen Lebensweise aus wird der Wallfahrer vitaminreiche gesunde oder vegetarische Speisen bevorzugen. Ein Gasthaus, das heute Pilger empfängt, wird sowohl traditionelle Wallfahrerspeisen als auch ernährungsbewusste Speisen, wie zum Beispiel eine Bachforelle aus dem Wienerwald, als Standardspeisen anbieten. Ein Wallfahrtsgasthaus zeichnet sich durch qualitativ hochwertige Speisen und Getränke, große Portionen zu moderaten Preisen und zuverlässige Öffnungszeiten aus. An größeren Wallfahrtsorten muss es auch über die Kapazität verfügen, in kurzer Zeit eine unangemeldete Pilgergruppe von etwa zwei Dutzend Menschen mit Speisen und Getränken versorgen zu können; natürlich sollte sich eine größere Gruppe vorher anmelden. So wie einst der Titel »k.u.k. Hoflieferant« auf Grund von zu erfüllenden Qualitätskriterien einem Betrieb verliehen wurde und wegen des guten Werbeeffekts von tüchtigen Geschäftsleuten angestrebt wurde, so sollte es sich analog bis heute mit der Bezeichnung »Wallfahrerwirtshaus« verhalten. Beim Durchkämmen des Wienerwaldes in den Jahren 2007/2008 sind zwar etliche gute Gasthäuser registriert worden, aber kaum ein als Pilgergasthaus ausgewiesenes. Erfahrungsbedingt ist man gut beraten, sich vor Antritt einer Wallfahrt zu erkundigen, ob in einem Ort ein Gasthaus existiert, ob es geöffnet hat und welche Speisen und Getränke angeboten werden. Obwohl es früher oft mehrere Gasthäuser in einem Dorf gab, wurden im Wienerwald als Wallfahrtsgasthäuser um 1910 am Hafnerberg nur 2, in Mariabrunn 7, in Maria Enzersdorf aber sogar 15 verzeichnet. Früher bestand direkt neben der Cholerakapelle in Siegenfeld ein kleines Wallfahrtswirtshaus, dessen Funktion nach seiner Schließung auf das darunter gelegene Gasthaus übergegangen ist. In Maria Gugging wurde bald nach der Einweihung der Lourdesgrotte im Wienerwald im Jahr 1925 ein Wallfahrergasthaus erbaut, das bis heute noch als solches geführt wird. In Klein-Mariazell ist als hoffnungsvoller Weg in der Wallfahrtsgastronomie des Wienerwaldes im Jahr 2002 ein Pilgerwirtshaus mit Übernachtungsmöglichkeit eröffnet worden. Bei der Erhebung im Jahr 2008 sind auch das »Landgasthof Schwalbennest – zur Cholerakapelle« in Siegenfeld, das »Kirchenwirtshaus« in Klein-Mariazell, die »Waldschenke« bei der Dreiföhrenkapelle in Altlengbach/Neulengbach und der »Waldhof« in Maria Gugging als Pilgergasthäuser aufgefallen, wenngleich die oben angeführten Kriterien nur teilweise zutreffen. Das Wallfahrtswirtshaus in Maria Gugging wurde vom seinerzeitigen Wallfahrtsseelsorger Pater Karl Kirchberger in den dreißiger Jahren des 20. Jahrhunderts zu einem heute kaum noch vorzufindenden Gasthaus des typischen Wienerwaldstils ausgebaut. Der beherzte Seelsorger kreierte zudem für die Pilger den »Maria Gugginger Magenbitter«.

Die Erfahrungen haben gezeigt, dass es wünschenswert ist, wenn an jedem Gnadenort des Wienerwaldes ein authentisches Wallfahrtsgasthaus mit Übernachtungsmöglichkeit entstehen und existieren könnte.

Werner Sedlacek von der Wiener Gastgewerbefachschule am Judenplatz hat für dieses Buch ein Kochrezept für ein vom Verfasser in den Grundzügen entworfenes Gericht verfasst. Wenn die Speise als typisches Wallfahrergericht auch nicht immer zubereitet werden kann, so soll es durch die gewählten Zutaten auf den Wienerwald Bezug nehmen.

Zu einer Wallfahrt gehört ein gutes Pilgermahl.

In Sylvaner gebeizter und gespickter Rehschlegel mit Erdäpfelknödeln, Blaukraut und Asperlmarmelade

Zutaten:

1 Rehschlegel (ca. 2 kg), 120 g Selchspeck, 40 g Schmalz, Salz (Meersalz), frisch gemahlener Pfeffer, ¼ l Suppe, 5 g Mehl, 1 Handvoll Bucheckern, die Beize

Für die kalte Wildbeize:

⅛ l Sylvaner, 1/16 l Apfelessig, 1/16 l Wasser, 1 kleine rote Zwiebel, 1 Karotte, 1 gleich großes Stück Zellerknolle (Sellerie), 1 kleine Petersilwurzel, 4–6 Pfefferkörner, 1 kleines Lorbeerblatt, 1 Prise Thymian, 3–4 Wacholderbeeren, Öl
KEIN SALZ!!!

Am Vortag:

Den Rehschlegel hohl auslösen oder beim Fleischer/Wildhändler auslösen lassen. Das Gemüse sorgfältig waschen, die Zwiebel, die Karotte, den Zeller, die Petersilwurzel in blättrige Scheiben schneiden, die Wacholderbeeren zerdrücken.
Der Rehschlegel wird mit der Beize in einem irdenen Topf (kein Metall) oder einem Glasgefäß (Gefäß nicht zu groß) eingelegt und mit Öl abgedeckt und kalt gestellt.

Zubereitung:

Den Rehschlegel aus der Beize nehmen, gut abtropfen lassen, mit Speck spicken, salzen, pfeffern und mit den Knochen in Schmalz anbraten. Das gebeizte Gemüse und die Gewürze abseihen und ebenfalls anrösten; wenn es gut angeröstet ist, mit Mehl stauben, dann mit der Beize ablöschen (Boden soll bedeckt sein) und ins vorgeheizte (180 °C Umluft, 220 °C Ober-Unterhitze) Backrohr ca. 1½ Stunden braten, immer wieder übergießen (wenn notwendig mit Suppe ergänzen).

In der Zwischenzeit Bucheckern abschälen und goldbraun rösten.

Ist der Rehschlegel durch, herausnehmen, zugedeckt 10 min. rasten lassen, Bratensoße abseihen, wenn notwendig mit etwas Mehl binden oder mit Suppe/Wasser verdünnen. Rehschlegel aufschneiden und mit den Beilagen anrichten und mit den gerösteten Bucheckern bestreuen.

Erdäpfelknödel

Am Vortag:
1,2 kg Erdäpfel in der Schale kochen

Zutaten:
1kg geschälte kalte Erdäpfel, 350 g glattes Mehl, 20 g Maisstärke, 20g Grieß, 20g zerlassene Butter, 1 Ei, Salz (Meersalz) bis auf die Butter alles Zimmertemperatur.

Zubereitung:
Die Erdäpfel durch die Erdäpfelpresse drücken, am Tisch ausbreiten, Mehl, Stärke, Grieß gleichmäßig verteilen, mit der zerlassenen Butter und dem Ei nur KURZ vermengen – sofort Knödel formen und in leicht gesalzenem und köchelndem Wasser ca. 20 min. garen. (1 Probeknödel, ist dieser zu weich, so gibt man etwas Grieß und Mehl dazu)

Blaukraut

Zutaten:
1 kg Blaukraut fein geschnitten, ¼ l Sylvaner, Wasser nach Bedarf, 2–3 gerissene Äpfel, Salz (Meersalz), Pfeffer, 2 Esslöffel Honig, 1 Esslöffel Ribiselmarmelade, 20 g Schmalz, 5 g Mehl

Zubereitung:
Das Blaukraut, Salz, Pfeffer (frisch gemahlen), den Honig, den Wein, etwas Wasser und die Äpfel auf kleiner Flamme weich dünsten (mindestens 2 Stunden), mit Mehl stauben und das Schmalz (runder Geschmack und das Kraut glänzt) unterheben. Mit Ribiselmarmelade und Honig wird vollendet.

Asperlmarmelade

5 kg Asperl in etwas Wasser aufkochen und durch die Flotte Lotte zweimal zu Asperlmus passieren. 1 kg Asperlmus mit 250 g Gelierzucker aufkochen und in saubere Gläser abfüllen, mit 1 cl Zwetschkenschnaps bedecken und abschließen.

Hinweis: Asperl sind erst nach dem ersten Frost zu ernten. Nach dem Abfüllen sollte die Asperlmarmelade vor dem Öffnen des Glases mindestens drei Monate im kühlen und dunklen Raum nachreifen.

Dank

Prof. Ulrich N. Schulenburg, der geschäftsführende Gesellschafter des Thomas Sessler Verlags in Wien 1, hat die Initiative für das Zustandekommen des Buches ergriffen. Als väterlicher Freund ist Professor Schulenburg mit Herz und Fachwissen in allen Phasen des Werdeganges dem Verfasser maßgeblich zur Seite gestanden.

Wolfgang Schön, Meister des Kupferdrucks in Wien 1, hat das reiche Wissen über die Wallfahrt seines verstorbenen Vaters Eberhard Schön an den Autor weitergegeben und ist während der Entstehungszeit mit Rat und Tat zur Seite gestanden. Schön hat zudem die Bestimmung der Andachtsbildchen vorgenommen. Ihm und allen »Wallfahrtsinsidern«, die oft ungenannt bleiben wollten, sind wichtige Informationen zu verdanken.

Die junge Geographiestudentin Tamara Aschauer hat in sehr kompetenter Weise die Routenvorgabe des Autors durch eine exakte Streckenführung umgesetzt. Aschauer ist im Zuge ihrer Tätigkeit die Gesamtroute abgefahren und hat manche Streckenabschnitte öfters vor Ort studiert.

Dr. Brigitte Sinnhuber-Harenberg, Verlagsleiterin, und Alfred Rankel, Hersteller, zeichnen seitens des Verlages Amalthea für das Zustandekommen des Buches.

Mag. Ilse Schneider, Lektorin, hat durch Fachkompetenz und Flexibilität maßgeblich zum Entstehen des Buches beigetragen.

Der Fotograf Peter Szabo, ein Routinier seines Faches im Buchwesen, brachte der an ihn herangetragenen neuen Aufgabenstellung Einfühlungsvermögen und Verständnis entgegen.

Der Pressefotograf Franz Josef Rupprecht stellte die zwei Fotos aus den Seiten 197 und 206 kostenlos zur Veröffentlichung zur Verfügung.

Dem Erzbischof von Wien, Kardinal Dr. Christoph Schönborn, und dem Generalvikar der Erzdiözese Wien, Kanonikus Mag. Franz Schuster, für die Unterstützung zur Realisierung des Buches und des »WallfahrtsWeg WienerWald«.

Die Diözesankonservatorin der Erzdiözese Wien, DI Dr. Hiltigund Schreiber, betreute seitens der Erzdiözese Wien das Buch mit viel Engagement und erteilte zudem den Auftrag für den Entwurf des Signets des »WallfahrtsWeg WienerWald« an den Künstler Mag. Heinz Ebner. Frau Dr. Schreiber hat mit Unterstützung ihres Assistenten Klaus Brenner die Anschaffung und Verteilung der Signet-Tafeln organisiert.

Der Direktor des Dommuseums Wien, Dr. Bernhard Böhler, stellte die Andachtsbildchen für den Abdruck zur Verfügung.

Liz. theol. et Liz. psych. Hermann Krexner, Diözesanpriester der Erzdiözese Wien, überprüfte das Buch auf seinen theologischen Inhalt.

Dem Diözesanbischof von St. Pölten, DDr. Klaus Küng, den Priestern, Diakonen und Laienmitarbeitern in der Kirche für die Mitteilung von Gedanken, Gebeten und historischen und aktuellen Informationen über die Wallfahrt.

Dem niederösterreichischen Landeshauptmann Dr. Erwin Pröll, allen Vertretern des öffentlichen oder gesellschaftlichen Lebens, die am Zustandekommen des Buches und des »WallfahrtsWeg WienerWald« mitgewirkt haben.

Rudolf Blamauer aus Stössing ermöglichte mit seinen Gespannen die Abbildung der Wallfahrt mit den Rossen.

Stellvertretend für alle mitwirkenden Personen sei namentlich Fachvorstand Dipl.-Pädagoge Werner Sedlacek von der Gastgewerbefachschule am Judenplatz in Wien 1 für die Kreation eines Speisegerichtes genannt.

Ich bitte um Nachsicht, wenn ich die eine oder den anderen vergessen habe zu nennen. Seien Sie gewiss, dass es unabsichtlich geschehen ist, und halten Sie dem Verfasser zugute, dass er auch nur ein Mensch ist, der fehlen kann.

Meiner Familie, allen voran meiner Gattin Barbara Maria Knoll, Dank für die Geduld und die Zeit, die für das Recherchieren und Schreiben erforderlich waren.

Register der Gnadenstätten WallfahrtsWeg WienerWald

Gnadenbilder

Quellennachweis

Allgemeines

In erster Linie wurden die Informationen in den Jahren 2007/2008 von den betreffenden kirchlichen Einrichtungen persönlich eingeholt, und erst in zweiter Linie wurde auf die Literatur zurückgegriffen. Es erschien dem Verfasser wichtig, den Kontakt mit den jeweiligen verantwortlichen und fachkundigen Personen vor Ort zu suchen.

Recherchen

Diözese St. Pölten: Diözesanmuseum

Diözese St. Pölten: Dechanten der Dekanate Neulengbach und Tulln

Erzdiözese Wien: Diözesanarchiv, Referat für kirchliche Kunst und Denkmalpflege

Erzdiözese Wien: Dechanten der Wiener Stadtdekanate 14, 15, 17, 18, 19, 23 und der Dekanate Baden, Heiligenkreuz, Mödling, Pottenstein und Purkersdorf

Kloster der Karmeliten, Wien 19

Röm.-kath. Pfarramt Altlengbach, NÖ

Röm.-kath. Pfarramt Baden–St. Stephan, NÖ

Röm.-kath. Pfarramt Berndorf, NÖ

Röm.-kath. Pfarramt Brunn am Gebirge, NÖ

Röm.-kath. Pfarramt Donaustadt, Wien 2

Röm.-kath. Pfarramt Dornbach, Wien 17

Röm.-kath. Pfarramt Gießhübl, NÖ

Röm.-kath. Pfarramt Greifenstein, NÖ

Röm.-kath. Pfarramt Hafnerberg, NÖ

Röm.-kath. Pfarramt Heiligenkreuz, NÖ

Röm.-kath. Pfarramt Kaasgraben, Wien 19

Röm.-kath. Pfarramt Kahlenbergerdorf, Wien 19

Röm.-kath. Pfarramt Kalksburg, Wien 23

Röm.-kath. Pfarramt Kaltenleutgeben, NÖ

Röm.-kath. Pfarramt Klausen-Leopoldsdorf, NÖ

Röm.-kath. Pfarramt Klein-Mariazell, NÖ

Röm.-kath. Pfarramt Klosterneuburg–Stift, NÖ
Röm.-kath. Pfarramt Krim, Wien 19
Röm.-kath. Pfarramt Maria Anzbach, NÖ
Röm.-kath. Pfarramt Mariabrunn, NÖ
Röm.-kath. Pfarramt Maria Gugging, NÖ
Röm.-kath. Pfarramt Maria Raisenmarkt, NÖ
Röm.-kath. Pfarramt Mödling–St. Othmar, NÖ
Röm.-kath. Pfarramt Möllersdorf, NÖ
Röm.-kath. Pfarramt Neuhaus, NÖ
Röm.-kath. Pfarramt Neulengbach, NÖ
Röm.-kath. Pfarramt Nußdorf, Wien 19
Röm.-kath. Pfarramt Ober St. Veit, Wien 13
Röm.-kath. Pfarramt Perchtoldsdorf, NÖ
Röm.-kath. Pfarramt Pottenstein, NÖ
Röm.-kath. Pfarramt Purkersdorf, NÖ
Röm.-kath. Pfarramt St. Christophen, NÖ
Röm.-kath. Pfarramt Schwechat, NÖ
Röm.-kath. Pfarramt St. Corona am Schöpfl, NÖ
Röm.-kath. Pfarramt Starchant, Wien 16
Röm.-kath. Pfarramt Sulz im Wienerwald, NÖ
Röm.-kath. Pfarramt Tulbing, NÖ
Röm.-kath. Pfarramt Weidling, NÖ
Röm.-kath. Pfarramt Weinhaus, Wien 18
Stift Heiligenkreuz, NÖ
Stift Klosterneuburg, NÖ

Auskünfte von Gemeinden, öffentlichen Stellen und fachkundigen Personen

Berndorf, NÖ. Gemeinderätin Christa Kratohwil war als Ansprechpartnerin seitens des Gemeindeamtes beim Recherchieren sehr behilflich.

Heiligenkreuz, NÖ. Auskunft von Bürgermeister Johann Ringhofer eingeholt.

Bezirksmuseum Döbling, Wien 19. Auskunft erteilte der Museumsleiter Prof. Kurt Apfel.

Kirche auf dem Leopoldsberg, Wien 19. Auskunft erteilte der frühere Rektor Liz. Josef Hamminger.

Stift Heiligenkreuz, NÖ. Auskunft erteilten der Abt des Stiftes, Prälat Dkfm. Mag. Gregor Henckel-Donnersmarck OCist und der Rektor der Hochschule, Prof. P. Dr. Karl Wallner OCist.

Pottenstein, NÖ. Auskunft erteilte Mag. Helene Schießl.

Schönstatt am Kahlenberg, Wien 19 und NÖ. Auskunft erteilte Christiana Riedl.

Altlengbach/Neulengbach, NÖ. Auskunft erteilte der Neulengbacher Altbürgermeister Josef Mayer.

Weißenbach an der Triesting, NÖ. Auskunft erteilte das Gemeindeamt.

Maria Anzbach, NÖ. Auskunft erteilte Bürgermeisterin Karin Winter.

Marktgemeinde Pottenstein. Auskunft erteilte das Gemeindeamt.

Gießhübl, NÖ. Auskunft erteilte Anton Wasinger.

Weidling, NÖ. Auskunft erteilte Alt-Vizebürgermeister Helmut Zuschmann.

Altenmarkt an der Triesting, NÖ. Auskunft erteilte das Gemeindeamt.

Mödling, NÖ. Auskunft erteilte Regierungsrat Krausgruber.

Neuhaus, NÖ. Auskunft erteilte Pfarrgemeinderätin Eva Pechhacker.

Siegenfeld, NÖ. Auskunft erteilte Peter Satran vom Landgasthof Schwalbennest-Zur Cholerakapelle.

Stadtarchiv Baden, Auskunft erteilte Dr. Rudolf Maurer.

Ober St. Veit, Wien 13. Auskunft erteilte Rechtsanwalt DDr. Gebhard Klötzl.

Weinhaus, Wien 18. Auskunft erteilte Dr. Richard Braun.

Biosphärenpark Wienerwald, Purkersdorf, NÖ. Auskunft erteilte Direktor-Stellvertreterin DI Simone Wagner.

Literaturnachweis

Bandion, Wolfgang; Steinerne Zeugen des Glaubens, Wien 1988

Bruderhofer, Raimund; Kloster- und Wallfahrtskirche der Karmeliten zur Heiligen Familie, Wien 2007

Das Cistercienserkloster Heiligenkreuz, Heiligenkreuz 1987, 3. Auflage

Dehio-Handbuch, Wien X. bis XIX. und XXI. Bis XXIII. Bezirk, Wien 1996

Dehio-Handbuch, Niederösterreich südlich der Donau, Teil 1 (A bis L), Horn/Wien 2003

Dehio-Handbuch, Niederösterreich südlich der Donau, Teil 2 (M bis Z), Horn/Wien 2003

Die Betende Gemeinde, Wien 1958

Die Gnadenmutter von Döbling, Wien 1955, 2. Auflage

Dornbacher Pfarrbrief, röm.-kath. Pfarramt Dornbach, Wien 1985

Eppel, Franz; Kunst im Lande rings um Wien, Salzburg 1977

Fischer, R./Stoll, A.; Kleines Handbuch österreichischer Marien-Wallfahrtskirchen, Band 1: Niederösterreich, Burgenland, Wien 1982, 2. erweiterte Auflage

Gotteslob, Stuttgart/Wien 1975

Gugits, Gustav; Österreichs Gnadenstätten in Kult und Brauch, Band 1: Wien, Wien 1983, 2. Auflage

Gugits, Gustav; Österreichs Gnadenstätten in Kult und Brauch, Band 2: Niederösterreich und Burgenland, Wien 1955

Hochleitner, Josef; Deine Schutzpatrone, Wien 1952

Hoppe, Alfred; Des Österreichers Wallfahrtsorte, Wien 1913

Kaufmann, Paul; Brauchtum in Österreich, Wien/Hamburg 1982

Keller, Joseph Anton; Marien-Geschichten, Mainz 1903

Knoll, Otto Kurt; Maria Gugging, in: Klosterneuburg – Geschichte und Kultur, Band 2: Die Katastralgemeinden, Klosterneuburg/Wien 1993

Mariabrunn – Festschrift 1987, Wien 1987

Maria Enzersdorf, Maria Enzersdorf, o. J.

Maurer, Josef; Marianisches Niederösterreich, Wien 1899

Missong, Alfred; Heiliges Wien, Wien 1970, 3. Auflage

Peterka, Fritz; Die Via Sacra, Lilienfeld 1994

Pichler, Anton/Böhm, Wilhelm; Wege zu Hoffnung und Gnade, Wien 1953

Plechl, Pia Maria; Wallfahrtsstätten in Niederösterreich, St. Pölten 1978

Röhrig, Floridus ; Die Wallfahrt nach Klosterneuburg, in: Servitium Pietatis, Maria Roggendorf 1989

Schachinger, Anton; Der Wienerwald, Wien 1934

St. Christophen, St. Pölten 1978

Wallfahrten, in: Denkmalpflege in Niederösterreich, Band 38, St. Pölten 2007

Wallfahrten in Niederösterreich, Stift Altenburg 1985

Wallner, Godehardt; Wallfahrten heute – den Heilsweg zu Fuß erleben, Hamburg 2001

Wimmer, Erwin; Andachtsbilder vom Sonntagberg, Hilm 2003

Wimmer, Otto/Melzer, Hartmann; Lexikon der Namen und Heiligen, Innsbruck/Wien 1984, 5. Auflage

Wolf, Helga Maria; Das neue BrauchBuch, Wien 2000

Zeinar, Hubert; Wallfahrtsort Wien, Wien 2003

100 Jahre Mariazeller Prozessionsverein Simmering, Wien 1986

250 Jahre Pfarrkirche St. Jakob in Kaltenleutgeben, Kaltenleutgeben o. J.

450 Jahre Pfarre St. Kunigunde in Brunn am Gebirge, Festschrift, Brunn am Gebirge 2008

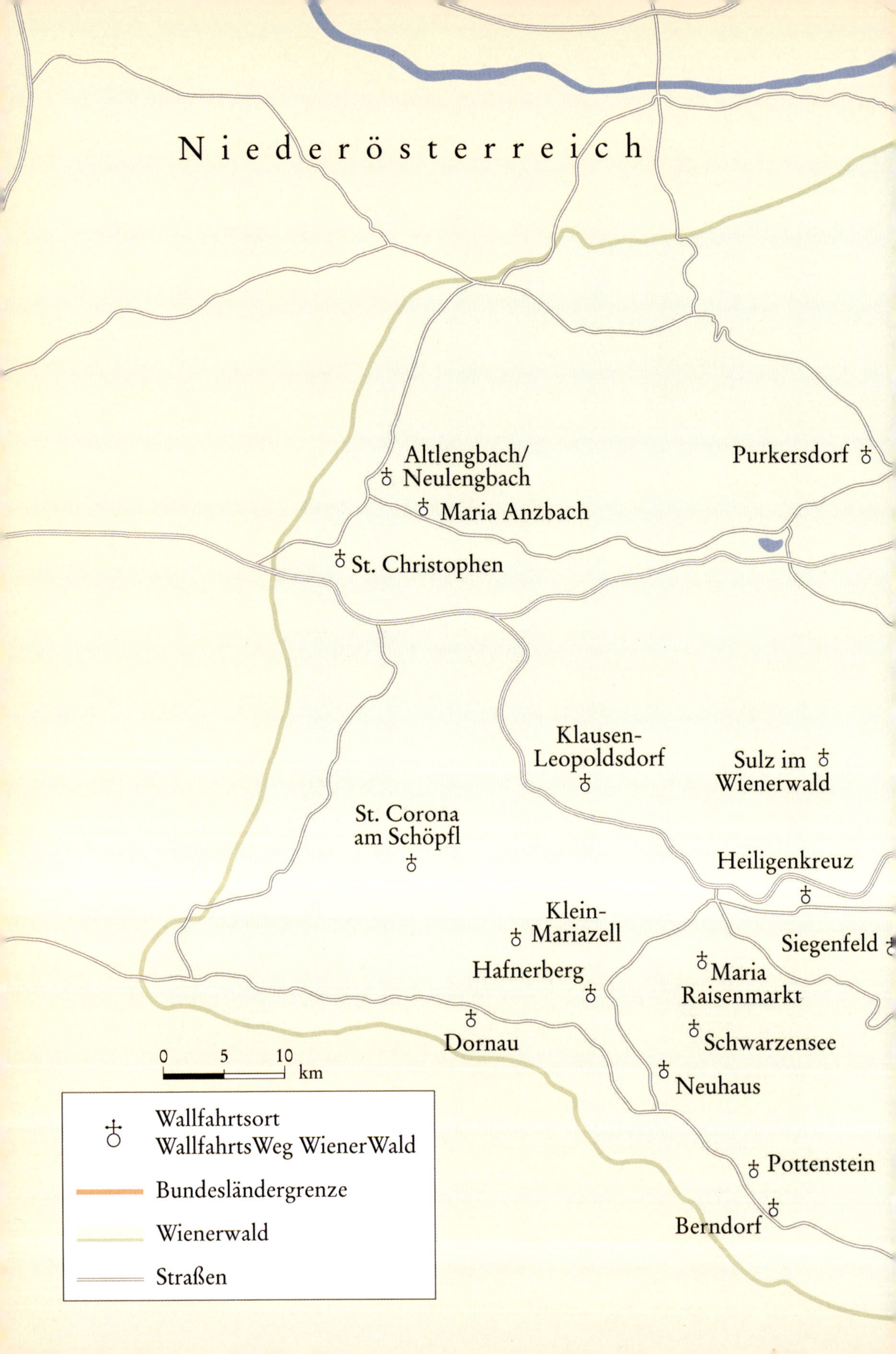
Niederösterreich
Altlengbach/
Neulengbach
Purkersdorf
Maria Anzbach
St. Christophen
Klausen-
Leopoldsdorf
Sulz im
Wienerwald
St. Corona
am Schöpfl
Heiligenkreuz
Klein-
Mariazell
Siegenfeld
Hafnerberg
Maria
Raisenmarkt
Dornau
Schwarzensee
0 5 10
km
Neuhaus
Wallfahrtsort
WallfahrtsWeg WienerWald
Pottenstein
Bundesländergrenze
Berndorf
Wienerwald
Straßen